x86 어셈블리 프로그래밍 실습 및 설계

이문노 지음

도서출판 GS인터비전

머 리 말

최근 들어 산업 현장에서도 우수한 성능의 컴파일러의 사용으로 어셈블리언어 프로그래밍의 필요성이 점점 감소하고 있다. 그러나 어셈블리언어로 코드를 작성해야 효율적인 부분이 아직 있기 때문에 고급 언어와 어셈블리언어를 혼합하여 프로그램을 작성하는 경우가 많다. 어셈블리언어는 사용하는 프로세서에 대한 기본적인 지식을 알아야 프로그램을 작성할 수 있다는 어려움이 있지만 어셈블리 프로그램과 디버깅을 통해 시스템의 전반적인 동작을 이해하고 나아가 시스템 설계 능력까지 배울 수 있다는 장점이 있다.

이 책에서는 8086 프로세서에 대한 어셈블리 프로그래밍 방법에 대해 기술한다. 프로그래밍을 위해 필요한 프로세서에 대한 지식을 체계적으로 서술하였고 많은 실습 예제와 연습 문제를 통해 어셈블리 프로그래밍 방법을 충분히 학습할 수 있도록 하였다. 그리고 11장에서는 다수의 설계 프로젝트를 포함하여 설계 및 응용 능력을 좀 더 학습할 수 있도록 하였다. 이 책은 기초적인 어셈블리 프로그래밍 영역만 다루고 있지만 체계적인 실습 예제를 통해 어셈블리 프로그램을 논리적으로 작성하는 방법을 학습할 수 있고 이를 토대로 복잡한 응용 프로그램을 작성할 수 있도록 하였다.

끝으로 이 책의 11장 설계 프로젝트 내용을 정리하는데 도움을 준 이창민, 안태윤 학생에게 고마움을 전하고 책이 출판되기까지 여러 가지로 도움을 주신 GS인터비전 송기수 대표에게도 감사의 말을 드립니다.

2011년 11월

이 문 노

차 례

1
Chapter

8086 프로세서

1.1 어셈블리언어의 개요

프로그래밍 절차

컴퓨터가 개발된 1900년대 중반에 비해 컴퓨터가 수행하는 일이 점점 많아지고 있고 많은 분야에 적용되고 있다. 컴퓨터를 사용하는 사람은 해마다 증가하여 이제는 IT 분야 전공이 아닌 사람들도 자신들의 업무를 좀 더 편리하게 수행하기 위해 컴퓨터를 다양하게 사용하고 있다.

컴퓨터는 기본적으로 사용자가 작성한 프로그램과 데이터를 읽고 명령어를 순차적으로 수행하는 일을 한다. 사용자는 컴퓨터 구조나 명령어 실행에 대한 지식을 배우지 않고도 알고리즘을 좀 더 쉽게 프로그램으로 작성 가능하고 디버깅이 더 편리한 고급 언어를 사용하기를 원하기 때문에 최근 들어 사용 용도에 따른 많은 고급언어가 제공되고 있다.

사용자는 제공하는 소프트웨어 툴에 의해 고급언어 프로그램을 작성하지만 컴퓨터의 프로세서는 사용자가 작성한 고급언어 프로그램을 그대로 실행할 수 없다. 그래서 소프트웨어는 계층적 구조를 가지게 되고 사용자가 작성한 프로그램은 컴파일러와 어셈블러를 통해 프로세서가 실행할 수 있는 기계어로 변환되어야 한다. 그림 1.1은 프로그래밍 절차를 나타낸다.

사용자가 작성한 고급언어 프로그램은 컴파일러에 의해 어셈블리 프로그램으로 변환되고 어셈블리 프로그램은 어셈블러에 의해 목적 코드로 변환된다. 링커에 의해 프로그램에서 사용한 라이브러리 함수의 코드가 목적 코드에 포함되어 최종적으로 프로세서에서 실행되는 기계어 프로그램이 만들어진다. 컴퓨터가 실행하는 기계어 프로그램은 2진수 비트열로 구성되어야 하므로 사용자가 기계어 프로그램을 직접 작성하기는 매우 어렵다. 그래서 프로그램을 좀 더 쉽게 작성할 수 있는 C, C++ 등의 고급언어 소프트웨어 툴이 필요하고 고급언어로 작성된 프로그램을 컴퓨터에서 실행할 수 있도록 소프트웨어 툴에서 컴파일러와 어셈블러가 제공된다.

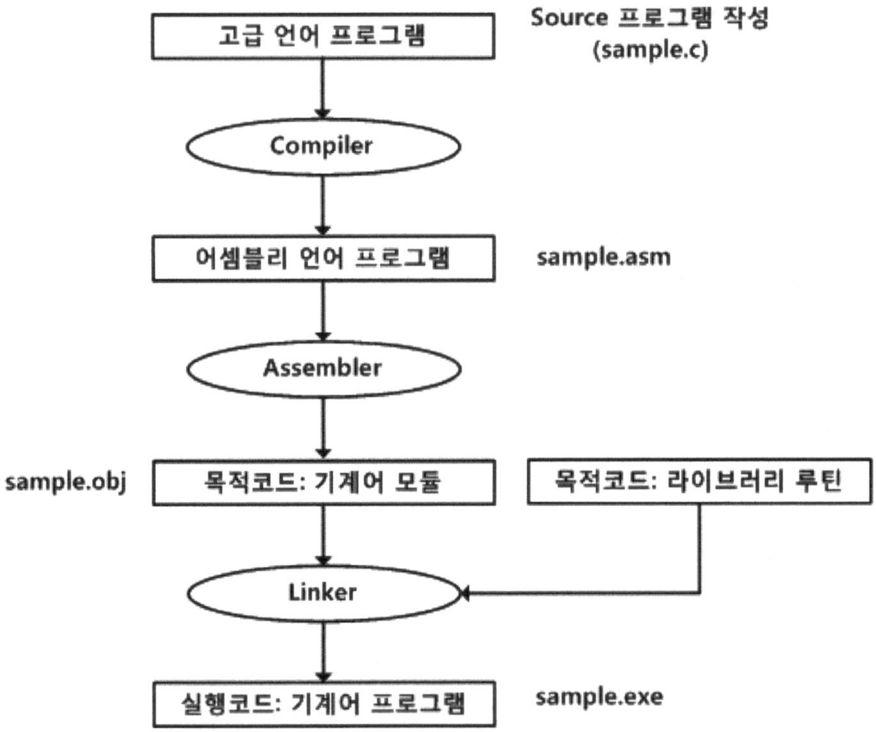

그림 1.1 프로그래밍의 절차

프로그래밍 언어

프로그램은 C, C++ 등 사용자가 작성하기 편리한 고급언어 프로그램, 명령어와 레지스터 등 기호적인 이름을 사용하여 작성하는 어셈블리 프로그램, 프로세서 내부에서 실행되는 기계어 프로그램으로 구분된다. 사용자 프로그램을 프로세서에서 실행하기 위해서는 프로세서가 직접 실행할 수 있는 마이크로 동작들로 순차적으로 구성되어야 한다. 덧셈, 뺄셈, 메모리 읽기 등의 마이크로 동작들을 수행하기 위해 프로세서 내부에 하드웨어 블록이 구현되어 있으며 프로그램이 관련된 마이크로 동작을 수행하기 위해 프로세서는 다수의 명령어로 구성된 명령어 집합을 가지게 된다.

명령어는 하드웨어와 소프트웨어를 연결해주는 매개체 역할을 한다. 어셈블리 프로그램은 고급언어 프로그램을 명령어 집합을 사용하여 프로세서가 실행하는 순차적인 마이크로 동작으로 구성해 준다. 그래서 고급언어 프로그램을 통해서는 프로세서가 어떤 동작을 수행하는지를 알 수 없지만 어셈블리 프로그램을 통해서는 프로세서가 어떤 마이크로 동작을 수행하는지를 알 수 있다. 다음의 표는 이 책에서 다루는 8086 프로세서의 고급언어 프로그램, 어셈블리 프로그램, 기계어 프로그램의 한 예를 나타낸다.

A=A+1	변수 A에 1을 더한다.

MOV AX, A
ADD AX, 1
MOV A, AX
	변수 A를 AX 레지스터로 가져온다.
	AX 레지스터의 내용에 1을 더한다.
	AX 레지스터의 내용을 A에 저장한다.

10100001 00000010 00000000 00000101 00000001 00000000 10100011 00000010 00000000	어셈블리언어 코드를 명령어 형식에 따라 기계어 코드로 변환하면 9 바이트의 실행 코드가 만들어진다.

A는 메모리에 저장된 변수이므로 A를 1 증가시키기 위해서는 프로세서 내부에 데이터를 임시로 저장하는 레지스터에 먼저 변수 A를 가져와야 한다. 변수 A를 레지스터 중의 하나인 AX 레지스터에 저장한다. 메모리 변수를 레지스터로 이동시키는 마이크로 동작을 메모리 읽기라고 하며 8086 프로세서에서는 MOV라는 데이터 전송 명령어를 사용한다. ADD 명령어는 덧셈을 수행하는 명령어이고 AX 레지스터의 내용을 1 증가시키는 마이크로 동작을 위해 사용한다. MOV 명령어는 모든 데이터 전송을 위한 명령어이므로 1 증가된 AX 레지스터의 내용을 변수 A에 저장할 때도 사용된다. 어셈블리 프로그램은 프로세서에서 제공하는 명령어 형식에 따라 단순히 이진수 비트열의 목적 코드로 변환된다. 3개의 명령어는 명령어 형식에 따라 9 바이트의 기계어 코드로 변환된다.

고급언어 문장은 프로세서에서 데이터를 어떻게 실행하느냐에 따라 어셈블리언어 문장이 달라질 수 있다. 만약 레지스터를 AX 대신 다른 레지스터를 사용한다면 MOV 명령어는 동일하지만 어셈블리언어 문장은 달라진다. 즉, 동일한 고급언어 문장에 대해 명령어와 구성요소를 어떻게 사용하느냐에 따라 어셈블리언어 문장은 달라질 수 있다. 고급언어 프로그램을 적절한 명령어와 구성요소를 사용하여 어셈블리 프로그램으로 변환하여야 효율적인 실행코드가 만들어지기 때문에 고급언어 프로그램을 어셈블리 프로그램으로 변환해주는 컴파일러의 역할은 매우 중요하다고 할 수 있다.

어셈블리 프로그램은 프로세서에서 실행되는 순차적인 마이크로 동작들을 나타내기 때문에 고급언어 문장에서는 프로세서가 어떻게 실행되는지를 알 수 없지만 어셈블리언어 문장은 프로세서가 어떤 구성요소를 가지고 어떻게 실행되는지를 알 수 있다. 이와 같이 어셈블리 프로그램을 작성하려면 프로그램이 실행되는 프로세서의 특징, 프로세서에서 제공하는 명령어와 구성요소 등을 미리 알아야 한다. 반면에 고급언어 프로그램은 사용되는 프로세서에 대한 지식이 필요 없기 때문에 초보자가 사용하기가 편리하다.

펜티엄 프로세서를 사용하는 컴퓨터에서 작성된 고급언어 프로그램은 AMD 프로세서를 사용하는 컴퓨터에서 실행될 수 있지만 어셈블리 프로그램은 AMD 컴퓨터에서 실행될 수 없다. 고급언어 프로그램을 작성할 수 있는 소프트웨어 툴은 실행되는 프로세서에 대한 컴파일러를 가지고 있기 때문에 펜티엄 프로세서를 사용하는 컴퓨터에서 작성한 고급언어 프로그램은 펜티엄 프로세서에서 실행할 수 있는 어셈블리 프로그램으로 변환해주고 AMD 프로세서를 사용하는 컴퓨터에서 작성된 고급언어 프로그램은 AMD 프로세서에서 실행할 수 있는 어셈블리 프로그램으로 변환해준다. 그래서 펜티엄 프로세서를 사용하는 컴퓨터에서 작성된 어셈블리 프로그램은 펜티엄 프로세서의 명령어, 레지스터, 메모리 주소지정 방법들을 사용하여 작성되기 때문에 AMD 프로세서에서 실행될 수 없다. 프로세서는 일반적으로 대부분 동일한 일을 수행하도록 설계되어 있지만 내부 구조나 명령어 집합 등은 모두 다르게 설계되어 있기 때문에 어셈블리 프로그램은 1개의 프로세서에서만 동작시킬 수 있다.

고급언어 프로그램을 작성하는 사용자는 프로그램을 실행하는 프로세서에 대해 전혀 몰라도 되기 때문에 고급언어 프로그램은 작성하기 쉽고 디버깅이 편리하다는 장점이 있다. 초보자도 고급언어 문법이나 소프트웨어 툴에 대해 조금만 알아도 간단한 프로그램을 할 수 있다. 이와 같이 고급언어 프로그램은 작성하기 편리하다는 장점이 있지만 성능이 좋은 컴파일러를 사용해야 한다는 전제가 필요하다. 만약 컴파일러 성능이 좋지 않다면 고급언어 프로그램을 아무리 좋게 작성하였다고 하더라도 실행 코드의 성능은 좋지 않게 된다.

컴퓨터에서 사용하는 고급언어 소프트웨어 툴은 대부분 우수한 성능의 컴파일러를 사용하기 때문에 고급언어 프로그램으로 알고리즘을 작성하는 것은 매우 적합하다고 할 수 있다. 그러나 산업 현장에서는 비용 때문에 성능이 좋은 컴파일러를 사용할 수 없는 경우가 많기 때문에 좋은 성능의 실행 코드를 만들기 위해 상황에 따라서는 어셈블리 프로그램으로 작성하는 경우도 많다. 그리고 어셈블리 프로그램은 프로세서의 장치들을 직접 다룰 수 있기 때문에 장치 제어 프로그램 등을 작성할 때 매우 편리하다. 규모가 큰 프로그램을 작성할 때 사용자는 고급언어와 어셈블리언어를 모두 사용하여 작성하는 것이 효율적이다. 일반적인 알고리즘은 고급언어를 사용하여 작성하고 장치 제어 및 시스템 관련 알고리즘은 어셈블리언어를 사용하여 작성한다. 다음의 표는 고급언어와 어셈블리언어의 특징을 나타낸다.

고급언어의 특징	- 프로세서 종류에 상관없이 실행할 수 있다. - 프로세서에 대한 사전 지식이 필요 없다. - 문법이 간단하고 이해하기가 쉽다. - 프로그램 코드의 양이 적고 디버깅이 용이하다. - 컴파일러 성능에 따라 프로그램의 성능이 결정된다.
어셈블리언어의 특징	- 동일한 종류의 프로세서만 실행할 수 있다. - 프로세서에 대한 사전 지식이 필요하다. - 메모리, I/O 장치, 레지스터 등의 구성 요소들을 직접 다룰 수 있다. - 컴퓨터에서 실행하는 과정 등을 이해하기 쉽다. - 컴퓨터의 성능에 최적인 프로그램을 작성할 수 있다.

1.2 프로세서 구성

개인용 컴퓨터의 비중이 증가하면서 컴퓨터의 기억, 연산, 제어장치를 한 칩 안에 구현한 프로세서가 각광받기 시작하였다. 프로세서는 정보를 처리하는 비트 수에 따라 크게 분류되며 반도체 기술의 발전에 따라 꾸준히 증가하여 4 비트, 8 비트, 16 비트, 32 비트, 64 비트 프로세서가 꾸준히 개발되고 있다.

8086 계열 프로세서

1969년 인텔사는 4 비트를 처리할 수 있는 4004 모델을 개발하였지만 오늘날처럼 대중적으로 사용되기 시작한 것은 8 비트 프로세서인 8086, 8088이 나온 후부터였다. 1981년 IBM이 인텔의 8088 프로세서를 내장한 개인용 컴퓨터 'PC 5105'을 내놓으면서 프로세서는 IT 혁명의 주역으로 떠올랐고 인텔사는 거의 2년마다 프로세서의 집적도를 두 배 이상 높이며 80286, 80386, 80486, 펜티엄 프로세서를 개발하였다.

새로운 프로세서가 개발되었다고 해서 이전에 쓰던 소프트웨어를 모두 버리고 다시 새로운 프로세서 설계에 맞춘다는 것은 매우 어렵기 때문에 프로세서를 현대화하고 성능을 계속 개선하더라도 이미 사용 중인 프로그램들도 계속해서 사용할 수 있도록 하여야 한다. 그래서 8086 프로세서 이후에 개발된 프로세서들은 서로 호환성을 가지게 되었고 8086 계열 프로세서라고 한다. 다음의 표는 8086 프로세서 계열에 속하는 일부 프로세서의 종류와 특징을 간단히 나타낸다.

최근에 대부분의 컴퓨터들은 32 비트 프로세서인 펜티엄 프로세서를 사용하고 있다. 펜티엄 프로세서는 약 30년 전에 개발된 8086 프로세서에 비해 하드웨어 성능과 내부 구조가 획기적으로 개선되었고 많은 메모리 용량과 I/O 장치를 접근 가능하지만 8086 프로세서에서 사용한 명령어 집합을 확장하여 사용하고 있다. 그래서 8086 명령어 집합으로 어셈블리 프로그램을 작성하더라도 펜티엄 프로세서에서 실행할 수 있다.

프로세서	연도	설명
8086 (16 비트)	1978	64KB의 메모리 용량 제한을 없애기 위해 20 비트 주소 버스를 사용하였고 메모리를 세그먼트 단위로 구분하였다.
8088 (16 비트)	1979	8086 프로세서와 구조가 거의 동일하며 외부 데이터버스 폭을 16 비트에서 8 비트로 하였고 1981년에 발표한 초기 IBM PC와 XT에 사용되었다.
80286 (16 비트)	1982	멀티태스킹과 가상메모리를 지원하며 8086 프로세서에 비해 3~6배 성능이 향상되었다.
80386DX (32 비트)	1985	멀티태스킹과 가상메모리를 지원하며 32 비트 데이터 집합을 처리하는 최초의 8086 계열 프로세서이다.
80486DX (32 비트)	1989	캐시메모리와 수치연산 보조프로세서를 내장하여 처리속도가 더 빨라졌다.
Pentium (32 비트)	1993	슈퍼 스칼라 구조를 사용하였고 명령어 파이프라인을 2개, 명령어와 데이터 캐시를 별도로 지원하였다.
Pentium II (32 비트)	1997	멀티미디어 기능을 확장하는 57개의 MMX 명령어를 지원해 게임과 멀티미디어 환경에 최적화하였다.
Pentium III (32 비트)	1999	스트리밍 SIMD(단일 명령 다중 데이터) 확장 명령어 집합의 추가로 미디어 처리와 3D 그래픽의 속도가 향상되었다.

8086 프로세서의 내부 구조

8086 프로세서는 40핀으로 구성되어 있다. 메모리와 I/O 장치간의 데이터 전송을 위해 20개의 주소 핀과 16개의 데이터 핀을 가지고 있다. 일반적으로 주소와 데이터 정보는 동시에 접근되지 않기 때문에 16개 핀은 공유하여 주소 핀과 데이터 핀으로 번갈아가며 사용된다. 8086 프로세서는 20 비트 주소를 발생시키기 때문에 1MB까지의 메모리 주소를 지정할 수 있고 데이터를 16 비트로 전송할 수 있다. 최근의 프로세서는 대부분 32 비트 주소와 32 비트 데이터를 사용한다. 그림 1.2는 8086 프로세서의 내부 구조를 나타낸다.

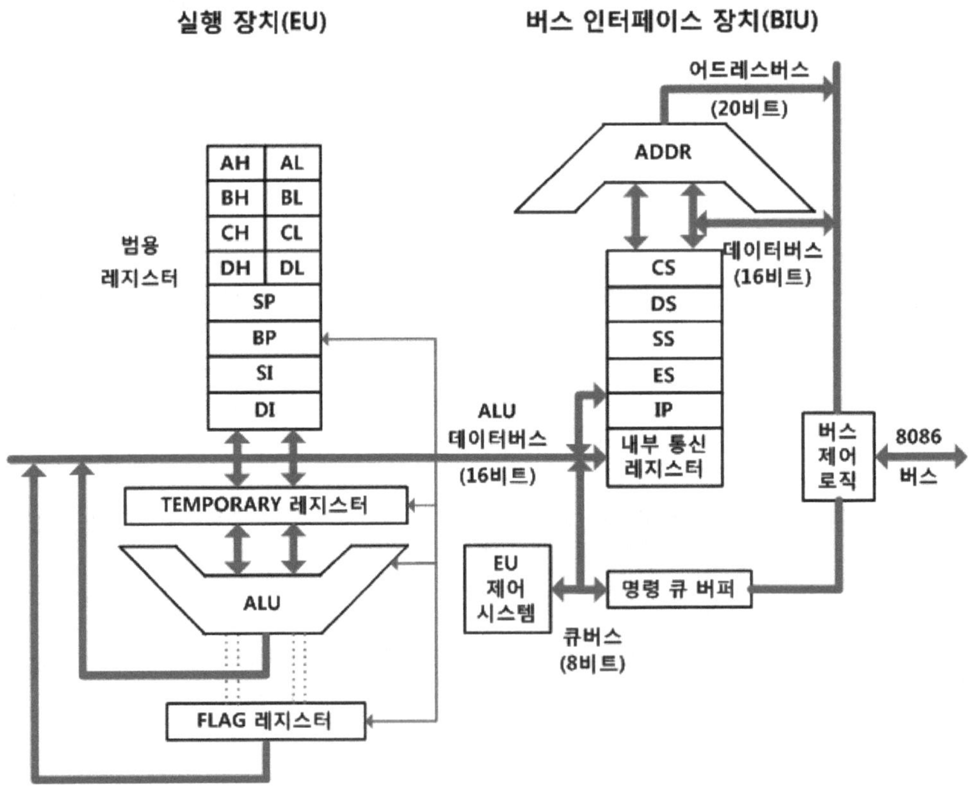

그림 1.2 8086 프로세서의 내부 구조

8086 프로세서는 크게 실행 장치(Execution Unit)와 버스 인터페이스 장치(Bus Interface Unit)로 구성되어 있다. 실행 장치는 모든 명령어들을 해석하고 실행하며 범용 레지스터, 상태(Flag) 레지스터, ALU(산술 논리 장치), EU 제어 시스템으로 구성되어 있다. 버스 인터페이스 장치는 외부 장치들과의 데이터 전송을 위해 주소를 만들고 외부 장치에 데이터를 전송하거나 외부 장치로부터 데이터를 받아 레지스터에 저장한다.

8086 프로세서의 레지스터

사용자가 어셈블리 프로그램을 작성하기 위해서는 프로그램을 실행하는 프로세서의 레지스터 종류와 기능에 대해 상세히 알아야 한다. 일반적으로 레지스터는 산술 논리 연산을 위해 데이터를 임시 저장하기 위한 데이터 레지스터, 명령어를 읽거나 데이터 전송을 위한 주소를 저장하는 주소 레지스터, 프로세서의 상태에 대한 정보를 저장하는 상태(Flag) 레지스터로 구분된다. 8086 프로세서는 14개의 16 비트 레지스터로 구성되어 있고 각 레지스터의 이름은 레지스터가 하는 역할과 관련이 있다. 다음은 8086 프로세서의 레지스터 종류와 이름을 나타낸다.

AH	AL	(AX) Accumulator
BH	BL	(BX) Base
CH	CL	(CX) Count
DH	DL	(DX) Data
SP		Stack Pointer
BP		Base Pointer
SI		Source Index
DI		Destination Index

IP		Instruction Pointer
FLAG	FLAG	Status Flags
CS		Code Segment
DS		Data Segment
SS		Stack Segment
ES		Extra Segment

AX, BX, CX, DX 레지스터는 데이터를 임시로 저장하기 위해 주로 사용되는 데이터 레지스터이다. 16 비트와 8 비트 모두 접근 가능하고 문자 입출력 등의 I/O 동작, 곱셈과 나눗셈 연산, 루프 카운터 등의 특별한 목적으로 사용되기도 한다.

AX (Accumulator)	데이터 전송 명령, 곱셈과 나눗셈 연산, 입출력 명령 등에 사용된다. 상위 바이트는 AH이고 하위 바이트는 AL이다.
BX (Base)	데이터를 저장하고 연산에서 주소 레지스터로 사용된다. 상위 바이트는 BH이고 하위 바이트는 BL이다.
CX (Counter)	루프 카운터, 문자열 연산에서 사용되며 CL은 이동과 회전 명령에서 이동, 회전하는 비트 수를 저장하기 위해 사용된다. 상위 바이트는 CH이고 하위 바이트는 CL이다.
DX (Data)	곱셈과 나눗셈 연산과 I/O 동작에서 사용된다. 상위 바이트는 DH이고 하위 바이트는 DL이다.

SP, BP, SI, DI 레지스터는 데이터 변수나 스택을 접근할 때 필요한 주소를 저장하기 위해 사용되는 포인터, 인덱스 레지스터이다. 데이터 변수나 스택을 접근하지 않을 때는 데이터를 임시로 저장하는 데이터 레지스터로 사용될 수 있다. CS, DS, SS, ES는 세그먼트 레지스터로 코드, 데이터, 스택 세그먼트의 번호를 저

장하기 위한 레지스터이다. IP는 명령어 코드의 옵셋 주소를 저장하는 레지스터이고 상태(Flag) 레지스터는 명령어를 실행한 후에 프로세서의 여러 상태를 나타내주는 레지스터이다. 상태 레지스터에 나타난 프로세서의 상태에 따라 조건문에서 조건의 참, 거짓이 판단되고 반복문에서 반복문의 종료 여부가 판단된다.

메모리 세그먼트

8086 프로세서는 20 비트 주소 버스를 가지고 있기 때문에 2^{20}(1M)까지의 주소를 지정할 수 있다. 보통 메모리나 I/O 장치에 접근하기 위한 주소는 레지스터에 저장되고 버스 인터페이스 장치를 통해 주소 버스가 만들어진다. 그러나 8086 프로세서는 16 비트 레지스터를 가지기 때문에 1개의 레지스터로 주소를 저장할 수 없어 2개의 레지스터를 사용한다. 이를 위해 메모리를 세그먼트 단위로 구분한다.

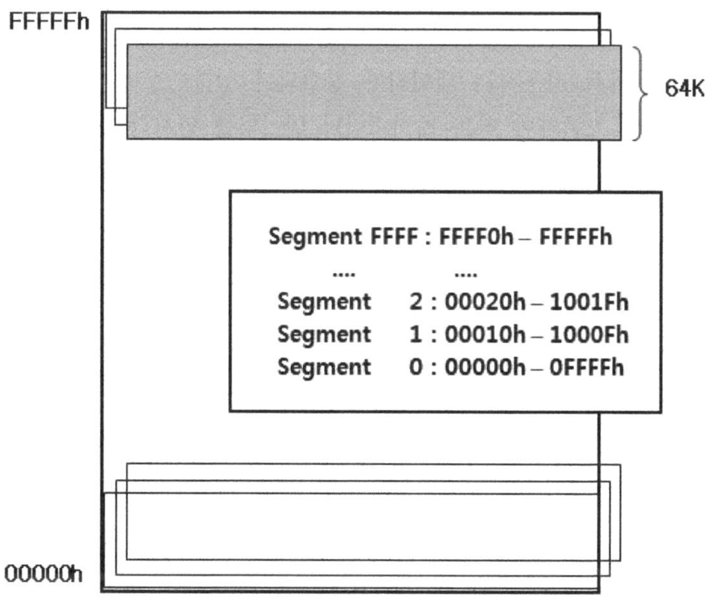

그림 1.3 8086 메모리 세그먼트

세그먼트 내의 옵셋(Offset) 주소는 1개의 레지스터에서 저장할 수 있도록 세그먼트의 크기는 64KB 단위로 설정된다. 그림 1.3은 1MB의 주소 공간을 64KB 크기의 세그먼트로 구성한 것으로 메모리 손실을 줄이기 위해 인접한 세그먼트들은 최대한 많은 주소를 공유한다. 1개의 세그먼트에 1개의 프로그램 코드를 저장하기 때문에 세그먼트가 서로 공유되어 있지 않으면 64KB 이하의 프로그램 코드를 세그먼트에 저장하는 경우 남는 용량만큼 메모리를 사용할 수 없게 된다. 메모리 손실을 줄이기 위해서는 인접한 세그먼트들이 공유하는 부분이 많아야 하므로 세그먼트 수를 최대한 많이 생성한다.

8086 프로세서는 16 비트 세그먼트 레지스터와 옵셋 주소를 저장하는 인덱스, 포인터 레지스터를 사용하여 20 비트의 주소를 생성한다. 세그먼트 레지스터에는 사용하는 세그먼트 번호가 저장되며 인덱스, 포인터 레지스터에는 세그먼트 내의 옵셋 주소가 저장된다. 버스 인터페이스 장치에서는 세그먼트 레지스터를 4 비트 왼쪽으로 이동시키고 옵셋 주소를 더하여 20 비트 주소를 만든다. 즉 20 비트 주소는 (세그먼트*16+옵셋 주소)에 의해 만들어진다.

어셈블리 프로그램은 명령어 코드, 데이터 영역, 스택 영역으로 구분된다. 명령어 코드는 프로세서가 수행해야 하는 명령어들의 집합으로 구성되고 데이터 영역에는 프로그램에서 사용하는 데이터가 정의되어 있다. 스택에는 함수나 프로시져를 호출 전후에 보존해야 하는 레지스터나 데이터를 임시적으로 저장하기 위한 공간으로 사용된다. 그래서 각 프로그램은 프로그램 코드, 메모리 영역, 스택 영역으로 구분되어 3개의 세그먼트에 각각 저장된다.

코드 세그먼트는 명령어 코드를 저장하는 세그먼트이고 데이터 세그먼트는 프로그램에서 사용하는 변수들을 저장하는 세그먼트이다. 스택 세그먼트는 레지스터나 변수들을 임시로 저장하기 위한 스택 공간으로 사용되는 세그먼트이다. 8086 프로세서는 프로그램에서 사용되는 데이터가 64KB 이상인 경우를 위해 추가적인 데이터 세그먼트(Extra Segment)를 제공한다. 다음의 표는 각 세그먼트에서 사용하는 세그먼트 레지스터와 옵셋 레지스터를 나타내며 (세그먼트 레지스터*16+옵셋 레지스터)에 의해 20 비트 주소가 만들어진다.

세그먼트 종류	세그먼트 레지스터	옵셋 레지스터
CODE 세그먼트	CS	IP
DATA 세그먼트	DS	SI
STACK 세그먼트	SS	SP
EXTRA 세그먼트	ES	DI

[예제 1.1]

현재 명령어를 수행할 때 CS=0F8AH, IP=2460H이면 현재 명령어가 저장되어 있는 메모리 주소는 얼마인가?

현재 명령어 위치에 대한 메모리 주소는 (CS의 내용)*16+(IP의 내용)이다. (CS의 내용)*16은 0F8A0H이므로 메모리 주소는 0F8A0H에 2460H를 더하여 11D00H가 된다.

[예제 1.2]

바이트 변수 BYT의 메모리 주소가 90480H이고 옵셋 레지스터 SI의 내용이 A480H이면 데이터 세그먼트 DS의 내용은 얼마인가?

메모리 변수에 대한 메모리 주소는 (DS 레지스터의 내용)*16+(SI 레지스터의 내용)이므로 DS 레지스터의 내용은 (메모리 주소-SI 레지스터의 내용)/16에 의해 구할 수 있다. (90480H-A480H)/16을 계산하면 DS 레지스터의 내용은 8600H가 된다.

1.3 정수와 문자의 표현

어셈블리 프로그램은 고급언어 프로그램과 같이 정수와 문자를 직접 사용하는 경우가 많다. 정수로는 10진수, 2진수, 16진수가 주로 사용되고 문자는 문자 입출력을 위해 대문자, 소문자, 상수, 제어 문자 등이 사용된다. 메모리 주소, 카운터 값, 상수 등을 레지스터나 메모리에 저장할 때 10진수와 16진수가 사용되고 논리, 이동, 회전 명령에서는 2진수와 16진수가 사용된다. 프로그램을 작성할 때 사용하는 편리성에 따라 2진수, 10진수, 16진수 중에 1개를 선택하기 때문에 2진수와 16진수간의 변환, 2진수와 10진수간의 변환, 16진수와 10진수간의 변환에 대해

2진수(4비트)	16진수	10진수
0000	0	0
0001	1	1
0010	2	2
0011	3	3
0100	4	4
0101	5	5
0110	6	6
0111	7	7
1000	8	8
1001	9	9
1010	A	10
1011	B	11
1100	C	12
1101	D	13
1110	E	14
1111	F	15

정확히 알고 있어야 한다. 기본적으로 데이터는 4 비트로 나누어 변환하는 것이 편리하기 때문에 4 비트에 대한 변환 과정을 이해하면 8 비트나 16 비트는 4 비트씩 나누어 변환할 수 있다. 다음의 표는 4 비트로 나타낸 2진수, 16진수, 10진수를 나타낸다.

정수의 표현

정수를 어떻게 표현하느냐는 정수 데이터를 저장하기 위한 메모리의 용량과 덧셈, 뺄셈, 곱셈, 나눗셈에 대한 정수 연산 관련 하드웨어를 어떻게 설계해야 하는지와 밀접한 관계가 있다. 예를 들어 음수 표현 방법은 뺄셈 연산을 실행하는 하드웨어 설계에 많은 영향을 준다. 어셈블리 프로그램에서는 고급언어 프로그램에서와 같이 부호 없는 정수(unsigned integer)와 부호 있는 정수(signed integer)를 사용할 수 있다. 부호 없는 정수는 음수가 없고 크기만을 나타내는 모두 양수인 정수로 메모리 주소, 카운터값, ASCII 코드값 등이 포함된다. 8 비트 정수는 0-255(00H-FFH)까지 나타낼 수 있고 16 비트 정수는 0-65535(0000H-FFFFH)까지 나타낼 수 있다.

부호 있는 정수는 대부분 산술 연산에서 사용되는 정수이며 양수와 음수를 모두 포함한다. 양수와 음수를 구분하기 위해 최상위 비트를 부호 비트로 설정하여 최상위 비트가 0이면 양수, 1이면 음수를 나타낸다. 8 비트 정수인 경우 00000000-01111111(00H-7FH)까지는 양수, 10000000-11111111(80H-FFH)까지는 음수가 된다.

15	14	13	12	11	10	9	8	7	6	5	4	3	2	1	0

부호비트

대부분의 프로세서는 음수를 표현하기 위해 2의 보수법을 사용한다. 양수 N의 음수 -N을 구하기 위해 먼저 모든 비트를 반대로 (0은 1, 1은 0) 바꾸어 1의 보수를 구하고 1의 보수에 1을 더하여 2의 보수인 음수를 구한다.

[예제 1.3]

8 비트와 16 비트로 표현된 10진수 10의 1의 보수와 2의 보수를 구하고 10의 2의 보수가 -10인 것을 보여라.

10 = 00001010 (8 비트), 0000000000001010 (16 비트)

10의 1의 보수 = 11110101 (8 비트), 1111111111110101 (16 비트)

10의 2의 보수 = 11110110 (8 비트), 1111111111110110 (16 비트)

10+(-10) = 10+(10의 2의 보수) = 00001010+11110110 = 0

음수를 2의 보수법을 사용하여 표현하면 뺄셈 연산은 덧셈 연산에서 사용하는 하드웨어를 그대로 사용할 수 있다는 장점이 있다. 예를 들어 A-B 뺄셈 연산은 A+(B의 2의 보수)에 의해 덧셈 연산으로 나타낼 수 있고 B의 2의 보수는 쉽게 얻을 수 있기 때문에 뺄셈 연산은 2의 보수가 입력된 덧셈 연산이 된다. 8086 프로세서는 16 비트 레지스터를 사용하므로 산술 연산은 16 비트로 이루어진다. 다음의 표는 16 비트 연산을 위한 16진수, 부호 없는 10진수, 부호 있는 10진수를 나타낸다.

16진수	부호 없는 10진수	부호 있는 10진수
0000	0	0
⋮	⋮	⋮
7FFE	32766	32766
7FFF	32767	32767

8000	32768	-32768
8001	32769	-32767
⋮	⋮	⋮
FFFE	65534	-2
FFFF	65535	-1

문자의 표현

문자를 메모리나 레지스터에 저장하기 위해서는 2진수로 변환하여야 한다. 현재 대부분의 문자는 ASCII 코드에 의해 2진수로 변환되며 ASCII 코드는 대문자, 소문자, 상수, 특수 문자 등의 128개 문자에 대한 코드값을 나타낸다. 그래서 문자를 표현하기 위해 최상위 비트가 0인 8 비트 정수를 사용한다. 다음의 표는 128개 ASCII 코드를 나타낸다. 0-20H까지는 제어 문자를 나타내며 제어 동작을 수행한다.

10 진수	16 진수	ASCII	10 진수	16 진수	ASCII	10 진수	16 진수	ASCII	10 진수	16 진수	ASCII
0	00	NULL	32	20	SP	64	40	@	96	60	.
1	01	SOH	33	21	!	65	41	A	97	61	a
2	02	STX	34	22	"	66	42	B	98	62	b
3	03	ETX	35	23	#	67	43	C	99	63	c
4	04	EOT	36	24	$	68	44	D	100	64	d
5	05	ENQ	37	25	%	69	45	E	101	65	e
6	06	ACK	38	26	&	70	46	F	102	66	f
7	07	BELL	39	27	'	71	47	G	103	67	g

8	08	BS	40	28	(	72	48	H	104	68	h
9	09	HT	41	29	)	73	49	I	105	69	i
10	0A	LF	42	2A	*	74	4A	J	106	6A	j
11	0B	VT	43	2B	+	75	4B	K	107	6B	k
12	0C	FF	44	2C	'	76	4C	L	108	6C	l
13	0D	CR	45	2D	–	77	4D	M	109	6D	m
14	0E	SO	46	2E	.	78	4E	N	110	6E	n
15	0F	SI	47	2F	/	79	4F	O	111	6F	o
16	10	DLE	48	30	0	80	50	P	112	70	p
17	11	DC1	49	31	1	81	51	Q	113	71	q
18	12	SC2	50	32	2	82	52	R	114	72	r
19	13	SC3	51	33	3	83	53	S	115	73	s
20	14	SC4	52	34	4	84	54	T	116	74	t
21	15	NAK	53	35	5	85	55	U	117	75	u
22	16	SYN	54	36	6	86	56	V	118	76	v
23	17	ETB	55	37	7	87	57	W	119	77	w
24	18	CAN	56	38	8	88	58	X	120	78	x
25	19	EM	57	39	9	89	59	Y	121	79	y
26	1A	SUB	58	3A	:	90	5A	Z	122	7A	z
27	1B	ESC	59	3B	;	91	5B	[	123	7B	{
28	1C	FS	60	3C	<	92	5C	\	124	7C	|
29	1D	GS	61	3D	=	93	5D	]	125	7D	}
30	1E	RS	62	3E	>	94	5E	^	126	7E	~
31	1F	US	63	3F	?	95	5F	_	127	7F	DEL

어셈블리 프로그램에서 많이 사용되는 문자는 숫자 0-9(30H-39H), 대문자 A-Z(41H-5AH), 소문자 a-z(61H-7AH)이다. 다음의 표는 많이 사용되는 제어 문자를 나타내며 새로운 줄로 이동은 CR(0DH), LF(0AH) 문자를 연속적으로 출력하여 이루어진다.

10진수	16진수	문자	설명
7	07	BELL	벨소리
8	08	BS	백 스페이스
9	09	HT	수평 탭
10	0A	LF	라인 피드
12	0C	FF	폼 피드
13	0D	CR	캐리지 리턴
32	20	SP	스페이스

문자 입출력은 키보드와 모니터를 통해 이루어지고 운영체제가 관리하는 문자 입출력 함수에 의해 문자 입출력이 실제로 이루어진다. 키보드에서 입력된 문자는 ASCII 코드값에 의해 레지스터에 전달되어 응용 프로그램에서 사용되고 출력할 문자의 ASCII 코드값을 레지스터를 통해 입출력 함수에 전달하여 문자 출력이 이루어진다.

2
Chapter

8086 어셈블리언어

2.1 어셈블리언어 문법

사용자가 어셈블리 프로그램을 작성하려면 고급언어 프로그램을 작성할 때와 같이 정의된 문법에 따라 프로그래밍을 하여야 한다. 어셈블리언어는 프로세서에 따라 명령어 종류와 이름, 레지스터 이름, 사용되는 문법 등이 다르기 때문에 어셈블리 프로그램 작성을 시작하기 전에 프로세서 제작사에서 제공하는 어셈블리 프로그래밍 매뉴얼을 통해 정확한 문법을 이해하고 프로그래밍을 시작하여야 한다.

8086 어셈블리 프로그램에서는 일반적으로 대문자와 소문자를 구분하지 않는다. 데이터 전송 명령어 MOV나 mov 모두 사용 가능하다. 8086 어셈블리 프로그램은 한 줄에 1개의 어셈블리언어 문장으로 순차적으로 작성된다. 어셈블리언어 문장은 다음과 같이 4개의 필드(이름 필드, 연산자 필드, 오퍼랜드 필드, 설명 필드)로 구성된다.

이름(name)	연산자(operation)	오퍼랜드(operands)	설명(comment)

각 필드는 1개 이상의 빈칸이나 탭 문자로 구분된다. 다음은 8086 어셈블리언어 문장의 일반적인 예를 나타낸다.

```
(이름)  (연산자)  (오퍼랜드)        (설명)
TOP:    MOV      AX,10            ; AX 레지스터에 10을 저장한다.
MAIN    PROC                      ; MAIN 프로시져를 생성한다.
```

첫 번째 문장은 명령어가 포함된 가장 일반적인 어셈블리언어 문장으로 MOV라는 명령어를 사용하여 AX 레지스터에 10을 저장한다. 두 번째 문장은 어셈블러 지시자로 어셈블러에게 MAIN 프로시져를 생성하라고 지시한다. 어셈블러 지시자는 기계어 코드로 변역되지 않기 때문에 프로세서가 실행하지 않으며 단순히 어셈블러에게 무엇인가를 하도록 지시하는데 사용된다.

이름 필드는 명령어의 레이블(Label), 프로시져 이름, 변수 이름 등을 나타내는데 사용된다. 반복문 루프의 시작 위치를 나타내는 레이블이 이름 필드에 나타나며 이름 필드가 필요 없는 어셈블리언어 문장은 이름 필드를 공란으로 비워둔다. 이름은 최대 31자까지 문자, 숫자, 특수문자 ?, ., @, _, $, %를 사용하여 나타낼 수 있다. 이름 필드의 중간에 빈칸은 허용되지 않으며 마침표는 반드시 첫 번째 문자로 사용되어야 한다. 그리고 숫자로 시작해서는 안 되고 허용되는 특수 문자 외에는 사용해서는 안 된다. 다음은 사용할 수 없는 이름의 예이다.

```
TOP LOOP        ; 빈칸이 포함되어 있다.
3position       ; 숫자가 첫 번째 문자로 사용되었다.
ABC11.1         ; .은 첫 번째 문자로 사용되어야 한다.
CAP*LETTER      ; 허용되지 않는 특수 문자 *이 사용되었다.
```

연산자 필드는 프로세서에서 실행되는 기호화된 명령어나 어셈블러 지시자 등의 의사 명령어를 나타낸다. 어셈블러는 기계어 코드로는 변역되지 않지만 사용자가 어셈블리 프로그램을 좀 더 편리하게 작성하도록 하기 위해 의사 명령어를 제공한다. 의사 명령어는 어셈블러에게 무엇인가를 지시하거나 프로세서에서 실행되는 명령어들로 바꾸어준다.

오퍼랜드 필드는 연산자의 의해 사용되는 데이터를 지정하는 필드로 프로세서가 명령어를 실행하기 위해 필요한 데이터를 오퍼랜드 필드에 나타낸다. 명령어에 따라 필요한 데이터의 수가 다르기 때문에 8086 프로세서는 0개, 1개, 2개까지 오퍼랜드를 사용할 수 있다. 다음은 오퍼랜드의 개수가 서로 다른 몇 개의 명령어를 나타낸다.

```
RET             ; 호출한 프로시져 위치로 복귀하라는 명령어
DEC   AX        ; AX 레지스터의 내용을 1 감소시키는 명령어
ADD   AX,10     ; AX 레지스터의 내용에 10을 더하는 명령어
```

오퍼랜드의 구성은 CPU 내부 블록과 주변의 인터페이스 설계에 따라 달라질 수 있다. 덧셈 명령어인 ADD 명령어는 일반적으로 2개의 소스 오퍼랜드와 1개의 목적지 오퍼랜드가 필요하다. 휴대폰 등의 모바일 기기에 많이 사용되는 ARM 프로세서 등의 RISC 프로세서는 ADD 명령어를 위해 3개의 오퍼랜드를 설정할 수 있다. 반면에 8086 프로세서는 목적지 오퍼랜드를 소스 오퍼랜드 1개와 동일하게 하여 2개의 오퍼랜드만을 설정할 수 있다. 3개의 오퍼랜드를 사용하면 프로그램 작성을 좀 더 더 간단하게 하지만 상대적으로 ADD 명령어 실행을 위한 프로세서 내부 설계가 더 복잡해진다.

설명 필드는 프로그램 작성을 위한 설명을 나타내는 곳으로 세미콜론(;)으로 시작하며 어셈블러는 세미콜론 다음의 내용을 무시한다. 어셈블리 프로그램에 익숙하지 않은 사용자는 디버깅을 위해 각 어셈블리언어 문장마다 설명을 포함하는 것이 좋다.

2.2 데이터와 변수 정의

어셈블리 프로그램에서는 10진수, 2진수, 16진수 데이터가 많이 사용되며 문자 데이터도 많이 사용된다. 문자는 1 바이트(8 비트)가 사용되지만 데이터는 8086이 16비트 프로세서이기 때문에 바이트(8 비트) 변수와 워드(16 비트) 변수가 많이 사용된다.

10진수는 숫자 뒤에 'D/d'을 포함하는 것이 바람직하지만 포함하지 않아도 어셈블러는 10진수로 간주한다. 그러나 2진수는 숫자 뒤에 'B/b', 16진수는 숫자 뒤에 'H/h'를 반드시 포함하여야 한다. 다음은 사용할 수 있는 숫자와 사용할 수 없는 숫자의 예를 나타낸다. 16진수인 경우 문자(A-F)로 시작하면 맨 앞에 0을 추가하여야 한다.

```
11010          ; 10진수로 사용 가능하다.
10110110B      ; 2진수로 사용 가능하다.
0FFFEH         ; 16진수로 사용 가능하다.
-13784         ; 10진수로 사용 가능하다.
3,568          ; 10진수로 사용할 수 없다. 3568로 수정해야 한다.
7FFF           ; 16진수로 사용할 수 없다. 7FFFH로 수정해야 한다.
FFFFH          ; 16진수로 사용할 수 없다. 0FFFFH로 수정해야 한다.
```

어셈블리 프로그램에서 문자와 문자열은 홑따옴표('A')나 쌍따옴표("A")에 의해 표현되며 어셈블러에 의해 ASCII 코드값으로 변환된다. 대문자 'A'의 ASCII 코드값이 41H이므로 다음의 두 어셈블리언어 문장은 동일한 의미를 나타낸다.

```
MOV    DL,'A'        ; DL 레지스터에 문자 'A'를 저장한다.
MOV    DL,41H        ; DL 레지스터에 41H를 저장한다.
```

변수의 정의

어셈블리 프로그램은 고급언어 프로그램과 같이 변수를 정의하여 사용한다. 변수는 데이터형을 가지며 메모리 주소를 위해 데이터 세그먼트의 옵셋 주소가 할당된다. 8086 어셈블리언어에서 사용되는 데이터형은 DB(바이트), DW(워드, 2 바이트), DD(더블워드, 4 바이트), DQ(4중 워드, 8 바이트), DT(10 바이트)가 있으며 바이트(DB)와 워드(DW)가 가장 많이 사용된다. 다음은 바이트 변수, 워드 변수, 배열, 문자열의 정의를 나타낸다.

바이트 변수는 1 바이트(8 비트) 크기의 변수를 나타내며 변수의 크기는 DB로 표시하고 초기값을 설정한다. 초기값을 특별히 설정할 필요가 없을 때는 ?로 나타낸다.

```
(일반 형식) 변수이름  DB  초기값
(예)       BYT   DB  10     ; 초기값이 10인 바이트 변수 BYT
           BETA  DB  ?      ; 초기값을 설정하지 않은 바이트 변수 BETA
```

워드 변수는 2 바이트(16 비트) 크기의 변수를 나타내며 변수의 크기는 DW로 표시하고 초기값을 설정한다. 8086이 16 비트 프로세서이므로 가장 기본이 되는 변수이다.

```
(일반 형식) 변수이름  DW  초기값
(예)       ZETA   DW  -100       ; 초기값이 -100인 워드 변수 ZETA
           WRD    DW   ?         ; 초기값이 설정되지 않은 변수 WRD
```

배열은 동일한 크기의 연속적인 메모리 변수를 나타내며 배열의 크기가 바이트이면 바이트 배열(DB), 워드이면 워드 배열(DW)로 나타낸다. 각 배열 요소들의 초기값은 배열 정의에서 모두 포함되어야 한다.

```
(일반 형식)  배열이름  DB(DW)  초기값
(바이트 배열 예)  BARRAY  DB     10H, 30H, 50H, 80H, A0H
(워드 배열 예)    WARRAY  DW     2810, -3500, 307, -489
```

문자열은 문자들로 구성된 바이트 배열로 대문자와 소문자를 구분한다. '문자'나 ASCII 코드값을 직접 사용하여 정의할 수 있고 '문자'와 ASCII 코드값을 혼합하여 정의할 수 있다. 프로세서가 문자열이 끝났다는 것을 알 수 있도록 하기 위해 문자열은 반드시 '$'(24H)로 끝나야 한다. 다음의 MSG 문자열은 동일하게 정의된 문자열이다.

```
(일반 형식) 문자열이름  DB  '문자열'
(예)      MSG     DB      'HELLO', 0DH, 0AH, '$'
          MSG     DB      48H, 45H, 4CH, 4CH, 4FH, 0DH, 0AH, 24H
```

어셈블리 프로그램 작성을 편리하게 하기 위해 많이 사용되는 상수에 이름을 붙여 사용할 수 있다.

```
(일반 형식) 이름  EQU  상수
(예)      CR      EQU     0DH          ; CR=0DH로 정의한다.
(사용 예) MOV  DL,CR                   ; DL 레지스터에 0DH가 저장된다.
```

2.3 8086 명령어

8086 프로세서는 약 100개 이상의 명령어가 포함된 명령어 집합을 가지고 있다. 명령어 집합에는 데이터 전송 명령어, 산술 연산 및 논리 연산 명령어, 흐름 제어 명령어 등이 포함된다. 사용자는 알고리즘에 따라 명령어들을 적절하게 잘 조합하여 프로그램을 작성하여야 한다. 데이터 전송 명령어에는 레지스터나 메모리 변수 사이의 데이터 전송을 위한 명령어들이 포함되고 산술 연산 명령어에는 덧셈, 뺄셈, 곱셈, 나눗셈 등 산술 연산에 필요한 명령어들이 포함된다. 논리 연산 명령어에는 AND, OR, XOR, NOT 등 논리 연산과 관련된 명령어들이 포함되며 흐름 제어 명령어에는 조건문, 반복문, 프로시져 호출 및 복귀 등 프로그램의 흐름을 제어하는 명령어들이 포함된다. 이 책의 구성에 맞추어 8086 명령어들은 단계적으로 소개될 예정이며 이 장에서는 간단한 어셈블리 프로그램 작성을 위해 필요한 기본적인 명령어들을 소개한다.

MOV와 XCHG 명령어

MOV 명령어는 프로그램에서 가장 많이 사용되는 데이터 전송 명령어이다. 레지스터 사이와 레지스터와 메모리 변수 사이의 데이터를 서로 전송하기 위해 사용되고 레지스터나 메모리 변수에 특정 상수를 저장하기 위해서도 사용된다.

```
(일반 형식)  MOV   목적지(destination), 근원지(source)
(예)         MOV   AX,DX          ; DX 레지스터의 내용을 AX에 저장한다.
             MOV   BX,WRD         ; 워드 변수 WRD의 내용을 BX에 저장한다.
             MOV   AL,'D'         ; ASCII 코드값 44H를 AL에 저장한다.
             MOV   CX,2500        ; 2500을 CX에 저장한다.
```

MOV 명령어는 근원지와 목적지 오퍼랜드를 가지며 근원지 오퍼랜드의 내용을 목적지 오퍼랜드에 전송한다. MOV 명령을 수행한 후에도 근원지 오퍼랜드의 내용은 없어지지 않고 그대로 유지한다. 다음의 표는 근원지와 목적지 오퍼랜드로 사용할 수 있는 구성 요소를 나타낸다. 상수는 목적지 오퍼랜드로 사용할 수 없고 메모리 변수 사이와 세그먼트 레지스터 사이의 데이터 전송은 불가능하기 때문에 어셈블리 프로그램을 작성할 때 주의하여야 한다.

<table>
<tr><th rowspan="2">근원지
오퍼랜드
(MOV)</th><th colspan="4">목적지 오퍼랜드(MOV)</th></tr>
<tr><th>일반 레지스터</th><th>세그먼트
레지스터</th><th>메모리 변수</th><th>상수</th></tr>
<tr><td>일반 레지스터</td><td rowspan="4">가능</td><td>가능</td><td>가능</td><td rowspan="4">불가능</td></tr>
<tr><td>세그먼트
레지스터</td><td>불가능</td><td>가능</td></tr>
<tr><td>메모리 변수</td><td>가능</td><td>불가능</td></tr>
<tr><td>상수</td><td>불가능</td><td>가능</td></tr>
</table>

XCHG 명령어는 두 레지스터의 내용, 레지스터와 메모리 변수의 내용을 서로 바꾸는데 사용하는 데이터 전송 명령어이다. 오퍼랜드가 근원지와 목적지로 구분되어 있지만 의미가 없으며 메모리 변수 사이의 XCHG 명령 실행은 불가능하다.

```
(일반 형식)  XCHG  목적지(destination), 근원지(source)
(예)        XCHG    DL,AL              ; AL와 DL의 내용을 서로 바꾼다.
            XCHG    AX,WRD             ; AX와 WRD의 내용을 서로 바꾼다.
```

근원지 오퍼랜드 (XCHG)	목적지 오퍼랜드(XCHG)	
	일반 레지스터	메모리 변수
일반 레지스터	가능	가능
메모리 변수	가능	불가능

ADD와 SUB 명령어

ADD 명령어는 두 레지스터의 내용을 더하거나 레지스터와 메모리 변수의 내용을 더하는데 사용되는 산술 연산 명령어이다. 오퍼랜드가 2개이기 때문에 목적지 오퍼랜드의 내용과 근원지 오퍼랜드의 내용을 더해서 목적지 오퍼랜드에 저장한다. 메모리 변수 사이의 직접적인 ADD 명령 실행은 불가능하다.

```
(일반 형식)  ADD  목적지(destination), 근원지(source)

(예)        ADD     AX,BX          ; AX와 BX의 내용을 더해서 AX에 저장한다.
            ADD     WRD,CX         ; WRD와 CX의 내용을 더해 WRD에 저장한다.
            ADD     CL,10          ; CL의 내용에 10을 더해서 CL에 저장한다.
```

SUB 명령어는 두 레지스터의 내용을 서로 빼거나 레지스터와 메모리 변수의 내용을 서로 빼는데 사용되는 산술 연산 명령어이다. 오퍼랜드가 2개이기 때문에 목적지 오퍼랜드의 내용에서 근원지 오퍼랜드의 내용을 빼서 목적지 오퍼랜드에 저장한다. 메모리 변수 사이의 직접적인 SUB 명령 실행은 불가능하다.

```
(일반 형식)  SUB   목적지(destination), 근원지(source)
(예)         SUB   BX,DX        ; BX에서 DX의 내용을 빼서 BX에 저장한다.
             SUB   BYT,CL       ; BYT에서 CL의 내용을 빼서 BYT에 저장한다.
             SUB   AX,-150      ; AX의 내용에서 -150을 빼서 AX에 저장한다.
```

근원지 오퍼랜드 (ADD, SUB)	목적지 오퍼랜드(ADD, SUB)	
	일반 레지스터	메모리 변수
일반 레지스터	가능	가능
메모리 변수	가능	불가능
상수	가능	가능

INC와 DEC 명령어

INC 명령어는 레지스터나 메모리 변수의 내용을 1 더하는데 사용하는 산술 연산 명령어로 오퍼랜드는 목적지 오퍼랜드 1개만 사용하다.

```
(일반 형식)  INC   목적지(destination)
(예)         INC   CL           ; CL의 내용을 1 증가시켜 CL에 저장한다.
             INC   WRD          ; WRD의 내용을 1 증가시켜 WRD에 저장한다.
```

DEC 명령어는 레지스터나 메모리 변수의 내용을 1 감소하는데 사용하는 산술 연산 명령어로 오퍼랜드는 목적지 오퍼랜드 1개만 사용하다.

```
(일반 형식)  DEC   목적지(destination)
(예)        DEC    AX          ; AX의 내용을 1 감소시켜 AX에 저장한다.
            DEC    BYT         ; BYT의 내용을 1 감소시켜 BYT에 저장한다.
```

NEG와 NOT 명령어

NEG 명령어는 레지스터나 메모리 변수에 저장된 데이터의 부호를 반대로 바꾸는 산술 연산 명령어이다. 프로세서는 2의 보수를 실행하여 양수는 음수로, 음수는 양수로 변환한다. NOT 명령어는 레지스터나 메모리 변수에 저장된 데이터의 각 비트를 0은 1로, 1은 0으로 바꾸는 논리 연산 명령어로 산술 연산에서 1의 보수를 구하기 위해 사용될 수 있다.

```
(일반 형식)  NEG   목적지(destination)
(예)        NEG    WRD         ; WRD의 부호를 바꾼다.
            NEG    BX          ; BX의 부호를 바꾼다.

(일반 형식)  NOT   목적지(destination)
(예)        NOT    CX          ; CX의 1의 보수를 CX에 저장한다.
```

명령어 사용 주의사항

8086 명령어에서 두 개의 오퍼랜드를 사용하는 모든 명령어들은 메모리 변수를 근원지와 목적지 오퍼랜드로 동시에 사용할 수 없다. 예를 들어 WRD1 워드 변수와 WRD2 워드 변수를 서로 바꾸는 경우 먼저 WRD1 워드 변수를 레지스터로 이동시킨 후 레지스터와 WRD2를 서로 바꾸고 레지스터를 WRD1에 저장하여야 한다.

```
XCHG    WRD1,WRD2        ; 틀린 문장이므로 사용 불가능
MOV     AX,WRD1          ; WRD1의 내용을 AX에 저장한다.
XCHG    AX,WRD2          ; WRD2와 AX의 내용을 서로 바꾼다.
MOV     WRD1,AX          ; AX의 내용을 WRD1에 저장한다.
```

두 개의 오퍼랜드를 사용하는 명령어의 경우 근원지 오퍼랜드와 목적지 오퍼랜드의 데이터형은 항상 일치하여야 한다. 16 비트 레지스터를 사용하면 16 비트 워드 변수를 사용하여야 하고 8 비트 레지스터를 사용하면 8 비트 바이트 변수를 사용하여야 한다. 문자는 8 비트이므로 8 비트 레지스터나 바이트 변수를 사용하여야 한다. 다음은 오퍼랜드의 데이터형이 일치하지 않은 잘못 사용된 예를 나타낸다.

```
MOV     AL,BX       ; BX는 16 비트, AL는 8 비트 (데이터형 불일치)
ADD     CX,BYT      ; CX는 16 비트, BYT는 8 비트 (데이터형 불일치)
XCHG    WRD,DL      ; WRD 16 비트, DL 8 비트 (데이터형 불일치)
```

고급언어를 어셈블리언어로 변환

고급언어 문장들은 8086 명령어들을 사용하여 어셈블리언어 문장으로 변환될 수 있다. 다음은 간단한 고급언어 문장을 어셈블리언어 문장으로 변환하는 예제이다.

◆ [예제 2.1]

다음의 고급언어 문장을 데이터 이동 및 산술 연산 명령어를 사용하여 어셈블리언어 문장으로 변환하라. A, B, C는 워드 변수이다.

$$B = A - 2\times C$$

B=A-2×C의 고급언어 문장은 B=A-C-C로 나타낼 수 있기 때문에 MOV, SUB 명령어를 사용하여 어셈블리언어 문장으로 나타낼 수 있다.

```
MOV    AX,A     ; A를 AX에 저장한다.
SUB    AX,C     ; AX에 C를 빼서 AX=A-C에 저장한다.
SUB    AX,C     ; AX에 C를 빼서 AX=A-C-C에 저장한다.
MOV    B,AX     ; AX의 내용을 B에 저장한다. B=A-2×C
```

[예제 2.2]

다음의 고급언어 문장을 데이터 이동 및 산술 연산 명령어를 사용하여 어셈블리 언어 문장으로 변환하라. A, B, C는 바이트 변수이다.

$$A = 3\times B - C + 10$$

(A=3×B-C+10)은 (A=B+B+B-C+10)로 나타낼 수 있기 때문에 MOV, ADD, SUB 명령어를 사용하여 어셈블리언어 문장으로 나타낼 수 있다.

```
MOV    BL,B     ; 바이트 변수 B를 BL에 저장한다.
ADD    BL,BL    ; BL에 BL을 더해 BL=(B+B)에 저장한다.
ADD    BL,B     ; BL에 B를 더해 BL=(B+B+B)에 저장한다.
SUB    BL,C     ; BL에 C를 빼서 BL=(3×B-C)에 저장한다.
ADD    BL,10    ; BL에 10을 더해 BL=(3×B-C+10)에 저장한다.
MOV    A,BL     ; BL의 내용을 A에 저장한다. A=3×B-C+10
```

2.4 어셈블리 프로그램 구조

메모리 모델 정의, 스택 크기 지정, 데이터 세그먼트 구성, 코드 세그먼트 구성 등을 통해 어셈블리 프로그램은 구성된다. 프로그램 코드와 데이터의 크기에 따라 먼저 사용하는 메모리 모델을 정의하고 스택에 저장하는 데이터의 크기를 고려하여 스택의 크기를 지정한다. 데이터 세그먼트에서는 프로그램에서 사용되는 메모리 변수를 정의하고 코드 세그먼트에서는 8086 명령어를 사용하여 알고리즘에 따라 코드를 구현한다.

메모리 모델

메모리 모델은 작성되는 프로그램의 코드와 데이터의 크기를 나타내기 위해 사용되며 사용자는 프로그램 코드와 데이터의 크기에 해당하는 메모리 모델을 어셈블러에게 알려주어야 한다. 다음은 메모리 모델을 정의하는 방법과 사용되는 메모리 모델의 종류를 나타낸다. 메모리 모델은 프로그램 코드와 데이터가 1개의 세그먼트(64K 바이트)에 저장될 수 있는지 없는지에 따라 5개의 모델로 구분된다.

```
(일반 형식)  .MODEL  메모리모델(memory model)
```

메모리 모델	설명
SMALL	한 세그먼트에 저장할 수 있는 코드 한 세그먼트에 저장할 수 있는 데이터
MEDIUM	한 세그먼트 이상에 저장할 수 있는 코드 한 세그먼트에 저장할 수 있는 데이터
COMPACT	한 세그먼트에 저장할 수 있는 코드 한 세그먼트 이상에 저장할 수 있는 데이터
LARGE	한 세그먼트 이상에 저장할 수 있는 코드와 데이터 64K 바이트 이상이 되지 않는 배열
HUGE	한 세그먼트 이상에 저장할 수 있는 코드와 데이터 64K 바이트 이상이 되는 배열

8086 명령어 집합은 명령어에 따라 대략 1-6 바이트의 기계어 코드로 변환되기 때문에 64K 바이트의 한 세그먼트에는 약 2만개 이상의 어셈블리언어 문장이 저장될 수 있다. 아주 큰 응용 프로그램을 제외하고 대부분의 프로그램은 SMALL 모델을 사용해도 충분하다.

데이터 세그먼트

프로그램에서 사용하는 바이트 변수, 워드 변수, 배열, 문자열 등 메모리 변수를 선언한다. 데이터 세그먼트는 .DATA라는 어셈블리 지시자를 사용하여 나타내고 메모리 변수를 정의하는 규칙에 따라 프로그램에서 사용되는 모든 메모리 변수들이 선언된다.

```
.DATA
BYT     DB      10
WRD     DW      ?
MSG     DB      'HELLO',0DH,0AH,'$'
LF      EQU     0AH
```

스택 세그먼트

어셈블리 프로그램은 고급언어 프로그램과 같이 여러 개의 프로시져를 사용하여 작성된다. 프로그램이 여러 개의 프로시져를 사용하는 경우 프로시져 호출 전후에 데이터를 유지해야 하는 레지스터나 메모리 변수들의 내용은 호출된 프로시져의 코드를 실행하기 전에 스택에 저장되어야 한다. 스택에 데이터를 저장하고 복원하는 것은 프로그램을 실행하는 중간에 발생하기 때문에 스택 영역은 데이터 세그먼트와 별도의 메모리 세그먼트에 설정되어야 한다. 일반적으로 프로그램이 복잡할수록 스택에 저장되는 데이터의 수가 많아지기 때문에 사용자는 작성하려는 프로그램이 스택 공간을 얼마나 사용하는지를 알려주어야 한다. 스택 공간이 부족하면 프로그램을 정상적으로 수행할 수 없기 때문에 스택 공간을 충분히 크게 지정한다.

```
(일반 형식)  .STACK   크기(size)
(예)   .STACK       100H          ; 스택 영역으로 100H(256 바이트)를 지정한다.
```

코드 세그먼트

코드 세그먼트는 8086 명령어들을 사용하여 작성한 어셈블리언어 문장들을 포함한다. 어셈블리언어 코드는 프로시져를 단위로 구성되며 최소한 1개 이상의 프로시져를 사용하여야 하고 반드시 MAIN 프로시져를 포함하여야 한다. 메모리 모델이 SMALL인 경우 이름을 사용하면 에러가 발생하므로 이름을 사용하지 말아야 한다.

```
(일반 형식)  .CODE   이름(name)
```

어셈블리 프로그램의 구조

다음은 8086 어셈블리 프로그램의 구조를 나타낸다. 먼저 메모리 모델을 정의하여야 하고 스택 영역의 크기를 지정하여야 한다. 프로그램이 메모리 변수를 사용하는 경우 데이터 세그먼트를 정의하여야 하고 코드 세그먼트에 알고리즘에 따라 코드를 구성하여야 한다. MAIN 프로시져는 반드시 코드 세그먼트에 포함되어 있어야 하고 필요하면 다른 프로시져를 추가로 사용한다.

```
.MODEL    SMALL; 메모리 모델 정의
.STACK    크기           ; 스택 영역의 크기를 지정한다. (예: 100H)
.DATA
; 프로그램에 사용하는 데이터 변수를 정의한다.

.CODE
MAIN    PROC
; MAIN 프로시져의 어셈블리언어 코드를 입력한다.
MAIN    ENDP

; 다른 프로시져를 정의하고 코드를 입력한다.
END     MAIN
```

3
Chapter

문자 입출력과 응용

3.1 문자 입출력

3.2 문자열 출력

3.3 어셈블리 프로그램 실행

3.4 문자 입출력에 대한 실습 예제

3.1 문자 입출력

사용자 프로그램에서의 입출력은 대부분 키보드와 모니터를 통해 이루어진다. C 언어 프로그램에서는 라이브러리에서 제공되는 scanf 함수와 printf 함수를 이용하여 키보드에서 입력을 받고 계산 결과를 화면에 출력할 수 있지만 어셈블리 프로그램에서는 scanf 함수와 printf 함수를 사용할 수 없기 때문에 입출력 프로그램을 직접 작성하여야 한다.

키보드에서 입력된 문자는 ASCII 코드값으로 저장되고 ASCII 코드값을 화면에 출력하여 해당하는 문자를 출력한다. 사용자가 키보드를 통해 어셈블리언어 코드를 입력하면 입력된 코드는 ASCII 코드값으로 메모리에 저장되고 어셈블러를 통해 해석되어 기계어 코드로 변환된다. 이 장에서는 사용자에게 익숙한 문자 입출력을 통해 어셈블리 프로그램을 작성하고 실행하는 방법을 설명한다.

문자 입출력 명령

사용자는 키보드와 모니터에 연결된 입출력 포트를 직접 접근하는 IN, OUT 명령을 사용하여 문자를 입력 받거나 문자를 출력할 수 있다. 그리고 운영체제가 관리하는 BIOS 루틴과 DOS 루틴을 사용하여 문자 입출력을 수행할 수도 있다. INT 명령어는 이러한 BIOS 루틴과 DOS 루틴을 프로그램에서 호출하기 위해 사용되는 명령어이다. 외부 장치와의 데이터 입출력을 위해 IN, OUT 명령을 직접 사용하는 경우도 많지만 문자 입출력인 경우 BIOS 루틴과 DOS 루틴을 사용하는 경우도 많다. 이 장에서는 INT 명령어를 사용하여 문자 입출력을 수행하는 프로그램을 작성한다. 다음은 INT 명령어의 일반적인 형식이다.

(일반 형식) INT 인터럽트번호(interrupt number)

INT 명령어는 입력된 인터럽트 번호에 따라 설정된 입출력 기능이 수행된다.

예를 들어 INT 16H는 자판 입력을 수행하는 BIOS 루틴을 호출하고 INT 21H는 AH에 저장된 값에 따라 특정 기능을 수행하는 DOS 루틴을 호출한다.

단일 문자 입력

단일 문자 입력은 키보드를 통해 한 문자를 입력 받기 위해 사용된다. AH 레지스터에 1을 저장한 후 INT 명령어를 실행하면 8086 프로세서는 키보드를 통해 한 문자가 입력되기를 기다린다. 사용자가 한 문자를 입력하면 입력된 문자의 ASCII 코드값은 AL 레지스터에 저장되어 사용자 프로그램에 전달된다. 다음은 단일 문자 입력을 위한 어셈블리언어 코드를 나타낸다.

```
MOV    AH,1        ; 단일 문자 입력 기능으로 설정한다.
INT    21H         ; 입력된 문자는 AL에 저장된다.
```

단일 문자 출력

단일 문자 출력은 화면에 한 문자를 출력하기 위해 사용된다. AH 레지스터에 2를 저장하고 DL 레지스터에 출력할 문자의 ASCII 코드값을 저장한 후 INT 명령어를 실행하면 8086 프로세서는 저장된 문자를 AL 레지스터를 통해 화면에 출력한다. 만약 출력할 문자가 제어 문자이면 8086 프로세서는 제어 동작을 수행한다. 다음은 단일 문자 출력을 위한 어셈블리언어 코드를 나타낸다.

```
MOV    AH,2        ; 단일 문자 출력 기능으로 설정한다.
MOV    DL,'?'      ; 출력할 문자 '?'를 DL에 저장한다.
INT    21H         ; AL을 통해 '?'가 출력된다.
```

사용자 프로그램에서는 DL에 출력할 문자의 ASCII 코드값을 저장하지만 문자 출력은 AL 레지스터를 통해 이루어지므로 AL 레지스터에도 출력할 문자가 저장된다. 그래서 문자 출력을 위한 INT 명령어를 수행하기 전에 AL 레지스터의 내용이 중요한 데이터이면 다른 레지스터나 바이트 변수에 백업해 놓아야 한다.

[예제 3.1]

커서를 새로운 줄로 이동하는 어셈블리언어 코드를 작성하라.

커서를 새로운 줄로 이동하기 위해서는 캐리지 리턴(CR)과 라인 피드(LF)를 순차적으로 실행하여야 한다. 캐리지 리턴과 라인 피드는 모두 단일 문자 출력을 통해 수행할 수 있기 때문에 단일 문자 출력 코드를 두 번 사용하여 커서를 새로운 줄로 이동하는 코드를 작성할 수 있다.

```
MOV    AH,2        ; 단일 문자 출력 기능으로 설정한다.
MOV    DL,0DH      ; 캐리지 리턴 제어 문자를 저장한다.
INT    21H         ; 캐리지 리턴 제어 동작을 수행한다.
MOV    DL,0AH      ; 라인 피드 제어 문자를 저장한다.
INT    21H         ; 라인 피드 제어 동작을 수행한다.
```

[예제 3.2]

한 문자를 입력 받고 입력 받은 문자를 새로운 줄에 출력하는 프로그램을 작성하라.

```
(실행)  ?A        ?9
        A         9
```

한 문자를 입력 받기 위해 단일 문자 입력 코드를 사용하고 새로운 줄로 이동과 화면 출력을 위해 단일 문자 출력 코드를 연속으로 사용한다. 단일 문자 출력에서 AL 레지스터를 사용하므로 입력된 문자가 삭제되지 않도록 입력된 문자를 다른 레지스터에 저장한다.

?를 출력한다.
한 문자를 입력 받는다.
새로운 줄로 이동하고 입력 받은 문자를 출력한다.

```
.MODEL SMALL
.STACK 100H
.CODE
MAIN   PROC
       MOV    AH,2          ; 단일 문자 출력 기능을 설정한다.
       MOV    DL,'?'        ; '?' 문자를 DL에 저장한다.
       INT    21H           ; '?' 문자를 출력한다.
       MOV    AH,1          ; 단일 문자 입력 기능을 설정한다.
       INT    21H           ; 입력 문자는 AL에 저장된다.

; 새로운 줄로 이동에 AL을 사용하므로 입력된 문자를 BL에 저장한다.
       MOV    BL,AL

       MOV    AH,2
       MOV    DL,0DH
       INT    21H           ; 캐리지 리턴 제어 동작을 수행한다.
       MOV    DL,0AH
       INT    21H           ; 라인 피트 제어 동작을 수행한다.
```

```
        MOV     DL,BL           ; 입력된 문자를 DL에 저장한다.
        INT     21H             ; 입력된 문자를 화면에 출력한다.

; 다음의 두 명령어는 프로그램 실행을 종료하고 DOS로 제어를 넘기는
; 명령으로 프로그램의 마지막에 반드시 포함되어야 한다.
        MOV     AH,4CH
        INT     21H
MAIN    ENDP
        END     MAIN
```

3.2 문자열 출력

문자열 출력은 프로그램에서 에러 메시지, 입출력 메시지 등을 출력하기 위해 사용되며 출력된 문자열은 데이터 세그먼트에 미리 정의되어 있어야 한다. AH 레지스터에 9를 저장하고 출력할 문자열의 옵셋 주소를 DX에 저장한 후에 INT 명령을 실행하면 DX에 저장된 문자열의 옵셋 주소부터 '$'가 나타날 때까지 화면에 문자를 연속적으로 출력해준다. 그래서 문자열을 정의할 때 마지막에 반드시 '$'를 포함하여야 정의된 문자열만 출력할 수 있다. 다음은 문자열 출력을 위한 어셈블리언어 코드를 나타낸다.

```
MOV     AH,9            ; 문자열 출력 기능으로 설정한다.
LEA     DX,문자열 이름  ; 문자열 옵셋 주소를 DX에 저장한다.
INT     21H             ; 문자열을 출력한다.
```

문자열의 옵셋 주소를 DX 레지스터에 저장하기 위해 LEA 명령어를 사용한다. 데이

터 세그먼트에서 정의된 문자열 이름은 기계어 코드로 변환될 때 문자열의 옵셋 주소로 변환되기 때문에 문자열의 옵셋 주소를 위해 오퍼랜드에 문자열 이름을 나타낸다. LEA 명령어는 목적지 오퍼랜드로 일반 레지스터를 사용하고 소스 오퍼랜드로 문자열, 배열 등의 메모리 변수를 사용한다. LEA 명령어는 문자열의 옵셋 주소를 목적지 레지스터에 저장한다.

```
(일반 형식)  LEA   목적지(destination), 근원지(source)
(예)         LEA    DX,MSG              ; MSG 옵셋 주소를 DX에 저장한다.
```

◆ **[예제 3.3]**

화면에 'ERROR!, START AGAIN'이라는 문자열을 출력하는 프로그램을 작성하라.

코드 세그먼트에 'ERROR!, START AGAIN' 문자열을 정의하고 문자열 출력 코드를 사용하여 문자열을 출력한다. 어셈블리 프로그램에서 데이터 세그먼트를 사용하면 프로그램 시작 부분에 DS 레지스터에 할당된 데이터 세그먼트 번호가 저장되도록 DS 레지스터를 초기화하는 코드를 포함하여야 한다.

```
.MODEL SMALL
.STACK 100H
.DATA
ERR_MSG       DB       'ERROR!, START AGAIN$'

.CODE
MAIN   PROC
; 데이터 세그먼트를 정의하면 DS를 초기화하는 다음의 두 문장을 반드시
; 포함하여야 한다.
```

```
        MOV     AX,@DATA
        MOV     DS,AX

        MOV     AH,9            ; 문자열 출력 기능으로 설정한다.
        LEA     DX,ERR_MSG      ; ERR_MSG의 옵셋 주소를 DX에 저장한다.
        INT     21H             ; ERR_MSG 문자열을 출력한다.

        MOV     AH,4CH
        INT     21H
MAIN    ENDP
        END     MAIN
```

◆ **[예제 3.4]**

입력 메시지를 출력한 후 한 문자를 입력 받고 다음 줄에 출력 메시지와 입력된 문자를 출력하는 프로그램을 작성하라.

(실행) Input Character: M
Output Character: M

입력 메시지는 'Input Character: $'로 정의하고 출력 메시지는 새로운 줄로 이동을 위한 제어 문자를 포함하여 정의한다. 문자열은 '$'까지 출력한다는 것을 이용하여 출력 메시지에는 '$'를 포함하지 않고 입력 데이터를 저장하는 바이트 변수 뒤에 '$'를 포함한다.

```
.MODEL SMALL
.STACK 100H
```

```
.DATA
IN_MSG          DB      'Input Character: $'
Out_MSG         DB      0DH,0AH,'Output Character: '
CharData        DB      ?,'$'       ; 입력된 문자를 저장한다.

.CODE
MAIN    PROC
        MOV     AX,@DATA
        MOV     DS,AX

        MOV     AH,9                ; 문자열 출력 기능으로 설정한다.
        LEA     DX,IN_MSG           ; IN_MSG의 옵셋 주소를 DX에 저장한다.
        INT     21H                 ; IN_MSG 문자열을 출력한다.

        MOV     AH,1                ; 단일 문자 입력 기능으로 설정한다.
        INT     21H                 ; 입력 문자가 AL에 저장된다.
        MOV     CharData,AL         ; 입력된 문자를 CharData에 저장한다.

; OUT_MSG를 출력하면 새로운 줄로 이동하여 'Output Character: '를
; 출력 후 입력된 문자(CharData)를 연속해서 출력한다.

        MOV     AH,9                ; 문자열 출력 기능으로 설정한다.
        LEA     DX,OUT_MSG          ; OUT_MSG의 옵셋 주소를 DX에 저장한다.
        INT     21H                 ; OUT_MSG 문자열을 출력한다.

        MOV     AH,4CH
        INT     21H
MAIN    ENDP
        END     MAIN
```

3.3 어셈블리 프로그램 실행

작성된 어셈블리 프로그램을 실행하여 기계어 코드로 변환된 실행 파일을 만들기 위해 MASM 어셈블러가 필요하다. MASM 어셈블러는 소스 프로그램을 어셈블링하여 목적 코드를 생성하고 링크를 통해 최종적으로 실행 파일을 생성한다. MASM 어셈블러는 MASM 5.0, MASM 6.11, MASM 32 등 많은 버전이 있기 때문에 사용자는 자신에게 적합한 버전을 구하여 사용한다.

고급언어 프로그램을 위한 소프트웨어 툴은 대부분 사용자 인터페이스가 편리하게 되어 있다. 필요한 기능이 대부분 메뉴와 아이콘으로 만들어져 있어 편리하게 사용할 수 있다. 그러나 편리한 소프트웨어 툴을 사용하다보니 실제 실행 파일이 어떻게 만들어지는지 모르는 학생들이 많다. MASM 어셈블러도 최신 버전일수록 사용하기 편리하지만 DOS 명령어나 어셈블링과 링크 과정을 이해하기 위해 명령 프롬프트에서 어셈블러와 링커를 실행하는 것이 좋다. 다음은 실행 파일을 만들고 실행하는 단계별 과정을 나타낸다.

1단계: 편집기를 사용하여 소스 프로그램을 작성하고 확장자 ASM으로 저장한다. (test.asm)

2단계: MASM 어셈블러를 사용하여 소스 프로그램을 어셈블링한다.
MASM test; => 오류가 없으면 목적 파일(test.obj)이 생성된다.
MASM test => 목적 파일 외에 test.lst, test.crf 파일 생성

3단계: 링커를 사용하여 최종적으로 실행 파일을 생성한다.
LINK test; => 오류가 없으면 실행 파일(test.exe)이 생성된다.
LINK test => 실행 파일 외에 test.map, test.lib 파일 생성

4단계: 실행 파일의 이름을 입력하여 프로그램이 실행된다.
test => 결과가 출력된다.

소스 프로그램을 작성하기 위해 Notepad, Wordpad, Visual Studio의 편집기 등 사용할 수 있는 편집기를 사용한다. 작성된 소스 프로그램은 확장자 ASM으로 저장하여야 하고 파일 이름이 너무 길지 않도록 해야 한다. 어셈블러 버전에 따라 파일 이름이 너무 길면 어셈블러에서 소스 프로그램을 읽어올 수 없게 된다. 소스 프로그램을 어셈블링하여 목적 파일을 만들기 위해 MASM 어셈블러(masm.exe)를 사용한다. 어셈블링하는 과정에서 소스 프로그램에 오류가 없다면 목적 파일이 만들어지고 사용자의 요구에 따라 어셈블링하는 과정에서 확장자 lst와 crf 파일이 만들어진다. 소스 프로그램에서 오류가 있으면 어셈블러는 오류 메시지를 화면에 나타내준다.

목적 파일에서 실행 파일을 생성하기 위해 링커(link.exe)를 사용한다. 링크하는 과정에서 프로그램에서 사용한 라이브러리 루틴의 코드가 포함되고 링크 오류가 없으면 실행 파일이 만들어진다. 사용자의 요구에 따라 확장자 map과 lib 파일도 생성될 수 있다. 목적 파일과 실행 파일을 제외한 나머지 파일들은 프로그램의 여러 정보를 포함하고 있고 소스 프로그램에 오류가 있을 때 오류 수정을 위해 참고할 수 있다.

소스 프로그램을 어셈블링하기 위해 masm.exe를 사용하고 링크를 위해 link.exe를 사용하지만 어셈블링과 링크를 모두 수행할 수 있는 ml.exe 파일을 사용하여 실행 파일을 만들 수 있다. 어셈블러 버전에 따라 특정 오류는 무시될 수도 있고 나타날 수도 있다. 다음은 명령 프롬프트에서 MASM 5.0 어셈블러를 사용하여 예제 3.4 (exam3_4.asm)의 실행 파일을 만드는 과정과 실행 결과를 나타낸다.

```
C:\MASM>masm exam3_4;
Microsoft (R) Macro Assembler Version 5.00
Copyright (C) Microsoft Corp 1981-1985, 1987.  All rights reserved.

  50642 + 450478 Bytes symbol space free
      0 Warning Errors
```

```
  0 Severe  Errors

C:\MASM>link exam3_4;
Microsoft (R) Overlay Linker  Version 3.60
Copyright (C) Microsoft Corp 1983-1987.  All rights reserved.

C:\MASM>exam3_4
Input Character: M
Output Character: M
C:\MASM>
```

3.4 문자 입출력에 대한 실습 예제

[실습 3.1]

한 문자를 입력 받고 입력 받은 문자와 다음 문자를 화면에 출력하는 프로그램을 작성하라.

```
(실행)  ?8        ?A
        89        AB
```

한 문자 입력 코드를 사용하여 한 문자를 입력 받고 다음 줄에 입력 받은 문자와 ASCII 코드상의 다음 문자를 출력한다. 다음 문자의 ASCII 코드값은 INC 명령어를 사용하여 구한다.

?를 출력한다.

한 문자를 입력 받는다.

새로운 줄로 이동하고 입력 받은 문자와 다음 문자를 출력한다.

```
.MODEL SMALL
.STACK 100H
.CODE
MAIN    PROC
        MOV     AH,2
        MOV     DL,'?'
        INT     21H
        MOV     AH,1
        INT     21H

; 새로운 줄로 이동에서 AL을 사용하므로 BL에 입력된 문자를 저장한다.
        MOV     BL,AL

        MOV     AH,2
        MOV     DL,0DH
        INT     21H
        MOV     DL,0AH
        INT     21H

        MOV     DL,BL           ; 입력된 문자를 DL에 저장한다.
        INT     21H             ; 입력된 문자를 출력한다.
        INC     DL              ; 다음 문자를 DL에 저장한다.
        INT     21H             ; 다음 문자를 출력한다.
```

```
        MOV     AH,4CH
        INT     21H
MAIN    ENDP
        END     MAIN
```

[실습 3.2]

한 대문자를 입력 받고 입력 받은 대문자의 소문자를 출력하는 프로그램을 작성하라.

```
(실행)  ?M          ?F
        m           f
```

입력 받은 문자가 대문자라는 전제하에 한 대문자를 입력 받고 입력 받은 대문자의 소문자를 구하여 화면에 출력한다. 대문자와 소문자의 ASCII 코드값은 소문자가 20H가 더 크다는 것을 이용하여 입력 받은 대문자에 20H를 더하여 소문자를 구한다.

?를 출력한다.
한 대문자를 입력 받고 새로운 줄로 이동한다.
소문자 코드값을 구한다. (대문자 코드값에서 20H를 더한다.)
구한 소문자를 출력한다.

```
.MODEL SMALL
.STACK 100H
.CODE
MAIN    PROC
```

```
        MOV     AH,2
        MOV     DL,'?'
        INT     21H
        MOV     AH,1
        INT     21H
        MOV     BL,AL           ; 입력된 대문자를 BL에 저장한다.

        MOV     AH,2
        MOV     DL,0DH
        INT     21H
        MOV     DL,0AH
        INT     21H             ; 새로운 줄로 이동한다.

        ADD     BL,20H          ; 대문자를 소문자로 변환한다.
        MOV     DL,BL
        INT     21H             ; 소문자를 출력한다.
        MOV     AH,4CH
        INT     21H
MAIN    ENDP
        END     MAIN
```

[실습 3.3]

세 개의 대문자를 입력 받고 입력 받은 순서의 반대로 출력하는 프로그램을 작성하라.

```
(실행)  ?JYL        ?ETG
        LYJ         GTE
```

입력 받은 문자가 대문자라는 전제하에 세 개의 대문자를 연속으로 입력 받고 입력된 순서의 반대로 대문자를 화면에 출력한다. 입력 받은 대문자들은 레지스터나 바이트 변수를 사용하여 저장한다.

?를 출력한다.
세 개의 대문자를 입력 받고 레지스터에 저장한다.
새로운 줄로 이동하고 저장한 순서의 반대로 대문자를 출력한다.

```
.MODEL SMALL
.STACK 100H
.CODE
MAIN    PROC
        MOV     AH,2
        MOV     DL,'?'
        INT     21H             ; '?'를 출력한다.

        MOV     AH,1
        INT     21H
        MOV     BL,AL           ; 첫 번째 대문자를 BL에 저장한다.
        INT     21H
        MOV     BH,AL           ; 두 번째 대문자를 BH에 저장한다.
        INT     21H
        MOV     CL,AL           ; 세 번째 대문자를 CL에 저장한다.

        MOV     AH,2
        MOV     DL,0DH
        INT     21H
```

```
        MOV     DL,0AH
        INT     21H

        MOV     DL,CL           ; 세 번째 대문자를 출력한다.
        INT     21H
        MOV     DL,BH           ; 두 번째 대문자를 출력한다.
        INT     21H
        MOV     DL,BL           ; 첫 번째 대문자를 출력한다.
        INT     21H

        MOV     AH,4CH
        INT     21H
MAIN    ENDP
        END     MAIN
```

[실습 3.4]

한 대문자를 입력 받고 입력 받은 대문자와 소문자를 모두 출력하는 프로그램을 작성하라.

(실행) Enter an upper case letter : P
The upper and lower case letters : P p

대문자 입력과 대소문자 출력에 대한 메시지를 데이터 세그먼트에 저장하고 한 대문자를 입력 받고 소문자를 구한 후에 대문자와 소문자를 모두 메모리 변수에 저장한다. '$'가 나타날 때까지 출력하는 문자열 출력의 특성을 이용하여 새로운 줄로 이동, 출력 메시지, 입력 받은 대문자와 소문자를 계속하여 출력한다.

입력 메시지를 출력한다.
대문자를 입력 받고 저장한다.
입력 받은 대문자의 소문자를 구하여 저장한다.
새로운 줄로 이동하고 출력 메시지와 대문자와 소문자를 출력한다.

```
.MODEL SMALL
.STACK 100H
.DATA
IN_MSG      DB  'Enter an upper case letter : $'
OUT_MSG     DB  0DH,0AH,'The upper and lower case letters : '
UCHAR       DB  ?,' '                ; 입력 받은 대문자를 저장한다.
LCHAR       DB  ?,'$'                ; 소문자를 저장한다.

.CODE
MAIN    PROC
        MOV     AX,@DATA
        MOV     DS,AX
        LEA     DX,IN_MSG
        MOV     AH,9
        INT     21H                  ; 입력 메시지를 출력한다.

        MOV     AH,1
        INT     21H
        MOV     UCHAR, AL            ; 대문자를 입력 받아 저장한다.
        ADD     AL,20H               ; 대문자에 20H를 더한다.
        MOV     LCHAR,AL             ; 소문자를 저장한다.
```

```
; 새로운 줄로 이동, 출력 메시지, 대문자와 소문자를 모두 출력한다.
        LEA     DX,OUT_MSG
        MOV     AH,9
        INT     21H

        MOV     AH,4CH
        INT     21H
MAIN    ENDP
        END     MAIN
```

◆ [실습 3.5]

0~9 사이의 수를 입력 받고 입력 받은 수의 10의 보수를 구하여 출력하는 프로그램을 작성하라.

```
(실행)  ?8          ?4
        2           6
```

0~9 사이의 수를 문자로 입력 받고 입력 받은 수에 대한 10의 보수를 구하여 화면에 출력한다. 입력 받은 숫자를 가지고 연산을 하기 위해서는 먼저 ASCII 코드값으로 입력된 숫자에서 30H를 빼서 이진수로 변환해야 한다. 10의 보수를 구하기 위해 먼저 NEG 명령을 사용하여 음수로 만들고 10을 더한다.

?를 출력한다.
0~9 사이의 수를 문자로 입력 받는다.
2진수로 변환한다.
입력 받은 수에 대한 10의 보수를 구한다.
새로운 줄로 이동하고 10의 보수값을 출력한다.

```
.MODEL SMALL
.STACK 100H
.CODE
MAIN    PROC
        MOV     AH,2
        MOV     DL,'?'
        INT     21H

        MOV     AH,1
        INT     21H             ; 0~9 사이의 수를 입력받는다.
        SUB     AL,30H          ; 2진수로 변환한다.
        NEG     AL              ; 음수로 만든다.
        ADD     AL,10           ; 10을 더하여 10의 보수를 구한다.
        MOV     BL,AL           ; 10 보수값을 BL에 저장한다.

        MOV     AH,2
        MOV     DL,0DH
        INT     21H
        MOV     DL,0AH
        INT     21H
        MOV     DL,BL           ; 10의 보수값을 DL에 저장한다.
        ADD     DL,30H          ; 30H를 더하여 ASCII값으로 변환한다.
        INT     21H             ; 10의 보수를 출력한다.

        MOV     AH,4CH
        INT     21H
MAIN    ENDP
        END     MAIN
```

연습문제

3.1 한 대문자를 입력 받고 입력 받은 대문자부터 알파벳 순서상으로 5개의 대문자를 연속으로 출력하는 프로그램을 작성하라.

(실행) ?M
MNOPQ

3.2 학번과 이름을 출력하는 프로그램을 작성하라.

(실행) 학번 : 20113550
이름 : 홍길동

3.3 입력 받은 두 개의 소문자의 대문자를 입력 받은 순서의 반대로 출력하는 프로그램을 작성하라.

(실행) ?ub ?eq
BU QE

3.4 합이 10보다 작은 두 수를 입력 받아 합을 구하여 출력하는 프로그램을 작성하라.

(실행) ?36 ?43
9 7

4

Chapter

플래그 레지스터와 디버거

4.1 프로세서 상태와 플래그 레지스터

프로세서가 명령어를 실행할 때마다 명령어와 관련된 레지스터와 메모리 변수들의 내용이 바뀌게 되고 이로 인해 프로세서의 상태도 바뀌게 된다. 명령어 실행에 따른 프로세서 상태 변화를 나타내기 위해 프로세서는 플래그 레지스터를 제공한다. 플래그 레지스터의 각 비트들은 명령어 실행 후에 프로세서의 상태를 나타내거나 하드웨어의 작동 여부를 결정하기 위해 사용된다. 다음은 8086 플래그 레지스터의 각 비트들이 어떤 정보를 나타내는지 나타낸다.

15	14	13	12	11	10	9	8	7	6	5	4	3	2	1	0
				OF	DF	IF	TF	SF	ZF		AF		PF		CF

	비트	이름	기호
상태 플래그	0	캐리(Carry) 플래그	CF
	2	패리티(Parity) 플래그	PF
	4	보조캐리(Auxiliary carry) 플래그	AF
	6	제로(Zero) 플래그	ZF
	7	부호(Sign) 플래그	SF
	11	오버플로우(Overflow) 플래그	OF
제어 플래그	8	트랩(Trap) 플래그	TF
	9	인터럽트(Interrupt) 플래그	IF
	10	디렉션(Direction) 플래그	DF

플래그 레지스터는 상태 플래그와 제어 플래그로 구분된다. 상태 플래그는 명령어 실행으로 인한 프로세서의 상태를 나타내고 제어 플래그는 인터럽트 등의 프로세서의 동작을 제어하기 위해 사용된다.

상태 플래그

8086 프로세서의 상태 플래그는 캐리 플래그(CF), 패리티 플래그(PF), 보조 캐리 플래그(AF), 제로 플래그 (ZF), 부호 플래그(SF), 오버플로우 플래그(OF)로 구성되어 있다. 패리티 플래그(PF)는 직렬 통신의 패리티 비트를 만들기 위해 사용될 수 있고 보조 캐리 플래그(AF)는 10진수 연산의 캐리 발생 여부를 나타내기 위해 사용된다. 그러나 최근의 프로세서는 10진수 연산을 거의 사용하지 않기 때문에 캐리 플래그(CF), 제로 플래그 (ZF), 부호 플래그(SF), 오버플로우 플래그(OF)만 상태 플래그로 제공된다.

캐리 플래그(CF)는 부호 없는 수의 산술 연산 결과가 목적지 오퍼랜드에 저장할 수 없을 만큼 큰 수를 생성하였는지를 나타낸다. 예를 들어 부호 없는 수의 덧셈에서 최상위 비트(msb)로부터 자리 올림이 있거나 뺄셈에서 최상위 비트로 자리 빌림이 있으면 CF는 1이 되고 아니면 0이 된다.

패리티 플래그(PF)는 연산 결과의 하위 바이트에 있는 1의 개수가 짝수이면 1이 되고 홀수이면 0이 된다. 예를 들어 덧셈 결과가 FFFFH이면 하위 바이트 FFH(11111111)의 1의 개수는 짝수이므로 PF는 1이 된다. 최근의 대부분의 프로세서에서는 패리티 플래그가 없다.

보조 캐리 플래그(AF)는 덧셈에서 3번 비트로부터 자리 올림이 발생하거나 뺄셈에서 3번 비트로 자리 빌림이 있으면 AF는 1이 된다. 초창기 컴퓨터에 구현된 10진수 연산에서 캐리가 발생하는지를 나타내기 위해 사용하였다. 최근의 대부분의 프로세서에서는 보조 캐리 플래그가 없다.

제로 플래그 (ZF)는 연산 결과가 0이면 ZF 플래그가 1이 되고 연산 결과가 0이 아니면 ZF 플래그는 0이 된다. 예를 들어 SUB AX,AX 명령어를 수행하면 연산 결과가 0이 되고 AX에 0이 저장된다. 뺄셈 연산 결과가 0이 되므로 ZF는 1이 된다.

부호 플래그(SF)는 부호 있는 수의 연산 결과가 0이거나 양수이면 SF는 0이 되고 음수이면 SF는 1이 된다. 부호 있는 수에서 최상위 비트는 부호 비트를 나타내는데 부호 비트와 SF는 동일한 값을 가진다.

오버플로우 플래그(OF)는 부호 있는 수의 연산 결과가 정상적인 표현 범위를 벗어났는지를 나타내기 위해 사용된다. 목적지 오퍼랜드가 8 비트인 경우 연산 결과가 -128~127을 벗어나면 OF는 1이 되고 아니면 OF는 0이 된다. 목적지 오퍼랜드가 16 비트인 경우 연산 결과가 -32768~32767을 벗어나면 OF는 1이 되고 아니면 OF는 0이 된다.

최근의 프로세서는 CF, ZF, SF, OF만을 상태 플래그로 제공하며 명령어가 1개씩 실행될 때마다 연산 결과에 따라 상태 플래그가 바뀌게 된다. MOV와 XCHG 명령어와 같은 데이터 전송 명령어는 데이터 전송에 의해 레지스터나 메모리 변수의 내용은 바뀌지만 상태 플래그는 바뀌지 않는다.

제어 플래그

트랩 플래그(TF)는 프로그램이 프로세서를 특정 상태에서 동작하도록 지시하기 위해 사용된다. TF를 1로 설정하면 8086 프로세서는 각 명령어 실행 후 인터럽트를 걸어 특정 프로시져가 호출되도록 해준다. TF를 0으로 설정하면 프로세서는 보통 때와 같이 동작한다.

인터럽트 플래그(IF)는 8086 외부 및 내부 장치에서 발생한 인터럽트를 허용하느냐를 설정하기 위해 사용된다. IF가 1이면 인터럽트를 허용하고 0이면 프로세서는 인터럽트를 허용하지 않고 무시한다.

디렉션 플래그(DF)는 문자열 관련 명령의 수행 방식을 지정한다. DF가 0이면 문자열 관련 명령어가 해당 인덱스 레지스터를 증가시켜 메모리 주소가 증가하는 방향으로 문자열을 처리하고 DF가 1이면 메모리 주소가 감소하는 방향으로 문자열을 처리한다.

4.2 산술 오버플로우

레지스터나 메모리 변수들은 크기가 제한되어 있기 때문에 연산 결과가 레지스터나 메모리 변수가 표현할 수 있는 범위를 벗어나면 오버플로우가 발생한다. 8086 명령어에서는 8 비트와 16 비트의 레지스터와 메모리 변수들을 목적지 오퍼랜드로 사용하기 때문에 연산 결과가 8 비트나 16 비트를 벗어날 수 있다. 연산 결과가 정상적인 범위의 값인지는 플래그 레지스터의 CF와 OF를 확인하여 알 수 있다.

부호 없는 수의 오버플로우

8 비트 부호 없는 수의 표현 범위는 00H~FFH(0~255)이고 16 비트 부호 없는 수의 표현 범위는 0000H~FFFFH(0~65535)이다. 8 비트 부호 없는 수의 최대 크기는 FFH(255)이고 16 비트 부호 없는 수의 최대 크기는 FFFFH(65535)이다. 이 범위를 벗어나면 CF는 1이 된다. 덧셈 연산에서 최상위 비트로부터 자리올림이 있거나 뺄셈 연산에서 최상위 비트로 자리 빌림이 있으면 CF는 1이 된다. 부호 없는 수의 연산에서 오버플로우 발생은 CF가 1인지를 확인함으로써 알 수 있다. 다음은 부호 없는 수의 오버플로우의 예를 나타낸다.

ADD AX(FFFFH),BX(0001H) -> FFFFH+0001H=10000H이므로 캐리가 발생하였고 AX에 0이 저장된다. CF가 1이므로 오버플로우가 발생하였다.

SUB BX(4000H),CX(8000H) -> (4000H-8000H) 뺄셈 연산은 작은 수에서 큰 수를 빼는 연산이므로 최상위 비트에서 자리 빌림이 발생한다. CF가 1이므로 오버플로우가 발생하였고 BX에 C000H이 저장된다.

ADD AL(FFH),01H -> FFH+01H=100H이므로 AL에 0이 저장된다. 캐리가 발생하였으므로 CF=1이 되고 오버플로우가 발생하였다.

부호 있는 수의 오버플로우

8 비트 부호 있는 수의 표현 범위는 80H(-128)~7FH(127)이고 16 비트 부호 있는 수의 표현 범위는 8000H(-32768)~7FFFH(32767)이다. 8 비트 부호 있는 수의 최대 크기는 7FH(127)이고 16 비트 부호 있는 수의 최대 크기는 7FFFH(32767)이다. 부호 있는 수의 연산에서 연산 결과가 표현할 수 있는 정상 범위를 벗어나면 연산 결과의 부호가 바뀌게 되고 OF는 1이 된다. 부호 있는 수의 연산에서 오버플로우 발생은 OF가 1인지를 확인함으로써 알 수 있다. 다음은 부호 있는 수의 오버플로우의 예를 나타낸다.

ADD AX(4000H),BX(4000H) -> 4000H(양수)+4000H(양수)=8000H(음수)이고 AX에 8000H가 저장된다. 양수에서 양수를 더하면 양수인데 양수의 표현 범위를 벗어나 음수가 되었으므로 오버플로우가 발생하였다. OF=1이다.

SUB BX(D000H),CX(6000H) -> D000H(음수)-6000H(양수)=7000H(양수)이고 BX에 7000H가 저장된다. 음수에서 양수를 빼면 결과가 음수인데 음수의 범위를 벗어나 양수가 되었으므로 오버플로우가 발생하였다. OF=1이다.

SUB AL(7FH),BL(80H) -> 7FH(양수)-80H(음수)=FFH(음수)이고 AL에 FFH가 저장된다. 양수에서 음수를 빼면 결과가 양수인데 양수의 범위를 벗어나 음수가 되었으므로 오버플로우가 발생하였다. OF=1이다.

같은 부호의 덧셈 연산이나 다른 부호의 뺄셈 연산에서는 오버플로우가 발생할 수 있지만 다른 부호의 덧셈이나 같은 부호의 뺄셈에서는 오버플로우가 발생하지 않는다. 다음은 부호 있는 수의 오버플로우 발생 조건을 나타낸다.

연산	A	B	결과
덧셈(A+B)	양수	양수	음수
덧셈(A+B)	음수	음수	양수
뺄셈(A-B)	양수	음수	음수
뺄셈(A-B)	음수	양수	양수

4.3 명령어 실행과 플래그 영향

명령어의 종류에 따라 명령어를 실행할 때마다 플래그 레지스터의 상태 플래그는 영향을 받을 수도 있고 영향을 받지 않을 수 있다. MOV나 XCHG 명령어는 데이터 전송 명령어이므로 상태 플래그는 영향을 받지 않는다. 그러나 ADD나 SUB 명령어는 연산 결과에 따라 모든 상태 플래그가 영향을 받는다. INC와 DEC 명령어는 CF를 제외한 모든 상태 플래그가 영향을 받고 NEG 명령어는 모든 상태 플래그 비트가 영향을 받는다. 특히 연산 결과가 0이 아니면 CF가 1이 되고 오퍼랜드가 8000H이거나 80H이면 OF가 1이 된다.

조건문에서 조건이 참인지 거짓인지를 판단하거나 반복문에서 반복 코드를 계속 수행하여야 하는지를 판단하기 위해 프로세서는 관련된 상태 플래그를 확인한다. 명령어 실행에 따른 플래그 레지스터의 영향을 정확하게 이해하여야 프로세서가 조건문과 반복문을 어떻게 수행하는지를 알게 된다.

[예제 4.1]

다음 어셈블리 명령어가 차례로 실행될 때 상태 플래그 CF, ZF, SF, OF가 어떻게 영향을 받는지를 나타내라. 플래그 레지스터의 초기값은 0이다.

MOV AX,3FFFH → INC AX → ADD AX,AX → NEG AX → DEC AX

MOV AX,3FFFH => AX에 3FFFH이 저장된다. MOV 명령어는 플래그 레지스터에 영향을 주지 않으므로 CF=0, SF=0, ZF=0, OF=0이 그대로 유지된다.

INC AX => 3FFFH(양수)+1H(양수)=4000H(양수)이고 AX에 4000H가 저장된다. CF는 영향이 없으므로 CF=0, 결과가 양수이므로 SF=0, 0이 아니므로 ZF=0, 양수에서 양수를 더하여 결과가 양수이므로 오버플로우가 발생하지 않았으므로 OF=0이다.

ADD AX,AX => 4000H(양수)+4000H(양수)=8000H(음수)이고 AX에 8000H가 저장된다. 캐리가 발생하지 않았으므로 CF=0, 결과가 음수이므로 SF=1, 0이 아니므로 ZF=0, 양수에서 양수를 더하면 결과가 양수인데 양수 범위를 벗어나 음수가 되었으므로 OF=1이다.

NEG AX => 8000H의 2의 보수를 구하면 8000H이므로 AX에 8000H가 저장된다. 결과가 0이 아니므로 CF=1, 음수이므로 SF=1, 0이 아니므로 ZF=0, 오퍼랜드가 8000H이므로 OF=1이다.

DEC AX => 8000H(음수)-1H(양수)=7FFFH(양수)이고 AX에 7FFFH가 저장된다. CF는 영향이 없으므로 CF=1, 결과가 양수이므로 SF=0, 0이 아니므로 ZF=0, 음수에서 양수를 빼면 음수인데 음수 범위를 벗어나 양수가 되었으므로 오버플로우가 발생하였다. OF=1이다.

[예제 4.2]

다음 어셈블리 명령어가 차례로 실행될 때 상태 플래그 CF, ZF, SF, OF가 어떻게 영향을 받는지를 나타내라. 플래그 레지스터의 초기값은 0이다.

```
MOV BL,80H → ADD BL,BL → DEC BL → SUB BL,7FH → NEG BL
```

MOV BL,80H => BL에 80H가 저장된다. MOV 명령어는 플래그 레지스터에 영향을 주지 않으므로 CF=0, SF=0, ZF=0, OF=0이 그대로 유지된다.

ADD BL,BL => 80H(음수)+80H(음수)=100H(양수)이고 BL에 0이 저장된다. 캐리가 발생하므로 CF=1, 결과가 양수이므로 SF=0, 0이므로 ZF=1, 음수에서 음수를 더하면 결과가 음수인데 음수 범위를 벗어나 양수가 되었으므로 오버플로우가 발생하였다. OF=1이다.

DEC BL => 00H(양수)-01H(양수)=FFH(음수)이고 BL에 FFH가 저장된다. CF는 영향이 없으므로 CF는 그대로 유지되어 CF=1, 결과가 음수이므로 SF=1, 0이 아니므로 ZF=0, 같은 부호의 뺄셈에서는 오버플로우가 발생하지 않으므로 OF=0이다.

SUB BL,7FH => FFH(음수)-7FH(양수)=80H(음수)이고 BL에 80H가 저장된다. 캐리가 발생하지 않으므로 CF=0, 결과가 음수이므로 SF=1, 0이 아니므로 ZF=0, 음수에서 양수를 빼서 결과가 음수이므로 오버플로우가 발생하지 않는다. OF=0이다.

NEG BL => 80H의 2의 보수를 구하면 80H이므로 BL에 80H가 저장된다. 결과가 0이 아니므로 CF=1, 음수이므로 SF=1, 0이 아니므로 ZF=0, 오퍼랜드가 80H이므로 OF=1이다.

4.4 디버거 프로그램

사용자가 작성한 알고리즘을 어셈블리 프로그램으로 정확하게 코딩하였는지를 확인하기 위해서는 명령어를 1개씩 실행시켜 프로세서 상태가 어떻게 변하는지를 확인하여야 한다. 디버거 프로그램(debug.exe)은 명령어를 1개씩 실행시키거나 특정 코드 부분만 실행할 수 있도록 해주고 명령어 실행에 따라 레지스터와 메모리 변수의 내용을 확인할 수 있게 해준다. 그리고 특정 레지스터 내용을 변경하거나 코드, 데이터, 스택 세그먼트의 영역 일부분을 화면에 출력해준다. 다음은 8086 디버거 프로그램의 옵션과 설명을 나타낸다.

옵션	설명
-U	화면에 어셈블리언어 코드를 나타내주고 (세그먼트:옵셋) 주소에 따라 기계어 코드를 나타낸다.
-R	모든 레지스터의 내용을 보여준다.
-R(레지스터이름)	레지스터의 내용을 변경한다. -RAX를 실행하면 AX의 현재값과 콜론을 나타낸 후 새로운 값이 입력되기를 기다린다. 새로운 값을 AX에 저장한다.
-T	한 명령어만 실행하여 명령어를 추적할 수 있게 한다.
-DCS 옵셋범위	코드 세그먼트의 옵셋 범위의 내용을 출력한다.
-DDS 옵셋범위	데이터 세그먼트의 옵셋 범위의 내용을 출력한다.
-DSS 옵셋범위	스택 세그먼트의 옵셋 범위의 내용을 출력한다.
-G	현재 명령어에서 실행을 종료한다.
-G 옵셋	프로그램의 명령을 실행시키고 지정된 옵셋에서 종료한다.
-Q	디버거 프로그램을 종료한다.

디버거 프로그램에서 -T옵션을 사용하여 명령어를 1개씩 실행시킬 수 있고 명령어가 실행될 때마다 상태 플래그가 어떻게 변하는지를 확인할 수 있다. 디버거 프로그램에서 상태 플래그와 제어 플래그는 값이 1이냐 0이냐에 따라 다음의 기호에 의해 화면에 출력된다. 화면에 출력된 기호를 보고 각 상태 플래그가 1인지 0인지를 알게 된다.

		1인 경우	0인 경우
상태 플래그	CF	CY (carry)	NC (no carry)
	PF	PE (even parity)	PO (odd parity)
	AF	AC (auxiliary carry)	NA (no auxiliary carry)
	ZF	ZR (zero)	NZ (nonzero)
	SF	NG (negative)	PL (plus)
	OF	OV (overflow)	NV (no overflow)
제어 플래그	DF	DN (down)	UP (up)
	IF	EI (enable interrupts)	DI (disable interrupts)

[예제 4.3]

디버거 프로그램을 사용하여 예제 4.1의 어셈블리 명령어를 차례로 실행하고 상태 플래그 CF, ZF, SF, OF 비트가 어떻게 변하는지를 확인하라.

```
MOV AX,3FFFH → INC AX → ADD AX,AX → NEG AX → DEC AX
```

예제 4.1의 어셈블리 명령어들을 소스 프로그램에 입력하여 파일로 저장한 후 어셈블링, 링크를 수행하여 실행 파일을 만든다. 실행 파일을 디버거 프로그램에서 동작시키고 -T옵션을 통해 명령어를 1개씩 실행시키면서 상태 플래그 CF, ZF, SF, OF가 어떻게 변하는지를 확인한다.

```
C:\MASM>debug exam4_3.exe
-R
AX=0000  BX=0000  CX=000D  DX=0000  SP=0100  BP=0000  SI=0000
DI=0000  DS=0C1C  ES=0C1C  SS=0C2D  CS=0C2C  IP=0000   NV UP EI PL
NZ NA PO NC
0C2C:0000 B8FF3F        MOV     AX,3FFF

-T
AX=3FFF  BX=0000  CX=000D  DX=0000  SP=0100  BP=0000  SI=0000
DI=0000  DS=0C1C  ES=0C1C  SS=0C2D  CS=0C2C  IP=0003   NV UP EI PL
NZ NA PO NC
0C2C:0003 40            INC     AX

-T
AX=4000  BX=0000  CX=000D  DX=0000  SP=0100  BP=0000  SI=0000
DI=0000  DS=0C1C  ES=0C1C  SS=0C2D  CS=0C2C  IP=0004   NV UP EI PL
NZ AC PE NC
0C2C:0004 03C0          ADD     AX,AX

-T
AX=8000  BX=0000  CX=000D  DX=0000  SP=0100  BP=0000  SI=0000
DI=0000  DS=0C1C  ES=0C1C  SS=0C2D  CS=0C2C  IP=0006   OV UP EI
NG NZ NA PE NC
0C2C:0006 F7D8          NEG     AX

-T
AX=8000  BX=0000  CX=000D  DX=0000  SP=0100  BP=0000  SI=0000
DI=0000  DS=0C1C  ES=0C1C  SS=0C2D  CS=0C2C  IP=0008   OV UP EI
NG NZ NA PE CY
```

```
0C2C:0008 48            DEC     AX

-T
AX=7FFF  BX=0000  CX=000D  DX=0000  SP=0100  BP=0000  SI=0000
DI=0000  DS=0C1C  ES=0C1C  SS=0C2D  CS=0C2C  IP=0009   OV UP EI PL
NZ AC PE CY
0C2C:0009 B44C          MOV     AH,4C

-G
Program terminated normally
-Q

C:\MASM>
```

연습문제

4.1 다음 어셈블리 명령어를 차례로 실행할 때 상태 플래그 CF, ZF, SF, OF 비트가 어떻게 영향을 받는지를 나타내라. 플래그 레지스터의 초기값은 0이다.

```
MOV BX,4000H → ADD BX,BX → SUB BX,0FFFFH → DEC BX → NEG BX
→ ADD BX,8000H
```

4.2 디버거 프로그램을 사용하여 다음의 어셈블리 명령어를 차례로 실행하고 상태 플래그 CF, ZF, SF, OF 비트가 어떻게 변하는지를 확인하라.

```
MOV AX,8000H → SUB AX,4000H → NEG AX → ADD AX,AX → DEC AX
```

5
Chapter

조건문 구조

5.1 점프 명령어

5.2 단일 조건문 구조

5.3 복합 조건문 구조

5.4 조건문 구조에 대한 실습 예제

5.1 점프 명령어

고급언어 프로그램의 조건문을 8086 프로세서가 어떻게 처리하는지를 알아보기 변수 a와 b를 비교하여 큰 수를 c에 저장하는 다음의 조건문을 고려한다.

```
if(a〉b)    then c-a;   else  c=b;
```

8086 프로세서는 a와 b를 비교하기 위해 (a-b) 뺄셈 연산을 수행하고 연산 결과에 따라 플래그 레지스터의 상태 플래그를 변화시킨다. a〉b는 (a-b)〉0이기 때문에 a가 b보다 크기 위해서는 연산 결과는 양수이어야 하고 0이 아니어야 한다. 그러나 (a-b) 연산에서 오버플로우가 발생한다면 반대로 연산 결과는 음수이어야 하고 0이 아니어야 한다. 결국 ZF=0이고 SF=0, OF=0 이거나 SF=1, OF=1이면 a는 b보다 크다고 할 수 있다.

고급언어 문장의 조건문을 어셈블리언어 문장으로 변환하기 위해서는 비교하는 명령어와 조건에 따라 관련된 상태 플래그를 확인하여 참이면 참인 문장이 있는 위치로 이동하는 조건 점프 명령어가 필요하다. 두 수를 비교하면 〉, 〉=, 〈, 〈= 와 같은 조건이 있을 수 있고 두 수가 부호 없는 수인지 부호 있는 수인지에 따라 비교 결과도 달라질 수 있다. 그래서 8086 프로세서는 부호 있는 수와 부호 없는 수의 다양한 비교에 대한 많은 조건 점프 명령어를 제공한다.

CMP 명령어는 점프 조건을 제공하기 위해 소스와 목적지 오퍼랜드를 비교하는 명령어이다. 목적지 오퍼랜드의 내용에서 소스 오퍼랜드의 내용을 빼서 두 내용을 비교하지만 SUB 명령과 달리 뺄셈한 결과를 목적지 오퍼랜드에 저장하지 않는다. CMP 명령어는 단순히 두 오퍼랜드를 비교하는 명령어로 비교한 결과에 따라 상태 플래그는 영향을 받게 된다.

```
(일반 형식)  CMP   목적지(destination), 근원지(source)
(예)  CMP   AX,BX                ; (AX-BX) 결과에 따라 상태 플래그가 변한다.
```

CMP 명령어는 비교하는 명령어이고 다음 명령어는 특정 조건에 따라 참, 거짓을 판단하고 참이면 참인 문장이 있는 위치로 이동하는 조건 점프 명령어가 온다. 사용되는 조건(XXX)에 따라 조건 점프 명령어가 달라지며 목적지_레이블은 조건 점프 명령어가 참일 때 이동하는 메모리 위치를 나타낸다.

(일반 형식) JXXX 목적지_레이블(destination label)

목적지_레이블은 조건 점프 명령어보다 126 바이트가 넘지 않는 범위에서 앞에 있거나 127 바이트를 넘지 않는 범위에서 뒤에 있어야 한다. 이것은 조건 점프 명령어를 실행 코드로 변환할 때 목적지_레이블을 위해 8 비트가 할당되어 있다는 것을 나타낸다. 8086 프로세서는 조건 점프 명령어에 해당하는 상태 플래그를 확인하여 조건이 참이면 목적지_레이블로 이동하고 거짓이면 다음 명령어를 실행한다. 조건 점프 명령어는 MOV 명령어와 같이 상태 플래그에 영향을 주지 않는다.

부호 없는 조건 점프 명령

비교하는 두 수가 부호 없는 수인지 부호 있는 수인지에 따라 비교 결과가 달라지기 때문에 조건 점프 명령어는 부호 없는 수와 부호 있는 수에 각각 적용되는 별도의 명령어를 가진다. 다음은 부호 없는 조건 점프 명령어를 나타내며 크다는 조건은 A를 사용하고 작다는 조건은 B를 사용한다.

JA 명령어는 앞의 명령어에 의한 연산 결과가 0보다 큰 경우 참이 되고 목적지_레이블로 이동한다. JNBE 명령어는 JA 명령어와 동일하며 8086 프로세서는 앞의 명령어의 결과에 의한 상태 플래그의 변화가 CF=0이고 ZF=0일 때 JA 명령어를 참으로 판단한다. 부호 없는 수의 연산에서 오버플로우는 CF에 의해 판단되기 때문에 부호 없는 조건 점프 명령어에서는 CF, ZF 플래그를 확인하여 참과 거짓을 판단한다. 두 문자 중에 ASCII 코드값이 작은 문자를 찾는 조건문의 경우 문자는 부호 없는 수를 사용하기 때문에 부호 없는 조건 점프 명령어를 사용하여야 한다.

명령어	설명	상태 플래그
JA (JNBE)	만약 크면 점프, 아니면 다음 명령어 (만약 작거나 같지 않으면 점프)	CF=0이고 ZF=0
JAE (JNB)	만약 크거나 같으면 점프 (만약 작지 않으면 점프)	CF=0
JB (JNAE)	만약 작으면 점프 (만약 크거나 같지 않으면 점프)	CF=1
JBE (JNA)	만약 작거나 같으면 점프 (만약 크지 않으면 점프)	CF=1이고 ZF=1

[예제 5.1]

AX=7FFFH, BX=8000H일 때 다음 부호 없는 조건 점프 문장을 해석하라.

```
CMP     AX,BX          ; 부호 없는 두 수를 비교한다.
JA      @NEXT          ; 조건이 거짓이 되어 다음 명령어를 수행한다.
```

8086 프로세서 내부에서는 CMP 명령어에 의해 (AX-BX)=(7FFFH-8000H)=(FFFFH) 연산이 수행되고 최상위 비트로 자리 빌림이 있으므로 CF=1, 0이 아니므로 ZF=0이 된다. CF=1이고 ZF=0이므로 JA 명령어는 거짓이 되어 @NEXT로 이동하지 않고 다음 명령어를 실행한다.

부호 있는 조건 점프 명령

산술 연산에서 사용되는 데이터는 음수가 포함된 부호 있는 수이다. 다음은 부호 있는 조건 점프 명령어를 나타내며 크다는 조건은 G를 사용하고 작다는 조건은 L을 사용한다.

명령어	설명	상태 플래그
JG (JNLE)	만약 크면 점프, 아니면 다음 명령어 (만약 작거나 같지 않으면 점프)	ZF=0이고 SF=OF
JGE (JNL)	만약 크거나 같으면 점프 (만약 작지 않으면 점프)	SF=OF
JL (JNGE)	만약 작으면 점프 (만약 크거나 같지 않으면 점프)	SF〈〉OF
JLE (JNG)	만약 작거나 같으면 점프 (만약 크지 않으면 점프)	ZF=1또는 SF〈〉OF

부호 있는 수의 연산에서 오버플로우는 OF에 의해 판단되고 부호가 존재하기 때문에 부호 있는 조건 점프 명령어에서의 참과 거짓은 ZF, SF, OF를 확인하여 판단한다. JG 명령어는 JNLE 명령어와 동일하며 8086 프로세서는 앞의 명령어의 연산 결과에 따라 오버플로우가 발생하지 않으면 상태 플래그가 ZF=0, SF=0, OF=0인지를 확인하고 오버플로우가 발생하면 상태 플래그가 ZF=0, SF=1, OF=1인지를 확인한다. 참인 상태 플래그의 조건을 만족하면 JG 명령어는 목적지_레이블로 이동하고 거짓이면 다음 명령어로 이동한다. 상태 플래그 조건에서 SF〈〉OF는 SF와 OF가 서로 다른 값을 가지는 것을 의미한다. SF〈〉OF 조건은 (SF=0, OF=1)이나 (SF=1, OF=0)을 나타낸다.

◆ [예제 5.2]

AX=7FFFH, BX=8000H일 때 다음 부호 있는 조건 점프 문장을 해석하라.

```
CMP     AX,BX          ; 부호 있는 두 수를 비교한다.
JG      @NEXT          ; 조건이 참이 되어 @NEXT로 이동한다.
```

8086 프로세서 내부에서는 (AX-BX)=(7FFFH-8000H)=(FFFFH) 연산이 수행되고 음수이

므로 SF=1, 0이 아니므로 ZF=0이 된다. 양수에서 음수를 빼면 양수인데 범위를 벗어나 음수가 되었으므로 오버플로우가 발생하였고 OF=1이 된다. 오버플로우가 발생할 때의 참인 조건 ZF=0, SF=1, OF=1을 만족하므로 JG 명령어는 참이 되고 @NEXT로 이동한다.

예제 5.1과 예제 5.2는 동일한 AX와 BX 레지스터의 내용에 대해 부호 없는 조건 점프 녕령과 부호 있는 조건 점프 명령의 결과가 다르다는 것을 보여준다.

단일 플래그 점프 명령

고급언어 문장에는 두 수의 크기를 비교하여 조건을 판단하는 조건문도 있지만 한 변수만을 사용하여 조건을 판단하는 조건문도 있다. 예를 들어 변수 a의 절대값을 구하는 조건문은 a가 양수인지 음수인지를 판단하고 반복문에서는 루프 카운터값이 0이 되었는지를 판단한다. 이런 경우 1개의 상태 플래그만을 확인하여 조건이 참인지를 판단한다. 다음은 1개의 싱태 플래그를 확인하여 조건이 참인지 거짓인지를 판단하는 단일 플래그 점프 명령어를 나타낸다.

명령어	설명	상태 플래그
JE (JZ)	만약 같으면 점프, 아니면 다음 명령어 만약 0이면 점프, 아니면 다음 명령어	ZF=1
JNE (JNZ)	만약 같지 않으면 점프 만약 0이 아니면 점프	ZF=0
JC	만약 캐리가 발생하면 점프	CF=1
JNC	만약 캐리가 발생하지 않으면 점프	CF=0
JO	만약 오버플로우가 발생하면 점프	OF=1
JNO	만약 오버플로우가 발생하지 않으면 점프	OF=0
JS	만약 결과가 음수이면 점프	SF=1
JNS	만약 결과가 음수가 아니면 점프	SF=0

조건 점프 명령어의 앞 명령어가 반드시 CMP 명령어만이 오는 것은 아니다. 두 수를 비교하여 조건문을 수행하는 경우는 반드시 CMP 명령어가 조건 점프 명령어 앞에 오겠지만 그렇지 않는 경우는 상태 플래그에 영향을 주는 어떤 명령어도 조건 점프 명령어 앞에 올 수 있다.

[예제 5.3]

CX=0001H일 때 다음 조건 점프 문장을 해석하라.

```
DEC    CX              ; CX=0이 되므로 ZF=1이 된다.
JZ     @NEXT           ; 조건이 참이므로 @NEXT로 이동한다.
```

CMP 명령어 대신에 루프 카운터를 1 감소시키는 DEC 명령어가 조건 점프 명령어 앞에 있다. DEC 명령어 실행에 의해 루프 카운터가 0이 되고 ZF 플래그는 1이 된다. JZ 명령어는 ZF=1이면 참이 되므로 @NEXT로 이동하게 된다.

무조건 점프 명령

어셈블리 프로그램에서는 조건이 참인 경우 목적지_레이블로 이동하는 많은 조건 점프 명령어가 있다. 조건문을 실행하다 보면 프로그램의 원활한 실행을 위해 프로그램을 특정 위치로 무조건 이동해야 하는 경우가 있다. JMP 명령어는 무조건 점프 명령어로 프로그램 실행 위치를 같은 세그먼트 내에 있는 목적지_레이블로 강제적으로 이동시킨다.

(일반 형식) JMP 목적지_레이블(destination label)

조건 점프 명령어의 목적지_레이블은 조건 점프 명령어보다 126 바이트가 넘지 않는 범위에서 앞에 있거나 127 바이트를 넘지 않는 범위에서 뒤에 있어야 한다. 만약 목적지_레이블의 위치가 이 범위를 벗어난다면 조건 점프 명령어에 의해 목적지_레이블로 이동할 수 없기 때문에 다음과 같이 무조건 점프 명령어를 사용하여 이동하여야 한다.

```
; 목적지 레이블이 범위 내에 있는 경우
@TOP:
; 프로그램 코드
   DEC   CX
   JNZ   @TOP            ; @TOP이 126 바이트 이내에 있는 경우
```

```
; 목적지 레이블이 범위를 벗어나는 경우
@TOP:
; 프로그램 코드
   DEC   CX
   JNZ   @NEXT           ; @TOP이 126 바이트 이상에 있는 경우
   JMP   @EXIT
@NEXT:
   JMP   @TOP            ; JMP 명령어로 @TOP로 이동한다.
@EXIT:
```

5.2 단일 조건문 구조

조건문 구조의 고급언어 문장을 어셈블리언어 코드로 어떻게 변환하는지를 알아보기 위해 단일 조건의 IF-THEN 구조, IF-THEN-ELSE 구조, CASE 구조를 살펴본다.

IF-THEN 구조

다음은 단일 조건 IF-THEN 구조의 일반적인 형식을 나타낸다. 조건이 참인 경우는 THEN 문장을 실행하고 조건이 거짓이면 IF문을 종료한다. 어셈블리언어 코드로 변환하기 위해 CMP 명령어를 사용하여 두 수를 비교하거나 산술 연산을 수행한 후에 조건에 맞는 조건 점프 명령어를 사용한다.

```
(일반 형식) IF 조건이 참이면 THEN 참의 문장을 실행한다.
            END_IF
```

[예제 5.4]

바이트 변수 A의 절대값을 구하여 저장하는 어셈블리언어 코드를 작성하라.

바이트 변수 A의 내용이 음수이면 NEG 명령어를 사용하여 부호를 바꾸고 값이 양수이면 IF문을 빠져나오는 IF-THEN 구조를 사용한다. A가 음수가 아닐 때 IF문을 빠져나가도록 하는 조건 점프 명령어를 선택한다.

```
IF A<0이면  THEN A의 부호를 바꾼다.
END_IF
```

```
        CMP     A,0             ; A와 0를 비교한다.
        JGE     @END_IF         ; A가 음수가 아니면 @END_IF로 이동한다.
        NEG     A               ; THEN 문장을 실행한다.
@END_IF:
```

[예제 5.5]

AX와 BX 레지스터의 내용을 비교하여 큰 수를 AX, 작은 수를 BX에 저장하는 어셈블리언어 코드를 작성하라. 두 레지스터의 내용은 부호 없는 수라고 가정한다.

AX〈BX이면 AX와 BX의 내용을 서로 바꾸고 그렇지 않으면 IF문을 빠져나가는 IF-THEN 구조의 조건문을 구성한다. AX와 BX의 내용을 비교하기 위해 CMP 명령어를 사용하고 AX가 BX보다 같거나 클 때 IF문을 빠져 나가는 부호 없는 조건 점프 명령어를 사용한다.

```
IF AX<BX이면  THEN AX와 BX를 교환한다.
END_IF
```

```
        CMP     AX,BX           ; AX와 BX의 내용을 비교한다.
        JAE     @END_IF         ; AX가 같거나 크면 @END_IF로 이동한다.
        XCHG    AX,BX           ; THEN 문장을 실행한다.
@END_IF:
```

IF-THEN-ELSE 구조

다음은 단일 조건 IF-THEN-ELSE 구조의 일반적인 형식을 나타낸다. 조건이 참인 경우는 THEN 문장을 실행하고 거짓이면 ELSE 문장을 실행한다.

```
(일반 형식) IF 조건이 참이면 THEN 참의 문장을 실행한다.
                             ELSE 거짓인 문장을 실행한다.
        END_IF
```

◆ [예제 5.6]

AL와 BL 레지스터의 내용을 비교하여 큰 수를 CL 레지스터에 저장하는 어셈블리언어 코드를 작성하라. 두 레지스터의 내용은 부호 있는 수라고 가정한다.

AL과 BL의 내용을 비교하기 위해 CMP 명령어를 사용하고 부호 있는 조건 점프 명령어를 사용하여 THEN 문장이나 ELSE 문장 중의 1개를 실행하도록 한다. 조건에 따라 두 문장 중에 1개만을 실행하기 위해 JMP 명령어가 포함되어야 한다.

```
IF AL<BL이면  THEN BL을 CL에 저장한다.
              ELSE AL을 CL에 저장한다.
END_IF
```

```
    CMP     AL,BL           ; AL과 BL을 비교한다.
    JL      @THEN           ; AL이 작으면 @THEN으로 이동한다.
```

```
        MOV     CL,AL           ; ELSE 문장을 실행한다.
        JMP     @END_IF         ; ELSE 문장 실행 후 @END_IF로 이동한다.
@THEN:
        MOV     CL,BL           ; THEN 문장을 실행한다.
@END_IF:
```

[예제 5.7]

두 문자를 입력 받아 ASCII 코드값이 큰 문자를 화면에 출력하는 프로그램을 작성하라.

(실행) ?eU ?6K
e K

두 문자를 차례로 입력 받아 각 문자의 ASCII 코드값을 레지스터에 저장한다. 두 문자의 ASCII 코드값을 비교하여 큰 값을 가지는 문자를 화면에 출력한다. ASCII 코드값은 부호 비트가 0이므로 부호 없는 조건 점프 명령어를 사용해도 되고 부호 있는 조건 점프 명령어를 사용해도 된다. 그러나 문자는 부호 없는 수이므로 부호 없는 조건 점프 명령어를 사용한다. 새로운 줄로 이동하는 문자 출력에서 AL과 DL 레지스터를 사용하므로 큰 문자를 다른 레지스터에 저장했다가 화면에 출력한다.

```
?를 출력한다.
첫 번째 문자를 입력 받아 BL에 저장한다.
두 번째 문자를 입력 받아 CL에 저장한다.
IF BL>CL이면    THEN DH에 BL을 저장한다.
                ELSE DH에 CL을 저장한다.
```

END_IF
새로운 줄로 이동하고 DH에 저장된 문자를 출력한다.

```
.MODEL SMALL
.STACK 100H
.CODE
MAIN    PROC
        MOV     AH,2
        MOV     DL,'?'
        INT     21H

        MOV     AH,1
        INT     21H             ; 첫 번째 문자를 입력 받는다.
        MOV     BL,AL           ; 첫 번째 문자를 BL에 저장한다.
        INT     21H             ; 두 번째 문자를 입력 받는다.
        MOV     CL,AL           ; 두 번째 문자를 CL에 저장한다.

        CMP     BL,CL           ; BL과 CL을 비교한다.
        JA      @THEN           ; BL이 크면 @THEN으로 이동한다.
        MOV     DH,CL           ; ELSE 문장을 실행한다.
        JMP     @END_IF         ; ELSE 문장 실행 후 @END_IF로 이동한다.
@THEN:
        MOV     DH,BL           ; THEN 문장을 실행한다.
@END_IF:
        MOV     AH,2
        MOV     DL,0DH
        INT     21H
```

```
        MOV     DL,0AH
        INT     21H
        MOV     DL,DH           ; DH의 내용을 DL에 저장한다.
        INT     21H             ; 문자 코드값이 큰 문자를 출력한다.

        MOV     AH,4CH
        INT     21H
MAIN    ENDP
        END     MAIN
```

CASE 구조

IF-THEN-ELSE 구조의 조건문은 조건에 따라 두 개의 문장 중에 1개를 실행한다. 만약 2개 이상의 문장 중에 1개를 실행해야 안다면 CASE 구조의 조건문을 선택하여야 한다. 다음은 CASE 구조 조건문의 일반적인 형식을 나타낸다.

```
(일반 형식) CASE  표현식(expression)
                  값_1 :  문장_1을 실행한다.
                  값_2 :  문장_2를 실행한다.
                   ...          ...
                  값_n :  문장_n을 실행한다.
            END_CASE
```

[예제 5.8]

AX가 BX보다 크면 CX=1, AX와 BX가 같으면 CX=0, AX가 BX보다 작으면 CX=-1을 저장하는 어셈블리언어 코드를 작성하라.

CASE문의 표현식을 (AX-BX)으로 하고 〉0, =0, 〈0을 값_1, 값_2, 값_3로 한다. 그리고 CX=1, CX=0, CX=-1을 문장_1, 문장_2, 문장_3로 한다. CASE문이 3개의 경우를 가지므로 3개의 조건 점프 명령어를 사용하여야 하고 각 문장_i를 실행한 후에 CASE문을 빠져나온다. AX와 BX의 내용을 비교할 때 위의 3가지 경우 말고 다른 경우는 없으므로 JL 명령어 대신 JMP 명령어를 사용해도 문제는 없다.

```
CASE  (AX-BX)
        〉0 :  CX에 1을 저장한다.
        =0 :  CX에 0을 저장한다.
        〈0 :  CX에 -1을 저장한다.
END_CASE
```

```
        CMP     AX,BX           ; AX와 BX를 비교한다.
        JG      @LARGE          ; AX이 크면 @LARGE로 이동한다.
        JE      @EQUAL          ; 같으면 @EQUAL로 이동한다.
        JL      @SMALL          ; AX이 작으면 @SMALL로 이동한다.
@LARGE:
        MOV     CX,1            ; CX에 1을 저장한다.
        JMP     @END_CASE       ; @END_CASE 이동한다.
@EQUAL:
        MOV     CX,0            ; CX에 0을 저장한다.
        JMP     @END_CASE
```

```
@SMALL:
        MOV     CX,-1           ; CX에 -1을 저장한다.
@END_CASE:
```

◆ **[예제 5.9]**

입력 받은 문자가 1이면 'SPRING', 2이면 'SUMMER', 3이면 'FALL', 4이면 'WINTER', 그 외의 문자가 입력되면 'ERROR'를 출력하는 프로그램을 작성하라.

```
(실행)  ?1              ?6
        SPRING          ERROR
```

입력 받은 문자를 2진수로 변환한 뒤 AL 레지스터에 저장한다. CASE문을 구현하기 위해 CMP 명령어, 조건 점프 명령어, JMP 명령어를 사용하고 경우에 따라 데이터 세그먼트에서 저장된 각 문자열을 출력한다.

```
?를 출력한다.
한 숫자를 입력 받고 2진수로 변환한다.
CASE  AL
        1 :  'SPRING' 문자열을 화면에 출력한다.
        2 :  'SUMMER' 문자열을 화면에 출력한다.
        3 :  'FALL' 문자열을 화면에 출력한다.
        4 :  'WINTER' 문자열을 화면에 출력한다.
     기타 :  'ERROR' 문자열을 화면에 출력한다.
END_CASE
```

```
.MODEL SMALL
.STACK 100H
.DATA
SPR_MSG         DB      0DH, 0AH, 'SPRING$'
SUM_MSG         DB      0DH, 0AH, 'SUMMER$'
FAL_MSG         DB      0DH, 0AH, 'FALL$'
WIN_MSG         DB      0DH, 0AH, 'WINTER$'
ERR_MSG         DB      0DH, 0AH, 'ERROR$'

.CODE
MAIN    PROC
        MOV     AX,@DATA
        MOV     DS,AX

        MOV     AH,2
        MOV     DL,'?'
        INT     21H             ; '?'를 출력한다.
        MOV     AH,1
        INT     21H             ; 한 숫자를 입력 받는다.
        SUB     AL,30H          ; 2진수로 변환한다.

        CMP     AL,1            ; 입력 받은 수와 1을 비교한다.
        JE      @SPRING         ; 1이면 @SPRING로 이동한다.
        CMP     AL,2            ; 입력 받은 수와 2를 비교한다.
        JE      @SUMMER         ; 2이면 @SUMMER로 이동한다.
        CMP     AL,3            ; 입력 받은 수와 3을 비교한다.
        JE      @FALL           ; 3이면 @FALL로 이동한다.
        CMP     AL,4
```

```
        JE      @WINTER         ; 4이면 @WINTER로 이동한다.

; 입력 받은 수가 1~4까지의 수가 아니면 ERR_MSG를 출력한다.
        LEA     DX,ERR_MSG      ; ERR_MSG의 옵셋 주소를 DX에 저장한다.
        JMP     @END_CASE
@SPRING:
        LEA     DX,SPR_MSG      ; SPR_MSG의 옵셋 주소를 DX에 저장한다.
        JMP     @END_CASE
@SUMMER:
        LEA     DX,SUM_MSG      ; SUM_MSG의 옵셋 주소를 DX에 저장한다.
        JMP     @END_CASE
@FALL:
        LEA     DX,FAL_MSG      ; FAL_MSG의 옵셋 주소를 DX에 저장한다.
        JMP     @END_CASE
@WINTER:
        LEA     DX,WIN_MSG      ; WIN_MSG의 옵셋 주소를 DX에 저장한다.
@END_CASE:
        MOV     AH,9            ; 문자열 출력 기능으로 설정한다.
        INT     21H             ; 각 문자열을 출력한다.

        MOV     AH,4CH
        INT     21H
MAIN    ENDP
        END     MAIN
```

5.3 복합 조건문 구조

지금까지 고려한 조건문 구조는 단일 조건만을 가지지만 복잡한 알고리즘에서는 2개 이상의 조건을 가지는 복합 조건문도 있다. 복합 조건은 조건이 모두 참일때 참이 되는 AND 복합 조건과 조건 중에 1개만 참이면 참이 되는 OR 복합 조건으로 크게 구분된다. 복잡한 조건문은 AND 복합 조건과 OR 복합 조건이 결합된 형태를 가진다.

AND 복합 조건 구조

다음은 두 개의 조건이 AND로 표현된 복합 IF문 구조의 일반적인 형식을 나타낸다. 두 조건이 모두 참인 경우는 THEN 문장을 실행하고 1개의 조건이라도 거짓이면 ELSE 문장을 실행한다.

```
(일반 형식) IF (조건_1 AND 조건_2)
                        THEN 참의 문장을 실행한다.
                        ELSE 거짓인 문장을 실행한다.
            END_IF
```

◆ **[예제 5.10]**

입력 받은 문자가 대문자이면 대문자를 출력하고 대문자가 아니면 처음부터 다시 시작하는 프로그램을 작성하라.

(실행)	?A	?d
	A	?

한 문자를 입력 받고 입력 받은 문자가 대문자인지를 확인한다. 문자가 대문자인지를 확인하기 위해 AND 복합 IF문으로 사용하고 문자가 대문자가 아니면 처음부터 다시 시작하도록 한다.

```
?를 출력한다.
한 문자를 입력 받고 BL에 저장한다.
IF (BL>='A') AND (BL<='Z')
    THEN BL을 DL에 저장하고 대문자를 출력한다.
    ELSE  프로그램 초기 위치(@BEGIN)로 이동한다.
END_IF
```

```
.MODEL SMALL
.STACK 100H
.CODE
MAIN    PROC
@BEGIN:
        MOV     AH,2
        MOV     DL,'?'
        INT     21H             ; '?'를 출력한다.

        MOV     AH,1
        INT     21H             ; 한 문자를 입력 받는다.
        MOV     BL,AL           ; 입력 문자를 BL에 저장한다.
        CMP     BL,'A'
        JB      @WRONG          ; AL<'A'이면 대문자가 아니다.
        CMP     BL,'Z'
```

```
        JA      @WRONG          ; AL>'Z'이면 대문자가 아니다.

        MOV     AH,2
        MOV     DL,0DH
        INT     21H
        MOV     DL,0AH
        INT     21H             ; 새로운 줄로 이동한다.
        MOV     DL,BL           ; 입력 받은 대문자를 DL에 저장한다.
        INT     21H             ; 입력 받은 대문자를 출력한다.
        JMP     @EXIT
@WRONG:
        MOV     AH,2
        MOV     DL,0DH
        INT     21H
        MOV     DL,0AH
        INT     21H             ; 대문자가 아니면 새로운 줄로 이동하고
        JMP     @BEGIN          ; 처음부터 다시 시작한다.
@EXIT:
        MOV     AH,4CH
        INT     21H
MAIN    ENDP
        END     MAIN
```

OR 복합 조건 구조

다음은 두 개의 조건이 OR로 표현된 복합 IF문의 일반적인 형식을 나타낸다. 두 조건 중에 한 조건만 참이라도 THEN 문장을 실행하고 두 조건이 모두 거짓이면 ELSE 문장을 실행한다.

```
(일반 형식) IF (조건_1 OR 조건_2)
                    THEN 참의 문장을 실행한다.
                    ELSE 거짓인 문장을 실행한다.
        END_IF
```

[예제 5.11]

입력 받은 문자가 소문자가 아니면 CX 레지스터에 1을 저장하는 어셈블리언어 코드를 작성하라.

입력 받은 문자의 ASCII 코드값이 'a'보다 작거나 'z'보다 크면 소문자가 아니므로 (AL〈'a') 또는 (AL〉'z')이면 참이 되는 OR 복합 IF문을 구성한다.

```
한 문자를 입력 받는다.
IF (AL<'a') OR (AL>'z')  THEN CX에 1을 저장한다.
END_IF
```

```
        MOV     AH,1
        INT     21H             ; 입력된 문자가 AL에 저장된다.
        CMP     AL,'a'
        JB      @THEN           ; 'a'보다 작으면 @THEN로 이동한다.
        CMP     AL,'z'
        JA      @THEN           ; 'z'보다 크면 @THEN로 이동한다.
        JMP     @END_IF         ; 소문자이면 @END_IF로 이동한다.
@THEN:
```

```
        MOV     CX,1            ; CX에 1을 저장한다.
@END_IF:
```

5.4 조건문 구조에 대한 실습 예제

[실습 5.1]

대문자가 입력되면 소문자를, 소문자가 입력되면 대문자를, 소문자나 대문자가 아니면 Error를 출력하는 프로그램을 작성하라.

```
(실행)  ?w          ?K          ?&
        W           k           Error
```

입력 받은 문자가 대문자 ASCII 코드 범위에 포함되면 대문자이고 소문자 ASCII 코드 범위에 포함되면 소문자이다. 대문자와 소문자 ASCII 코드 범위에 포함되지 않으면 대문자와 소문자가 아니므로 'Error' 문자열을 출력한다.

```
?를 출력한다.
한 문자를 입력받고 새로운 줄로 이동한다.
IF 입력 문자가 대문자이면
  THEN 입력 문자의 소문자를 출력한다.
  ELSE IF 입력 문자가 소문자이면 THEN 대문자를 출력한다.
       ELSE 대문자나 소문자가 아니면 'Error' 문자열을 출력한다.
       END_IF
END_IF
```

```
.MODEL SMALL
.STACK 100H
.DATA
ERR_MSG         DB      'Error$'
.CODE
MAIN    PROC
        MOV     AX,@DATA
        MOV     DS,AX
        MOV     AH,2
        MOV     DL,'?'
        INT     21H                 ; '?'를 출력한다.

        MOV     AH,1
        INT     21H                 ; 한 문자를 입력 받는다.
        MOV     BL,AL               ; 입력 받은 문자를 BL에 저장한다.
        MOV     AH,2
        MOV     DL,0DH
        INT     21H
        MOV     DL,0AH
        INT     21H                 ; 새로운 줄로 이동한다.

        CMP     BL,'A'
        JL      @ERROR              ; 'A'보다 작으면 대소문자가 아니다.
        CMP     BL,'Z'
        JLE     @UP_CAP             ; 'A'보다 크고 'Z'보다 작으면 대문자이다.
        CMP     BL,'a'
        JL      @ERROR              ; 'a'보다 작으면 대소문자가 아니다.
        CMP     BL,'z'
```

```
        JLE     @LO_CAP         ; 'a'보다 크고 'z'보다 작으면 소문자이다.
        JMP     @ERROR          ; 'z'보다 크면 대소문자가 아니다.
@UP_CAP:
        ADD     BL,20H          ; 대문자인 경우 소문자를 구한다.
        MOV     DL,BL
        INT     21H             ; 소문자를 출력한다.
        JMP     @END_CASE
@LO_CAP:
        SUB     BL,20H          ; 소문자인 경우 대문자를 구한다.
        MOV     DL,BL
        INT     21H             ; 대문자를 출력한다.
        JMP     @END_CASE
@ERROR:
        MOV     AH,9
        LEA     DX,ERR_MSG      ; 대소문자가 아니면 'Error'를 출력한다.
        INT     21H
@END_CASE:
        MOV     AH,4CH
        INT     21H
MAIN    ENDP
        END     MAIN
```

[실습 5.2]

-9~9사이의 수를 입력 받아 BL 레지스터에 저장하고 입력 받은 수의 절대값을 출력하는 프로그램을 작성하라.

(실행) ?-7 ?3

7 3

첫 번째 입력된 문자가 '-'이면 음수, '+'이거나 숫자이면 양수이다. 입력된 수를 2진수로 변환한 후에 음수이면 입력된 숫자를 2의 보수화하여 저장한다. 저장된 수의 부호를 확인하여 양수이면 그대로 출력하고 음수이면 NEG 명령어를 사용하여 절대값을 구하고 출력한다. 단일 문지 입력을 사용하여 음수를 입력 받아 저장하고 절대값을 구하여 출력하는 프로그램을 작성한다. CX 레지스터에 입력 받은 수의 부호 비트를 저장한다.

```
?를 출력한다.
IF 첫 번째 문자가 '-'이면
  THEN 음수이므로 CX 레지스터에 1을 저장한다.
  ELSE IF 첫 번째 문자가 '+' 이거나 숫자이면
          THEN 양수이므로 CX 레지스터에 0을 저장한다.
       END_IF
END_IF
입력된 수를 2진수로 변환하고 부호를 고려하여 저장한다.
IF 입력된 수가 음수이면
   THEN 2의 보수화하여 절대값을 구한다.
END_IF
새로운 줄로 이동하고 절대값을 출력한다.
```

```
.MODEL SMALL
.STACK 100H
.CODE
MAIN    PROC
        MOV     AH,2
        MOV     DL,'?'
        INT     21H             ; '?'를 출력한다.

        MOV     CX,0            ; CX 레지스터를 0으로 초기화한다.
        MOV     AH,1
        INT     21H             ; 한 문자를 입력 받는다.
        CMP     AL,'-'
        JE      @MINUS          ; 문자가 '-'이면 @MINUS로 이동한다.
        CMP     AL,'+'
        JE      @PLUS           ; 문자가 '+'이면 @PLUS로 이동한다.
        JMP     @SAVE           ; 문자가 숫자이면 @SAVE로 이동한다.
@MINUS:
        MOV     CX,1            ; 음수이므로 CX=1로 설정한다.
@PLUS:
        INT     21H             ; 숫자를 입력 받는다.
@SAVE:
        SUB     AL,30H          ; 숫자 문자를 2진수로 변환한다.
        MOV     BL,AL           ; BL에 저장한다.
        CMP     CX,1
        JNE     @NEXT1
        NEG     BL              ; '-'이면 2의 보수화하여 음수로 저장한다.
@NEXT1:
        CMP     BL,0
```

```
        JGE     @NEXT2          ; 저장된 수가 양수이면 @NEXT2로 이동한다.
        NEG     BL              ; 음수이면 절대값을 구한다.
@NEXT2:
        MOV     AH,2
        MOV     DL,0DH
        INT     21H
        MOV     DL,0AH
        INT     21H
        MOV     DL,BL           ; 절대값을 DL에 저장한다.
        ADD     DL,30H          ; ASCII 코드값으로 변환한다.
        INT     21H             ; 절대값을 출력한다.

        MOV     AH,4CH
        INT     21H
MAIN    ENDP
        END     MAIN
```

[실습 5.3]

0~9 사이의 두 수를 입력 받고 입력 받은 두 수의 차이를 구하여 출력하는 프로그램을 작성하라.

```
(실행)  ?59        ?83
        4          5
```

0~9 사이의 두 수를 입력 받고 2진수로 변환한 후에 두 수의 차이를 구하여 출력한다.

?를 출력한다.
두 수를 입력 받고 2진수로 변환하여 저장한다.
두 수의 차를 구한다.
IF 차가 음수이면
    THEN 2의 보수화하여 차이를 구한다.
END_IF
두 수의 차이를 출력한다.

```
.MODEL SMALL
.STACK 100H
.CODE
MAIN    PROC
        MOV     AH,2
        MOV     DL,'?'
        INT     21H             ; '?'를 출력한다.

        MOV     AH,1
        INT     21H             ; 첫번째 숫자를 입력 받는다.
        SUB     AL,30H          ; 2진수로 변환한다.
        MOV     BL,AL           ; 첫번째 숫자를 BL에 저장한다.
        INT     21H             ; 두번째 숫자를 입력 받는다.
        SUB     AL,30H          ; 2진수로 변환한다.
        MOV     CL,AL           ; 두 번째 숫자를 CL에 저장한다.

        MOV     AH,2
        MOV     DL,0DH
```

```
        INT     21H
        MOV     DL,0AH
        INT     21H
        SUB     BL,CL           ; 두 수의 뺄셈 연산을 실행한다.
        JNS     @OUTPUT         ; 결과가 양수이면 @OUTPUT로 이동한다.
        NEG     BL              ; 음수이면 절대값을 구한다.
@OUTPUT:
        MOV     DL,BL
        ADD     DL,30H          ; ASCII 코드값으로 변환한다.
        INT     21H             ; 두 수의 차를 출력한다.
        MOV     AH,4CH
        INT     21H
MAIN    ENDP
        END     MAIN
```

[실습 5.4]

두 개의 소문자를 입력 받아 알파벳 순서대로 출력하는 프로그램을 작성하라. 만약 입력된 문자가 소문자가 아닌 경우 프로그램을 처음부터 다시 시작하라.

```
(실행)  ?wp        ?yh        ?wP
        pw         hy         ?
```

문자를 차례로 입력 받아 소문자인지를 확인하고 소문자가 아니면 처음부터 다시 시작한다. 모두 소문자이면 ASCII 코드값을 비교하여 작은 코드값을 가지는 소문자부터 출력한다. 입력 받은 두 소문자는 BL과 CL 레지스터에 저장하고 두 레지스터의 내용을 비교하여 작은 ASCII 코드값을 가지는 문자를 BL에 저장하고 큰 ASCII 코드값을 가지는 문자를 CL에 저장한다.

```
?를 출력한다.
문자를 입력 받아 BL에 저장한다.
IF BL이 소문자가 아니면
     THEN 처음부터 다시 실행한다.
END
문자를 입력 받아 CL에 저장한다.
IF CL이 소문자가 아니면
     THEN 처음부터 다시 실행한다.
END
IF BL>CL이면
     THEN BL과 CL을 서로 바꾼다.
END_IF
BL에 저장된 소문자를 출력하고 CL에 저장된 소문자를 출력한다.
```

```
.MODEL SMALL
.STACK 100H
.CODE
MAIN    PROC
@BEGIN:
        MOV     AH,2
        MOV     DL,'?'
        INT     21H             ; '?'를 출력한다.

        MOV     AH,1
        INT     21H             ; 첫 번째 문자를 입력 받는다.
        MOV     BL, AL          ; 첫 번째 문자를 BL에 저장한다.
```

```
        CMP     AL,'a'
        JL      @WRONG          ; 소문자가 아니면 @WRONG로 이동한다.
        CMP     AL,'z'
        JG      @WRONG          ; 소문자가 아니면 @WRONG로 이동한다.

        INT     21H             ; 두 번째 문자를 입력 받는다.
        MOV     CL,AL           ; 두 번째 문자를 CL에 저장한다.
        CMP     AL,'a'
        JL      @WRONG          ; 소문자가 아니면 @WRONG로 이동한다.
        CMP     AL,'z'
        JG      @WRONG          ; 소문자가 아니면 @WRONG로 이동한다.

        MOV     AH,2
        MOV     DL,0DH
        INT     21H
        MOV     DL,0AH
        INT     21H
        CMP     BL,CL           ; 두 소문자의 ASCII 코드값을 비교한다.
        JLE     @OUTPUT         ; BL이 작으면 @OUTPUT로 이동한다.
        XCHG    BL,CL           ; BL이 크면 BL과 CL을 서로 바꾼다.
@OUTPUT:
        MOV     DL,BL
        INT     21H             ; BL에 저장된 소문자를 출력한다.
        MOV     DL,CL
        INT     21H             ; CL에 저장된 소문자를 출력한다.
        JMP     @EXIT
@WRONG:
        MOV     AH,2
        MOV     DL,0DH
```

```
        INT     21H
        MOV     DL,0AH
        INT     21H             ; 소문자가 아니면 새로운 줄로 이동하고
        JMP     @BEGIN          ; 처음부터 다시 시작한다.
@EXIT:
        MOV     AH,4CH
        INT     21H
MAIN    ENDP
        END     MAIN
```

[실습 5.5]

세 개의 대문자를 입력 받아 알파벳 순서의 반대로 출력하는 프로그램을 작성하라.

```
(실행)  ?JWF        ?PEJ
        WJF         PJE
```

대문자가 입력된다는 전제 하에 세 개의 대문자를 입력 받고 각 대문자의 ASCII 코드값을 비교하여 가장 큰 값을 갖는 대문자는 CL, 중간 값을 갖는 대문자는 BH, 가장 작은 값을 갖는 대문자는 BL에 저장한다. ASCII 코드값이 큰 순서대로 차례로 출력한다.

```
?를 출력한다.
세 개의 대문자를 입력 받아 BL, BH, CL 레지스터에 저장한다.
IF BL>BH이면
    THEN BL와 BH를 서로 바꾼다.
END_IF
```

```
IF BL>CL이면
    THEN BL와 CL을 서로 바꾼다.
END_IF
IF BH>CL이면
    THEN BH와 CL을 서로 바꾼다.
END_IF
CL(가장 큰값), BH(중간값), BL(가장 작은값) 순서로 출력한다.
```

```
.MODEL SMALL
.STACK 100H
.CODE
MAIN    PROC
        MOV     AH,2
        MOV     DL,'?'
        INT     21H             ; '?'를 출력한다.

        MOV     AH,1
        INT     21H
        MOV     BL,AL           ; 첫 번째 대문자를 BL에 저장한다.
        INT     21H
        MOV     BH,AL           ; 두 번째 대문자를 BH에 저장한다.
        INT     21H
        MOV     CL,AL           ; 세 번째 대문자를 CL에 저장한다.

; ASCII 코드값이 가장 큰 값을 가지는 문자를 CL, 중간 값을 가지는
; 문자는 BH, 가장 작은 값을 가지는 문자를 BL에 저장한다.
```

```
        CMP     BL,BH           ; BL과 BH를 비교한다.
        JLE     @NEXT1          ; BL이 작거나 같으면 @NEXT1로 이동한다.
        XCHG    BL,BH           ; 크면 BL과 BH를 서로 바꾼다.
@NEXT1:
        CMP     BL,CL           ; BL과 CL을 비교한다.
        JLE     @NEXT2          ; BL이 작거나 같으면 @NEXT2로 이동한다.
        XCHG    BL,CL           ; 크면 BL과 CL을 서로 바꾼다.
@NEXT2:
        CMP     BH,CL           ; BH와 CL을 비교한다.
        JLE     @OUTPUT         ; BH가 작거나 같으면 @OUTPUT로 이동 한다.
        XCHG    BH,CL           ; 크면 BH와 CL을 서로 바꾼다.
@OUTPUT:
        MOV     AH,2
        MOV     DL,0DH
        INT     21H
        MOV     DL,0AH
        INT     21H
        MOV     DL,CL           ; 가장 큰 값의 대문자를 출력한다.
        INT     21H
        MOV     DL,BH           ; 중간 값의 대문자를 출력한다.
        INT     21H
        MOV     DL,BL           ; 가장 작은 값의 대문자를 출력한다.
        INT     21H

        MOV     AH,4CH
        INT     21H
MAIN    ENDP
        END     MAIN
```

[실습 5.6]

세 개의 대문자를 입력 받아 알파벳 순서상 중간에 오는 대문자의 소문자를 출력하는 프로그램을 작성하라.

(실행) ?WHS ?LQG
s l

실습 5.5와 같이 입력된 대문자들의 ASCII 코드값을 비교하여 가장 큰 값을 갖는 대문자는 CL, 중간 값을 갖는 대문자는 BH, 가장 작은 값을 갖는 대문자는 BL에 저장한다. 중간 값을 가지는 BH 레지스터에 저장된 대문자의 소문자를 구하여 출력한다.

```
?를 출력한다.
세 개의 대문자를 입력 받아 BL, BH, CL 레지스터에 저장한다.
IF BL>BH이면
    THEN BL와 BH를 서로 바꾼다.
END_IF
IF BL>CL이면
    THEN BL와 CL을 서로 바꾼다.
END_IF
IF BH>CL이면
    THEN BH와 CL을 서로 바꾼다.
END_IF
BH(중간 값)에 저장된 대문자의 소문자를 구하여 출력한다.
```

```
.MODEL SMALL
.STACK 100H
```

```
.CODE
MAIN    PROC
        MOV     AH,2
        MOV     DL,'?'
        INT     21H             ; '?'를 출력한다.
        MOV     AH,1
        INT     21H
        MOV     BL,AL           ; 첫번째 대문자를 BL에 저장한다.
        INT     21H
        MOV     BH,AL           ; 두번째 대문자를 BH에 저장한다.
        INT     21H
        MOV     CL,AL           ; 세번째 대문자를 CL에 저장한다.

        CMP     BL,BH
        JLE     @NEXT1
        XCHG    BL,BH           ; BL이 크면 BL과 BH를 서로 바꾼다.
@NEXT1:
        CMP     BL,CL
        JLE     @NEXT2
        XCHG    BL,CL           ; BL이 크면 BL과 CL을 서로 바꾼다.
@NEXT2:
        CMP     BH,CL
        JLE     @END
        XCHG    BH,CL           ; BH가 크면 BH와 CL을 서로 바꾼다.
@END:
        MOV     AH,2
        MOV     DL,0DH
        INT     21H
        MOV     DL,0AH
```

```
        INT     21H

        ; 중간 값(BH)을 갖는 대문자의 소문자를 구하여 화면에 출력한다.
        ADD     BH,20H
        MOV     DL,BH
        INT     21H

        MOV     AH,4CH
        INT     21H
MAIN    ENDP
        END     MAIN
```

연습문제

5.1 두 개의 숫자를 입력 받아 큰 수를 출력하는 프로그램을 작성하라.

```
(실행)  ?47
        7
```

5.2 입력 받은 5개의 문자 중에 대문자인 문자만을 출력하는 프로그램을 작성하라. 없으면 NONE을 출력하라.

```
(실행)  ?j@OkW
        OW
```

5.3 세 개의 대문자와 한 숫자를 입력 받고 다음의 CASE문에 따라 적합한 대문자를 출력하는 프로그램을 작성하라.

'?'를 출력하고 세 개의 대문자와 1, 2, 3중의 한 숫자를 입력 받는다.
만약 '1'이면 알파벳 순서상 가장 앞에 오는 대문자를 출력한다.
만약 '2'이면 알파벳 순서상 중간에 오는 대문자를 출력한다.
만약 '3'이면 알파벳 순서상 가장 뒤에 오는 대문자를 출력한다.
다른 숫자이면 'Error'를 출력한다.

5.4 입력된 두 숫자의 합을 출력하는 프로그램을 작성하라. 합이 10을 넘는 경우 먼저 1을 출력하고 1의 자리수를 출력하라.

(실행)	?35	?79
	8	16

6

Chapter

반복문 구조

6.1 FOR문 구조

반복문 구조는 어셈블리 프로그램의 특정 코드를 반복해서 실행해야 하는 경우에 사용된다. 반복문 구조는 반복문 루프를 정해진 횟수만큼 실행하는 FOR문 구조와 조건이 참이면 반복문 루프를 계속 수행하는 WHILE문 구조로 크게 구분된다. 그리고 WHILE문 구조이지만 조건이 만족되지 않더라도 최소 한 번은 수행하는 DO WHILE문 구조가 있다. 6장에서는 이러한 반복문 구조의 알고리즘을 어셈블리언어 코드로 프로그램하는 방법에 대해 설명한다.

FOR문은 반복문 코드를 반복 실행해야 하는 횟수를 미리 알고 있는 경우에 사용한다. 반복문 코드를 몇 번 반복했는지를 알기 위해 루프 카운터를 사용하고 정해진 반복 횟수만큼 반복했는지를 확인하는 조건 코드를 반복문의 마지막에 포함한다. 다음은 FOR문의 일반적인 형식을 나타낸다.

```
(일반 형식) FOR 루프 카운터 횟수 DO
                반복문 코드
            END_FOR
```

FOR문을 시작하기 전에 루프 카운터는 반복해야 하는 횟수 N으로 초기화되고 반복문을 한 번 실행할 때마다 루프 카운터를 1 감소시킨다. FOR문의 종료 조건을 만족하는지를 확인하기 위해 FOR문의 마지막에 루프 카운터가 0인지를 확인하고 0이면 FOR문 실행을 종료한다.

8086 프로세서는 루프 카운터로 CX를 사용하는 FOR문을 위해 LOOP 명령어를 제공한다. LOOP 명령어는 루프 카운터 CX를 자동으로 1 감소시키고 CX가 0이 아니면 목적지_레이블로 이동하여 FOR문을 계속 수행하게 한다. 목적지_레이블은 LOOP 명령어에서 126 바이트 이내에 있어야 한다.

```
(일반 형식)  LOOP   목적지_레이블(destination_label)
(예)  LOOP   @TOP                 ; CX가 0이 아니면 @TOP로 이동한다.
```

루프 카운터로 CX를 사용하지 않고 다른 레지스터나 메모리 변수를 사용하는 경우에는 LOOP 명령어를 사용할 수 없으며 루프 카운터를 1 감소시키는 DEC 명령어와 루프 카운터가 0이 아니면 목적지_레이블로 이동하는 조건 점프 명령어를 함께 사용하여야 한다. 다음의 어셈블리언어 코드는 워드 변수 WRD를 루프 카운터로 사용하며 LOOP 명령어 대신 DEC와 JNZ 명령어를 사용한다. 루프 카운터로 CX 레지스터를 사용할 수 없는 경우는 DEC와 JNZ 명령어를 사용하여 FOR문을 구성할 수 있다.

```
DEC     WRD              ; WRD를 1 감소시킨다.
JNZ     @TOP             ; WRD가 0이 아니면 @TOP로 이동한다.
```

루프 카운터를 감소시키는 형태가 아니라 루프 카운터를 증가시키는 형태로 FOR문을 구성할 수 있다. 이런 경우 루프 카운터는 먼저 0으로 초기화하고 FOR문을 수행할 때마다 루프 카운터를 1 증가시킨다. 루프 카운터를 증가시키므로 LOOP 명령어는 사용할 수 없고 DEC 명령어 대신 INC 명령어를 사용한다. 그리고 CMP 명령어를 사용하여 루프 카운터와 반복 횟수 N을 비교하고 루프 카운터가 N보다 작은 경우 FOR문을 계속 수행하도록 하는 조건 점프 명령어를 사용한다.

```
INC     BX               ; 루프 카운터 BX를 1 증가시킨다.
CMP     BX,N             ; 루프 카운터와 반복 횟수(N)을 비교한다.
JL      @TOP             ; BX가 N보다 작으면 @TOP로 이동한다.
```

다음은 LOOP 명령어를 사용할 때와 조건 점프 명령어를 사용할 때의 FOR문을 각각 나타낸다. 루프 카운터가 2개가 필요한 2중 구조의 FOR문인 경우 한 FOR문은 LOOP 명령어를 사용하고 다른 FOR문은 조건 점프 명령어를 사용하여야 한다.

```
; LOOP 명령어를 사용하는 경우
        MOV     CX,N        ; 루프 카운터를 N으로 초기화한다.
@TOP:
        ; 반복문 코드
        LOOP    @TOP        ; CX를 1 감소, 0이 아니면 @TOP로 이동한다.
```

```
; LOOP 명령어를 사용하지 않는 경우
        MOV     BX,N        ; 루프 카운터 BX를 N으로 초기화한다.
@TOP:
        ; 반복문 코드
        DEC     BX          ; 루프 카운터를 1 감소시킨다.
        JNZ     @TOP        ; BX가 0이 아니면 @TOP로 이동한다.
```

FOR문을 반복하는 횟수가 FOR문 이전의 코드에 의해 결정되는 경우가 있다. 이런 경우 중에 반복 횟수가 0으로 설정되어 FOR문을 수행하지 않고 건너 뛰어야하는 경우도 있다. 만약 루프 카운터의 초기 값이 0인 상태에서 LOOP 명령어를 실행하면 루프 카운터가 16 비트이면 65536번, 8 비트이면 256번 FOR문을 실행하게 된다. 그래서 루프 카운터의 초기 값이 0일 때 FOR문을 수행하지 않고 FOR문을 빠져나오게 하여야 한다. JCXZ 명령어는 루프 카운터 CX가 0이면 FOR문을 수행하지 않고 목적지_레이블로 이동하는 조건 점프 명령어이다.

```
(일반 형식)  JCXZ  목적지_레이블(destination_label)
(예)      JCXZ     @SKIP       ; CX가 0이면 @SKIP으로 이동한다.
@TOP:
          ; 반복문 코드
          LOOP     @TOP        ; CX를 1 감소, 0이 아니면 @TOP로 이동한다.
@SKIP:
```

루프 카운터로 CX를 사용하지 않고 조건 점프 명령어를 사용하는 경우 JCXZ 명령어를 사용할 수 없으므로 JCXZ 명령어 대신 CMP 명령어와 JZ 명령어를 사용하여 루프 카운터가 0이면 목적지_레이블로 이동하는 코드를 대신 사용하여야 한다.

[예제 6.1]

대문자 26개를 순서대로 출력하는 어셈블리언어 코드를 작성하라.

(실행) ABCDEFGHIJKLMNOPQRSTUVWXYZ

대문자를 출력하는 코드를 26번 반복해야 하므로 단일 문자를 출력하는 코드를 FOR문 코드에 포함한다. LOOP 명령어를 사용하는 FOR문과 조건 점프 명령어를 사용하는 FOR문을 모두 작성해본다.

```
루프 카운터를 초기화한다.
단일 문자 출력으로 설정하고 첫 번째 대문자('A')를 DL에 저장한다.
FOR문
    대문자를 출력한다.
    INC 명령어를 사용하여 다음 대문자를 DL에 저장한다.
END_FOR
```

```
; LOOP 명령어를 사용하는 경우
        MOV     CX,26           ; 루프 카운터를 26으로 초기화한다.
        MOV     AH,2            ; 단일 문자 출력 기능으로 설정한다.
        MOV     DL,'A'          ; 첫 번째 대문자를 DL에 저장한다.
@TOP:
```

```
        INT     21H             ; 대문자를 출력한다.
        INC     DL              ; 다음의 대문자를 DL에 저장한다.
        LOOP    @TOP            ; CX가 0이 아니면 @TOP로 이동한다.
```

```
; 루프 카운터로 BX, 조건 점프 명령어를 사용하는 경우
        MOV     BX,26           ; 루프 카운터 BX를 26으로 초기화한다.
        MOV     AH,2            ; 단일 문자 출력 기능으로 설정한다.
        MOV     DL,'A'          ; 첫 번째 대문자를 DL에 저장한다.
@TOP:
        INT     21H             ; 대문자를 출력한다.
        INC     DL              ; 다음의 대문자를 DL에 저장한다.
        DEC     BX              ; 루프 카운터를 1 감소시킨다.
        JNZ     @TOP            ; BX가 0이 아니면 @TOP로 이동한다.
```

◆ [예제 6.2]

4, 8, 12, 16, 20, … 순서로 나가는 4의 배수 50개의 합을 AX에 저장하는 어셈블리언어 코드를 작성하라.

4의 배수 50개를 더하여 AX를 저장하기 때문에 반복 횟수가 50인 FOR문 구조를 사용한다. 합을 저장하는 레지스터로 AX를 사용하고 4의 배수를 저장하기 위해 BX를 사용한다.

루프 카운터를 초기화한다.
첫 번째 숫자를 BX에 저장하고 합 레지스터를 0으로 초기화한다.

```
FOR문
    합에 4의 배수를 더한다.
    BX에 4를 더한다.
END_FOR
```

```
        MOV     CX,50           ; 루프 카운터를 50으로 초기화한다.
        MOV     BX,4            ; BX에 첫 번째 숫자 4를 저장한다.
        MOV     AX,0            ; 합을 0으로 초기화한다.
@TOP:
        ADD     AX,BX           ; 합에 4의 배수를 더한다.
        ADD     BX,4            ; BX에 4를 더한다.
        LOOP    @TOP            ; CX가 0이 아니면 @TOP로 이동한다.
```

6.2 WHILE문 구조

반복문 코드를 몇 번 반복해야 하는지를 미리 알 수 있는 경우는 FOR문의 구조로 사용하는 것이 적합하지만 몇 번 반복해야 하는지를 알 수 없고 반복문의 종료 조건을 만족할 때까지 반복문을 계속 수행해야 하는 경우에는 WHILE문 구조의 반복문을 사용하는 것이 좋다. WHILE문의 경우 루프 카운터가 반드시 필요하지 않으며 반복문을 계속 수행할지를 결정하기 위해 WHILE문 처음에 종료 조건이 포함된다. FOR문 구조의 반복문은 루프 카운터가 0보다 같거나 작으면 WHILE문을 종료하는 WHILE문으로 나타낼 수 있다. WHILE문에서는 LOOP 명령어를 사용할 수 없으며 루프 카운터를 1 감소시키는 DEC 명령어를 포함한다. 다음은 WHILE문의 일반적인 형식을 나타낸다.

```
(일반 형식) WHILE 조건 DO
                반복문 코드
            END_WHILE
```

WHILE문의 조건이 참이면 WHILE문의 반복문 코드를 계속 실행하고 조건이 거짓이면 WHILE문 실행을 종료한다. 경우에 따라서는 WHILE문을 한 번도 실행하지 않을 수도 있다. WHILE문의 마지막 명령어는 WHILE문의 시작 위치로 이동하는 JMP 명령어를 사용한다. 다음은 어셈블리언어 코드로 구성된 WHILE문을 나타낸다.

```
        ; WHILE문 초기화 코드
@WHILE:
        ; WHILE문 조건 코드 (CMP 명령어와 조건 점프 명령어)
        ; 반복문 코드
        JMP     @WHILE    ; 시작 위치인 @WHILE로 이동한다.
```

◆ [예제 6.3]

5, 10, 15, 20, 25, … 순서로 나가는 5의 배수 50개의 합을 AX에 저장하는 어셈블리언어 코드를 작성하라.

FOR문 구조의 반복문을 사용하는 것이 적합하지만 WHILE문 구조의 반복문을 사용할 수 있다. 루프 카운터를 50으로 초기화하고 WHILE문 처음에 루프 카운터가 0보다 같거나 작으면 WHILE문을 종료하는 조건 점프 명령어를 사용한다.

```
루프 카운터를 초기화한다.
첫 번째 숫자를 BX에 저장하고 합 레지스터를 0으로 초기화한다.
WHILE문
    루프 카운터가 0보다 같거나 작으면 WHILE문 수행을 종료한다.
    합에 5의 배수를 더한다.
    BX에 5을 더한다.
    루프 카운터를 1 감소시키고 WHILE문 초기로 이동한다.
END_WHILE
```

```
        MOV     CX,50           ; 루프 카운터를 50으로 초기화한다.
        MOV     BX,5            ; BX에 첫 번째 숫자 5를 저장한다.
        MOV     AX,0            ; 합을 0으로 초기화한다.
@WHILE:
        CMP     CX,0
        JLE     @END_WHILE      ; CX가 <=0이면 @END_WHILE로 이동한다.
        ADD     AX,BX           ; 합에 5의 배수를 더한다.
        ADD     BX,5            ; BX에 5를 더한다.
        DEC     CX              ; 루프 카운터를 1 감소시킨다.
        JMP     @WHILE          ; 초기 위치인 @WHILE로 이동한다.
@END_WHILE:
```

◆ [예제 6.4]

입력 받은 한 문장에서 ' '를 제외한 문자의 수를 카운터하여 출력하는 프로그램을 작성하라. ' '를 제외한 문자의 수가 10보다 작다고 가정하라.

(실행) ?6hK Up& 4
7

사용자가 입력하는 문자의 수를 미리 알 수 없고 ENTER를 입력해야만 한 줄의 문장 입력이 종료되므로 WHILE문 구조의 반복문을 사용하여 한 문장을 입력 받는다. 그래서 WHILE문의 종료 조건은 입력 받은 문자가 ENTER인지를 확인하여 ENTER이면 WHILE문 수행을 종료하게 한다. WHILE문에서 입력 문자가 ' '인지를 확인하고 ' '가 아니면 카운터를 1 증가시킨다. 문장 입력이 종료되면 카운터값을 출력한다.

```
?를 출력한다.
카운터를 0으로 초기화한다.
한 문자를 입력 받는다.
WHILE문
  입력 문자가 ENTER(0DH)이면 WHILE문 수행을 종료한다.
  IF 입력 문자가 ' '가 아니면
      THEN 카운터를 1 증가시킨다.
  END_IF
  새로운 문자를 입력 받고 WHILE문 초기로 이동한다.
END_WHILE
카운터값을 ASCII 코드값으로 변환하여 출력한다.
```

```
.MODEL SMALL
.STACK 100H
.CODE
MAIN    PROC
        MOV     AH,2
        MOV     DL,'?'
        INT     21H             ; '?'를 출력한다.

        MOV     BL,0            ; 카운터를 0으로 초기화한다.
        MOV     AH,1
        INT     21H             ; 한 문자를 입력 받는다.
@WHILE:
; 입력 문자가 ENTER(0DH)이면 WHILE문 수행을 종료한다.
        CMP     AL,0DH
        JE      @END_WHILE

        CMP     AL,' '
        JE      @END_IF         ; 입력 문자가 ' '이면 @END_IF로 이동한다.
        INC     BL              ; ' '이 아니면 카운터를 1 증가시킨다.
@END_IF:
        INT     21H             ; 새로운 문자를 입력 받는다.
        JMP     @WHILE          ; WHILE문 초기 위치를 이동한다.
@END_WHILE:
        MOV     AH,2
        MOV     DL,0DH
        INT     21H
        MOV     DL,0AH
        INT     21H
        MOV     DL,BL           ; DL에 카운터값을 저장한다.
```

```
        ADD     DL,30H          ; ASCII 코드값으로 변환한다.
        INT     21H             ; 카운터값을 출력한다.
        MOV     AH,4CH
        INT     21H
MAIN    ENDP
        END     MAIN
```

6.3 DO WHILE문 구조

WHILE문의 종료 조건이 처음부터 거짓이면 WHILE문을 한 번도 수행하지 않고 WHILE문을 종료하게 된다. WHILE문을 구성하기 위해 처음에 조건 점프 명령어와 마지막에 JMP 명령어가 사용된다. DO WHILE문은 반드시 한 번은 반복문 코드를 수행하여야 하며 반복문의 마지막에 조건 점프 명령어가 사용된다. 다음은 DO WHILE문 구조의 반복문을 나타낸다.

```
        ; WHILE문 초기화 코드
@WHILE:
        ; 반복문 코드
        ; WHILE문 조건 코드 (CMP 명령어와 조건 점프 명령어)
```

◆ [예제 6.5]

100보다 작은 7의 배수의 합을 구하여 AX에 저장하는 어셈블리언어 코드를 작성하라.

7, 14, 21, 28, 35, … 순서로 나가는 100보다 작은 7의 배수의 합을 AX에 저장하는 어셈블리언어 코드를 작성하기 위해 DO WHILE문을 사용한다. DO WHILE문의 조건으로 숫자가 100보다 작은지를 확인하는 코드를 사용하여 100보다 크면 DO WHILE문을 종료하도록 한다.

```
BX를 7로 초기화한다.
합 레지스터 AX를 0으로 초기화한다.
DO WHILE문
    합 레지스터에 BX를 더한다.
    BX에 7을 더한다.
    BX가 100보다 크면 WHILE문 수행을 종료한다.
END_WHILE
```

```
        MOV    BX,7           ; BX를 7로 초기화한다.
        MOV    AX,0           ; 합을 0으로 초기화한다.
@WHILE:
        ADD    AX,BX          ; 합에 BX를 더한다.
        ADD    BX,7           ; BX에 7을 더한다.
        CMP    BX,100         ; BX의 내용과 100을 비교한다.
        JL     @WHILE         ; BX가 100보다 작으면 @WHILE로 이동한다.
```

◆ [예제 6.6]

입력 받은 한 문장에서 알파벳 순서상 가장 앞에 오는 대문자를 구하여 출력하는 프로그램을 작성하라. 대문자가 없으면 'NO CAPITAL LETTERS' 문자열을 출력하라.

(실행) ?u0#I@G9^2C&
C

사용자가 ENTER를 입력하면 문장 입력이 끝나므로 DO WHILE문의 종료 조건으로 입력된 문자가 ENTER인지를 확인하는 코드를 사용한다. DO WHILE문에서는 입력된 문자가 대문자인지를 확인하고 대문자이면 저장된 FIRST 대문자와 비교하여 크기가 작으면 입력된 대문자를 FIRST 대문자로 저장한다. FIRST 대문자는 BL 레지스터를 사용하여 저장한다. 첫 번째로 입력되는 대문자가 BL 레지스터의 초기값보다 작아야 하기 때문에 대문자 'Z'보다 큰 코드값을 갖는 문자 '['을 BL 레지스터의 초기값으로 설정한다. 한 문장 입력이 끝난 후에 BL 레지스터에 저장된 문자가 초기 설정된 문자 '['와 동일하면 한 문장 동안 대문자가 전혀 입력되지 않았음을 의미하므로 화면에 'NO CAPITAL LETTERS' 문자열을 출력한다.

```
?를 출력한다.
'[' 문자를 BL 레지스터에 저장한다. (초기화)
DO WHILE문
  한 문자를 입력 받는다.
  IF 입력 문자가 대문자이면
      THEN IF 입력 대문자가 FIRST 대문자(BL)보다 작으면
                THEN 입력 대문자를 BL에 저장한다.
           END_IF
  END_IF
  입력 문자가 ENTER(0DH)이면 WHILE문 수행을 종료한다.
END_WHILE
IF FIRST 대문자(BL)가 초기 문자 '['와 같으면
```

THEN 'NO CAPITAL LETTERS' 문자열을 출력한다.
ELSE 입력 받은 문장의 FIRST 대문자(BL)를 출력한다.
END_IF

```
.MODEL SMALL
.STACK 100H
.DATA
NOCAP_MSG     DB      'NO CAPITAL LETTERS$'

.CODE
MAIN    PROC
        MOV     AX,@DATA
        MOV     DS,AX
        MOV     AH,2
        MOV     DL,'?'
        INT     21H             ; '?'를 출력한다.

        MOV     BL,'['          ; FIRST 문자를 '['으로 초기화한다.
        MOV     AH,1
@WHILE:
        INT     21H             ; 한 문자를 입력 받는다.
        CMP     AL,'A'
        JB      @END_IF
        CMP     AL,'Z'
        JA      @END_IF

; 입력 받은 대문자가 FIRST 대문자(BL)보다 작으면 입력 받은 대문자를
; BL에 저장한다.
```

```
        CMP     AL,BL
        JAE     @END_IF
        MOV     BL,AL
@END_IF:
; 입력 문자가 ENTER이면 DO WHILE문 수행을 종료한다.
        CMP     AL,0DH
        JNE     @WHILE

        MOV     AH,2
        MOV     DL,0DH
        INT     21H
        MOV     DL,0AH
        INT     21H

; FIRST 대문자(BL)가 초기 문자 '['와 같으면 NOCAP_MSG 문자열을
; 출력한다.
        CMP     BL,'['
        JNE     @CAPS
        MOV     AH,9
        LEA     DX,NOCAP_MSG
        JMP     @OUTPUT
@CAPS:
        MOV     DL,BL
@OUTPUT:
        INT     21H
        MOV     AH,4CH
        INT     21H
MAIN    ENDP
        END     MAIN
```

6.4 반복문 구조에 대한 실습 예제

[실습 6.1]

한 줄에 대문자 순서대로 7개씩을 차례로 출력하는 프로그램을 작성하라.

```
(실행)   ABCDEFG
         HIJKLMN
         OPQRSTU
         VWXYZ
```

FOR문 구조의 반복문을 사용하여 대문자 'A'부터 시작하여 차례로 대문자를 출력한다. FOR문의 루프 카운터는 대문자의 개수인 26으로 초기화하고 한 줄에 7개의 대문자만을 출력하기 위해 별도의 카운터를 사용한다. 별도의 카운터는 FOR문을 수행할 때마다 1씩 증가하며 7일 될 때마다 새로운 줄로 이동하고 카운터를 0으로 재설정한다.

```
루프 카운터 CX를 26으로 초기화한다.
카운터 BL을 0으로 설정한다.
초기 출력 대문자 'A'를 설정한다.
FOR문
   대문자를 출력한다.
   카운터 BL을 1 증가시킨다.
   IF 카운터 BL이 7이면
       THEN 새로운 줄로 이동하고 0으로 재설정한다.
   END_IF
   다음 대문자를 출력 문자로 설정한다. (DL을 1 증가시킨다.)
```

루프 카운터를 1 감소시키고 0보다 크면 FOR문을 계속 수행한다.
END_FOR

```
.MODEL SMALL
.STACK 100H
.CODE
MAIN    PROC
        MOV     CX,26           ; 루프 카운터를 26으로 초기화한다.
        MOV     AH,2
        MOV     DL,'A'          ; 첫 번째 대문자 'A'를 DL에 저장한다.
        MOV     BL,0            ; BL 카운터를 0으로 초기화한다.
@TOP:
        INT     21H             ; 대문자를 출력한다.
        INC     BL              ; BL 카운터를 1 증가시킨다.
        CMP     BL,7            ; BL 카운터를 7과 비교한다.
        JL      @NEXT           ; BL이 7보다 작으면 @NEXT로 이동한다.
; 새로운 줄로 이동에서 DL을 사용하므로 DL의 내용을 DH에 저장한다.
        MOV     DH,DL

        MOV     DL,0DH
        INT     21H
        MOV     DL,0AH
        INT     21H
        MOV     DL,DH
        MOV     BL,0            ; BL 카운터를 0으로 재설정한다.
@NEXT:
        INC     DL              ; 다음 대문자를 출력 문자로 설정한다.
```

```
        LOOP    @TOP            ; CX가 0이 아니면 @TOP로 이동한다.

        MOV     AH,4CH
        INT     21H
MAIN    ENDP
        END     MAIN
```

[실습 6.2]

입력 받은 한 문장에서 소문자의 수를 카운터하여 출력하는 프로그램을 작성하라.

(실행) ?J%y8p2Yh^9
3

사용자가 ENTER를 입력하면 한 줄의 문장 입력이 끝나므로 WHILE문 구조를 사용한다. WHILE문에서 입력 문자가 소문자인지를 확인하고 소문자이면 카운터를 1 증가시킨다. 문장 입력이 종료되면 카운터값을 출력한다.

```
?를 출력한다.
카운터를 0으로 초기화한다.
한 문자를 입력 받는다.
WHILE문
  입력 문자가 ENTER(0DH)이면 WHILE문 수행을 종료한다.
  IF 입력 문자가 소문자이면
      THEN 카운터를 1 증가시킨다.
  END_IF
  새로운 문자를 입력 받고 WHILE문 초기로 이동한다.
```

END_WHILE
카운터값을 ASCII 코드값으로 변환하여 출력한다.

```
.MODEL SMALL
.STACK 100H
.CODE
MAIN    PROC
        MOV     AH,2
        MOV     DL,'?'
        INT     21H             ; '?'를 출력한다.

        MOV     BL,0            ; 카운터를 0으로 초기화한다.
        MOV     AH,1
        INT     21H
@WHILE:
; 입력 문자가 ENTER이면 WHILE문 수행을 종료한다.
        CMP     AL,0DH
        JE      @END_WHILE

        CMP     AL,'a'
        JL      @END_IF         ; 소문자가 아니면 @END_IF로 이동한다.
        CMP     AL,'z'
        JG      @END_IF         ; 소문자가 아니면 @END_IF로 이동한다.
        INC     BL              ; 소문자이면 카운터를 1 증가시킨다.
@END_IF:
        INT     21H             ; 새로운 문자를 입력 받는다.
        JMP     @WHILE          ; @WHILE로 이동한다.
```

```
@END_WHILE:
          MOV     AH,2
          MOV     DL,0DH
          INT     21H
          MOV     DL,0AH
          INT     21H

; 카운터 값을 ASCII 코드값으로 변환한 후에 출력한다.
          ADD     BL,30H            ; ASCII 코드값으로 변환한다.
          MOV     DL,BL
          INT     21H               ; 카운터 값을 출력한다.
          MOV     AH,4CH
          INT     21H
MAIN      ENDP
          END     MAIN
```

[실습 6.3]

입력 받은 한 문장에서 대문자와 소문자가 아닌 문자의 수를 카운터하여 출력하는 프로그램을 작성하라.

```
(실행)   ?A%6cH*oE-2
         5
```

한 줄의 문장 입력을 위해 WHILE문을 사용한다. WHILE문에서 입력 문자가 대문자인지 소문자인지를 확인하고 대문자와 소문자가 아니면 카운터값을 1 증가시킨다. 한 문장 입력이 종료되면 카운터값을 출력한다.

```
?를 출력한다.
카운터를 0으로 초기화한다.
한 문자를 입력 받는다.
WHILE문
  입력 문자가 ENTER(0DH)이면 WHILE문 수행을 종료한다.
  IF 입력 문자가 'A'보다 작으면
     THEN 카운터를 1 증가시킨다.
     ELSE IF 입력 문자가 'Z'보다 작으면
           THEN @END_IF로 이동한다.
           ELSE IF 입력 문자가 'a'보다 작으면
                 THEN 카운터를 1 증가시킨다.
                 ELSE IF 입력 문자가 'z'보다 작으면
                         THEN @END_IF로 이동한다.
                         ELSE 카운터를 1 증가시킨다.
                      END_IF
                END_IF
          END_IF
 END_IF
 새로운 문자를 입력 받고 WHILE문 초기로 이동한다.
END_WHILE
카운터값을 ASCII 코드값으로 변환하여 출력한다.
```

```
.MODEL SMALL
.STACK 100H
.CODE
```

```
MAIN    PROC
        MOV     AH,2
        MOV     DL,'?'
        INT     21H                 ; '?'를 출력한다.

        MOV     BL,0                ; 카운터를 0으로 초기화한다.
        MOV     AH,1
        INT     21H
@WHILE:
; 입력 문자가 ENTER이면 WHILE문 수행을 종료한다.
        CMP     AL,0DH
        JE      @END_WHILE

        CMP     AL,'A'
        JL      @COUNT              ; 'A'보다 작으면 @COUNT로 이동한다.
        CMP     AL,'Z'
        JLE     @END_IF             ; 대문자이면 @END_IF로 이동한다.
        CMP     AL,'a'
        JL      @COUNT              ; 'a'보다 작으면 @COUNT로 이동한다.
        CMP     AL,'z'
        JLE     @END_IF             ; 소문자이면 @END_IF로 이동한다.
@COUNT:
; 대문자와 소문자가 아니면 카운터를 1 증가시킨다.
        INC     BL
@END_IF:
        INT     21H
        JMP     @WHILE
@END_WHILE:
        MOV     AH,2
```

```
        MOV     DL,0DH
        INT     21H
        MOV     DL,0AH
        INT     21H

; 카운터 값을 ASCII 코드값으로 변환한 후에 출력한다.
        ADD     BL,30H
        MOV     DL,BL
        INT     21H
        MOV     AH,4CH
        INT     21H
MAIN    ENDP
        END     MAIN
```

[실습 6.4]

입력 받은 숫자(N)의 (N+(N-1)+(N-2)+...+1)를 계산하여 BL에 저장하는 프로그램을 작성하라.

입력 받은 숫자 N을 FOR문의 루프 카운터의 초기값으로 설정하고 루프 카운터값을 합에 더해주는 FOR문을 수행한 후에 결과를 BL에 저장한다. N은 8비트이기 때문에 먼저 CX을 0으로 초기화한 후에 CL에 N을 저장한다. LOOP 명령어는 FOR문을 수행할 때마다 루프 카운터 CX를 자동으로 1 감소시키기 때문에 N 초기값에서 1 감소된 값을 계속 합에 더해주게 된다.

```
?를 출력한다.
숫자 N을 입력 받아 2진수로 변환한다.
입력 받은 숫자를 루프 카운터에 저장한다.
FOR문
    합(BL)에 CL 레지스터값을 더한다.
    루프 카운터를 1 감소시키고 0보다 크면 계속 FOR문을 수행한다.
END_FOR
```

```
.MODEL SMALL
.STACK 100H
.CODE
MAIN    PROC
        MOV     AH,2
        MOV     DL,'?'
        INT     21H             ; '?'를 출력한다.

        MOV     CX,0
        MOV     AH,1
        INT     21H             ; 숫자 N을 입력 받는다.
        SUB     AL,30H          ; N을 2진수로 변환한다.
        MOV     CL,AL           ; N을 루프 카운터에 설정한다.
        MOV     BL,0            ; 합(SUM)을 0으로 초기화한다.
@TOP:
        ADD     BL,CL           ; 합에 CL을 더한다.
        LOOP    @TOP            ; CX가 0이 아니면 @TOP로 이동한다.
        MOV     AH,4CH
```

```
        INT     21H
MAIN    ENDP
        END     MAIN
```

[실습 6.5]

입력 받은 2진수에서 1의 개수를 카운트하여 출력하는 프로그램을 작성하라. 1의 개수는 10보다 작다고 가정한다.

(실행) ?10110011001
6

한 줄의 2진수 입력을 받기 위해 WHILE문을 사용하고 입력 문자가 '1'이면 카운터를 1 증가시킨다. 2진수 입력이 종료된 후에 카운터값을 화면에 출력한다.

```
?를 출력한다.
한 문자를 입력 받는다.
WHILE문
   입력 문자가 ENTER이면 WHILE문 수행을 종료한다.
   입력 문자를 2진수로 변환한다.
   IF 입력한 수가 1이면
      THEN 카운터를 1 증가시킨다.
   END_IF
   새로운 문자를 입력 받고 WHILE문을 계속 수행한다.
END_WHILE
카운터값을 ASCII 코드값으로 변환하여 출력한다.
```

```
.MODEL SMALL
.STACK 100H
.CODE
MAIN    PROC
        MOV     AH,2
        MOV     DL,'?'
        INT     21H             ; '?'를 출력한다.

        MOV     BL,0            ; 카운터를 0으로 초기화한다.
        MOV     AH,1
        INT     21H             ; 한 문자를 입력 받는다.
@WHILE:
        CMP     AL,0DH
        JE      @END_WHILE
        SUB     AL,30H          ; 입력 문자를 2진수로 변환한다.
        JE      @NEXT
        INC     BL              ; 입력이 1이면 카운터를 1 증가시킨다.
@NEXT:
        INT     21H
        JMP     @WHILE
@END_WHILE:
        MOV     AH,2
        MOV     DL,0DH
        INT     21H
        MOV     DL,0AH
        INT     21H
```

```
        MOV     DL,BL           ; 카운터값을 DL에 저장한다.
        ADD     DL,30H          ; ASCII 코드값으로 변환한다.
        INT     21H             ; 카운터값을 출력한다.
        MOV     AH,4CH
        INT     21H
MAIN    ENDP
        END     MAIN
```

[실습 6.6]

1, 2, 4, 7, 11, … 순서로 나가는 수 30개의 합을 BX에 저장하는 프로그램을 작성하라.

일정한 규칙을 가지는 수열을 프로그래밍하는 경우 수열이 어떤 규칙을 가지느냐를 알아내는 것이 우선 필요하다. 위의 수열은 인접한 수의 차이가 1, 2, 3, 4로 차례로 1 증가하는 규칙을 가진다. 인접한 수의 차이를 나타내는 변수를 설정하고 1씩 증가시키면서 수를 차례로 만들어낸 후 합에 더해주면 수열의 합을 구할 수 있다. 30개의 합을 구하므로 FOR문을 사용하고 루프 카운터는 30으로 초기화한다.

```
루프 카운터를 30으로 초기화한다.
수(N), 차이(D), 합(SUM)의 초기값을 설정한다.
FOR문
   SUM[i] = SUM[i-1] + N[i];
   D[i+1] = D[i] + 1;
```

```
    N[i+1] = N[i] + D[i+1];
    루프 카운터를 1 감소시키고 0보다 크면 FOR문을 계속 수행한다.
END_FOR
```

```
.MODEL SMALL
.STACK 100H
.CODE
MAIN    PROC
        MOV     CX,30           ; 루프 카운터를 30으로 초기화한다.
        MOV     BX,1            ; 수열의 수(N)를 1로 초기화한다.
        MOV     DX,0            ; 인접한 수의 차이(D)를 0으로 초기화한다.
        MOV     AX,0            ; 합을 0으로 초기화한다.
@TOP:
        ADD     AX,BX           ; SUM[i]=SUM[i-1]+N[i]
        INC     DX              ; D[i+1]=D[i]+1
        ADD     BX,DX           ; N[i+1]=N[i]+D[i+1]
        LOOP    @TOP
MAIN    ENDP
        END     MAIN
```

[실습 6.7]

입력 받은 한 문장의 단어의 수를 카운터하여 출력하는 프로그램을 작성하라.

(실행) ?I am a student

4

한 문장을 입력 받기 위해 WHILE문을 사용하고 입력 받은 문자가 ' '이면 단어 입력이 끝났으므로 카운터를 1 증가시킨다. ENTER가 입력되면 문장 입력이 종료되고 단어 입력도 종료되므로 역시 카운터를 1 증가시킨다. 첫 문자가 ENTER이거나 ' '이면 카운터를 증가시키지 말아야 한다. ' '가 첫 문자인지를 체크하기 위해 1 비트 플래그를 설정하고 플래그가 0이면 카운터를 증가시키지 않고 1이면 카운터를 증가시킨다. ' '나 ENTER가 아닌 문자가 입력되면 플래그는 1로 설정된다.

```
?를 출력한다.
카운터(BL)와 플래그(BH)를 0으로 초기화한다.
한 문자를 입력 받는다.
WHILE문
  입력 문자가 ENTER이면 WHILE문 수행을 종료한다.
  IF 입력 문자가 ' '이면
     THEN 플래그가 1인 경우 카운터를 1 증가시킨다.
     ELSE 플래그가 0인 경우 플래그를 1로 설정한다.
  END_IF
  새로운 문자를 입력 받고 WHILE문을 계속 수행한다.
END_WHILE
IF 플래그(BH)가 0이 아니면
     THEN 카운터를 1 증가시킨다.
END_IF
카운터값을 ASCII 코드값으로 변환하여 출력한다.
```

```
.MODEL SMALL
.STACK 100H
.CODE
MAIN    PROC
        MOV     AH,2
        MOV     DL,'?'
        INT     21H             ; '?'를 출력한다.

        MOV     BL,0            ; 카운터 BL을 0으로 초기화한다.
        MOV     BH,0            ; 플래그 BH를 0으로 설정한다.
        MOV     AH,1
        INT     21H
@WHILE:
        CMP     AL,0DH
        JE      @END_WHILE
        CMP     AL,' '
        JNE     @SET_FLAG

; 첫 번째 문자가 ' '이면 카운터를 증가시키지 않는다.
        CMP     BH,0
        JE      @NO_COUNT
        INC     BL              ; 카운터를 1 증가시킨다.
        JMP     @NO_COUNT
@SET_FLAG:
; 첫 번째 문자가 ' '이 아니면 플래그를 1로 설정한다.
        CMP     BH,1
        JE      @NO_COUNT
        MOV     BH,1            ; 플래그를 1로 설정한다.
```

```
@NO_COUNT:
        INT     21H
        JMP     @WHILE
@END_WHILE:

; 첫 번째 문자가 ENTER이면 카운터를 증가시키지 않는다.
        CMP     BH,0
        JE      @OUTPUT
        INC     BL                ; 카운터를 1 증가시킨다.
@OUTPUT:
        MOV     AH, 2
        MOV     DL,0DH
        INT     21H
        MOV     DL,0AH
        INT     21H

        ADD     BL,30H
        MOV     DL,BL
        INT     21H               ; 카운터값을 출력한다.
        MOV     AH,4CH
        INT     21H
MAIN    ENDP
        END     MAIN
```

연습문제

6.1 반복문을 사용하여 다음과 같이 홀수와 짝수를 각각 출력하는 프로그램을 작성하라.

(실행) 13579
02468

6.2 입력 받은 한 문장에서 대문자, 소문자, 상수인 문자의 수를 카운터하여 출력하는 프로그램을 작성하라.

(실행) ?A%6cH*oE-2
7

6.3 입력 받은 한 문장에서 알파벳 순서상 가장 앞에 오는 소문자와 가장 뒤에 오는 소문자를 구하여 출력하라. 만약 없다면 'NO LOWER CASE LETTERS'을 출력하라.

(실행) ?3Uhp%i&KLe
e p

6.4 1, 3, 7, 13, 21, … 순서로 나가는 수 20개의 합을 BX에 저장하는 프로그램을 작성하라.

7

Chapter

논리 연산과 응용

7.1 논리 명령

7.2 이동 명령

7.3 회전 명령

7.4 2진수와 16진수 입출력

7.5 논리 연산에 대한 실습 예제

7.1 논리 명령

데이터는 산술 연산에 사용하는 산술 데이터와 논리 연산에 사용하는 논리 데이터로 구분된다. 덧셈, 뺄셈, 곱셈, 나눗셈 연산에서는 산술 데이터가 사용되고 8 비트나 16 비트 단위로 연산이 실행된다. 덧셈이나 뺄셈하는 과정에서 발생하는 이전 비트의 캐리 출력은 다음 비트의 연산에 영향을 주기 때문에 산술 연산 하드웨어는 복잡하게 된다.

논리 데이터는 디지털 논리 회로의 입력과 출력 데이터로 사용되며 산술 데이터와 달리 다른 비트의 연산 결과에 영향을 받지 않는다. 논리 연산은 논리 회로의 특성을 나타내는 논리 함수를 구현하기 위해 사용되며 특정 비트를 0이나 1로 만들기도 하고 0을 1로 1은 0으로 반전시키기도 한다. 대부분의 프로세서는 기본적으로 AND, OR, XOR, NOT 논리 연산을 제공한다. 논리 명령어는 비트를 개별적으로 다루기 위한 명령어이다.

AND와 OR 명령어

AND 명령어는 특정 비트를 0으로 만들기 위해 사용되며 목적지 오퍼랜드와 근원지 오퍼랜드를 AND 연산하여 결과를 목적지 오퍼랜드에 저장한다. 근원지 오퍼랜드의 특정 비트를 0으로 만들기 위해 0으로 만들려고 하는 비트는 0과 AND 연산을 수행하게 하고 그대로 유지되기를 원하는 비트는 1과 AND 연산을 수행하게 하는 특정 상수를 근원지 오퍼랜드로 사용한다. AND 연산 후에 상태 플래그 SF, ZF, PF는 영향을 받게 되고 CF, OF는 0이 된다.

```
(일반 형식) AND   목적지(destination), 근원지(source)
(예)        AND   AX,BX        ; AX와 BX를 AND 연산하여 AX에 저장한다.
            AND   BYT,7FH      ; BYT의 최상위 비트를 0으로 만든다.
```

OR 명령어는 특정 비트를 1로 만들기 위해 사용되며 목적지 오퍼랜드와 근원지 오퍼랜드를 OR 연산하여 결과를 목적지 오퍼랜드에 저장한다. 근원지 오퍼랜드의 특정 비트를 1로 만들기 위해 1로 만들려고 하는 비트는 1과 OR 연산을 수행하게 하고 그대로 유지되기를 원하는 비트는 0과 OR 연산을 수행하게 하는 특정 상수를 근원지 오퍼랜드로 사용한다. OR 연산 후에 상태 플래그 SF, ZF, PF는 영향을 받게 되고 CF, OF는 0이 된다.

```
(일반 형식)  OR   목적지(destination), 근원지(source)
(예)         OR   AX,WRD        ; AX와 WRD를 OR 연산하여 AX에 저장한다.
             OR   BL,01H        ; BL의 최하위 비트를 1로 만든다.
```

XOR와 NOT 명령어

XOR 명령어는 특정 비트를 반전시키기 위해 사용되며 목적지 오퍼랜드와 근원지 오퍼랜드를 XOR 연산하여 결과를 목적지 오퍼랜드에 저장한다. 근원지 오퍼랜드의 특정 비트를 반전시키기 위해 반전시켜야 하는 비트는 1과 XOR 연산을 수행하게 하고 그대로 유지되기를 원하는 비트는 0과 XOR 연산을 수행하게 하는 특정 상수를 근원지 오퍼랜드로 사용한다. XOR 연산 후에 상태 플래그 SF, ZF, PF는 영향을 받게 되고 CF, OF는 0이 된다.

```
(일반 형식)  XOR  목적지(destination), 근원지(source)
(예)         XOR  AL,BL         ; AL과 BL을 XOR 연산하여 AL에 저장한다.
             XOR  CX,8000H      ; CX의 최상위 비트의 부호를 바꾼다.
```

NOT 명령어는 목적지 오퍼랜드의 모든 비트를 1이면 0, 0이면 1로 반전시키기 위한 명령어로 1의 보수를 구하기 위해 사용된다. NOT 연산 후에 상태 플래그는 영향을 받지 않는다.

```
(일반 형식)  NOT    목적지(destination)
(예)         NOT    BX              ; BX의 1의 보수를 BX에 저장한다.
```

논리 명령어의 사용

논리 명령어는 특정 비트를 처리하는 논리 연산에 사용된다. 다음은 논리 명령어가 사용된 예를 나타내며 프로그램에서 알고리즘을 쉽게 구현하기 위해서도 사용될 수 있다.

```
AND   BX,7FFFH      ; BX의 최상위 비트가 0이 되어 양수가 된다.
OR    WRD,000FH     ; 워드 변수 WRD의 하위 4 비트가 1이 된다.
XOR   AL,80H        ; AL의 최상위 비트의 부호가 바뀐다.
AND   AL,0FH        ; '0'-'9' 문자를 2진 값으로 변환한다.
AND   DL,0DFH       ; 소문자를 대문자로 변환한다. ('a'->'A')
OR    DL,20H        ; 대문자를 소문자로 변환한다. ('A'->'a')
XOR   BX,BX         ; BX의 내용을 0으로 만든다.
```

TEST 명령어는 특정한 비트가 1인지 검사하기 위해 사용되는 명령어로 조건 점프 명령어와 함께 사용된다. TEST 명령을 실행하기 위해 8086 프로세서는 목적지 오퍼랜드의 내용과 소스 오퍼랜드의 내용을 AND 연산하지만 AND 명령과 달리 연산 결과를 목적지 오퍼랜드에 저장하지 않는다. 레지스터나 메모리 변수의 특정 비트가 1인지를 검사하기 위해 AND 연산 후에 검사하는 비트를 제외한 나머지 비트들은 모두 0으로 만드는 상수를 소스 오퍼랜드로 사용한다. TEST 명령어의 실행에 따라 상태 플래그는 영향을 받게 되고 조건 점프 명령어에 따라 참과 거짓이 결정되어 특정 위치나 다음 명령어로 이동하게 된다.

```
(일반 형식)  TEST   목적지(destination), 근원지(source)
(예)  TEST   AX,0001H          ; AX의 최하위 비트가 0이면 (짝수이면)
      JZ     @EVEN             ; ZF가 1이므로 @EVEN으로 이동한다.
```

[예제 7.1]

부호 있는 수의 덧셈에서 오버플로우를 체크하는 어셈블리언어 코드를 작성하라.

ADD AX,BX인 부호 있는 덧셈에서 오버플로우가 발생하지 않으려면 AX와 BX의 부호가 달라야 한다. 오퍼랜드의 부호가 같으면 결과의 부호도 오퍼랜드와 동일하여야 오버플로우가 발생하지 않는다. 다음은 부호 있는 수의 덧셈에서 오버플로우를 체크하는 알고리즘이다. XOR 명령어는 목적지와 근원지 오퍼랜드가 서로 동일한 값을 가지는 비트는 결과가 0이 되고 서로 다른 값을 가지는 비트는 결과가 1이 된다. 그래서 오퍼랜드의 부호가 같으면 XOR 명령어를 수행 후에 결과의 부호 비트가 0이 되어 양수가 되고 오퍼랜드의 부호가 다르면 XOR 명령어 수행 후에 결과의 부호 비트가 1이 되어 음수가 된다.

```
CX에 AX를 저장한다.
AX에 BX를 더한다.
IF CX와 BX의 부호가 다르면
   THEN   @NO_OVERFLOW로 이동한다.
   ELSE IF AX의 부호와 BX의 부호가 같으면
             THEN @NO_OVERFLOW로 이동한다.
             ELSE   @OVERFLOW로 이동한다.
          END_IF
END_IF
```

```
        MOV     CX,AX           ; AX를 CX에 저장한다.
        ADD     AX,BX           ; AX에 BX를 더한다.
        XOR     CX,BX           ; 두 오퍼랜드의 부호를 비교한다.

; 오퍼랜드의 부호가 다르면 오버플로우가 발생하지 않는다.
        JS      @NO_OVERFLOW
        XOR     AX,BX           ; 오퍼랜드와 결과의 부호를 비교한다.

; 오퍼랜드와 결과의 부호가 같으면 오버플로우가 발생하지 않는다.
        JNS     @NO_OVERFLOW
        JMP     @OVERFLOW       ; 부호가 다르면 오버플로우 발생한다.
```

7.2 이동(Shift) 명령

이동(Shift) 명령은 오퍼랜드에 저장된 데이터를 왼쪽이나 오른쪽으로 1 비트나 여러 비트를 이동시키기 위해 사용된다. 이동 명령은 논리 연산과 산술 연산에서 모두 사용되며 데이터를 왼쪽으로 이동시키는 왼쪽 이동 명령과 데이터를 오른쪽으로 이동시키는 오른쪽 이동 명령으로 구분된다. 그리고 산술 데이터를 자리 이동하는 경우 산술 이동 명령이 되고 논리 데이터를 자리 이동하는 경우 논리 이동 명령이 된다.

왼쪽 이동 명령

SHL 명령어는 논리 데이터를 왼쪽으로 1 비트 이동시키는 논리 왼쪽 이동 명령어이다. SHL 명령어를 실행하면 데이터는 1 비트씩 왼쪽으로 이동하고 최하위 비트에는 0이 들어오고 최상위 비트는 CF로 이동한다.

[SHL 명령어 실행 전]

CF		15	14	13	12	11	10	9	8	7	6	5	4	3	2	1	0

CF

[SHL 명령어 실행 후]

15		14	13	12	11	10	9	8	7	6	5	4	3	2	1	0	ZR

CF

여러 비트를 왼쪽 이동하기 위해 CL 레지스터를 사용한다. CL에 이동할 비트수를 저장하고 SHL 명령어를 실행하면 CL에 저장된 비트만큼 왼쪽으로 이동하게 된다. SHL 명령어를 실행하면 상태 플래그 SF, PF, ZF는 영향을 받게 되고 CF에는 최상위 비트(MSB)가 저장된다. 다음은 SHL 명령어의 일반 형식을 나타낸다.

```
(일반 형식)  SHL  목적지(destination), 1       ; 1 비트 왼쪽 이동한다.
             SHL  목적지(destination), CL      ; N 비트 왼쪽 이동한다.
(예)  SHL   BX,1          ; BX를 1 비트 왼쪽 이동하여 BX에 저장된다.
      MOV   CL,4          ; CL을 4 비트 이동으로 설정한다.
      SHL   BX,CL         ; BX를 4 비트 왼쪽 이동하여 BX에 저장된다.
```

SAL 명령어는 산술 데이터를 왼쪽으로 1 비트 이동시키는 산술 왼쪽 이동 명령어이다. 최하위 비트에는 0이 들어오고 최상위 비트는 CF로 이동한다. CL에 이동할 비트수를 저장하고 SAL 명령어를 실행하면 CL에 저장된 비트만큼 왼쪽으로 이동하게 된다. SAL 명령어는 왼쪽 이동 알고리즘에 따라 14번 비트가 15번 부호 비트로 이동하게 되므로 산술 데이터의 부호가 유지되지 않는다. 그래서 SAL 명령어의 결과는 SHL 명령어와 동일하다. SAL 명령어를 실행하면 상태 플래그 SF, PF, ZF는 영향을 받게 되고 CF에는 최상위 비트(MSB)가 저장된다. 이동 명령을 실행한 후에 부호가 변하면 OF는 1이 된다. 다음은 SAL 명령어의 일반 형식을 나타낸다.

```
(일반 형식) SAL  목적지(destination), 1      ; 1 비트 왼쪽 이동한다.
            SAL  목적지(destination), CL     ; N 비트 왼쪽 이동한다.
(예)  SAL   AX,1         ; AX를 1 비트 왼쪽 이동하여 AX에 저장된다.
      MOV   CL,8         ; CL을 8 비트 이동으로 설정한다.
      SAL   AX,CL        ; AX를 8 비트 왼쪽 이동하여 AX에 저장된다.
```

양수의 N 비트 왼쪽 이동은 2^N을 곱한 것과 같다. 예를 들어 2 비트 왼쪽 이동은 4를 곱한 것과 같고 4 비트 왼쪽 이동은 16을 곱한 것과 같다. 예를 들어 2진수 00001010(10)이 저장되어 있는 AL 레지스터를 2 비트 왼쪽 이동하면 결과는 00101000(40)이 되어 4배가 된다. 양수에 2^N을 곱하는 것은 곱셈 명령어를 사용하지 않고 왼쪽 이동 명령어를 사용하여 얻을 수 있다.

오른쪽 이동 명령

SHR 명령어는 논리 데이터를 오른쪽으로 1 비트 이동시키는 논리 오른쪽 이동 명령어이다. SHR 명령어를 실행하면 데이터는 1 비트씩 오른쪽으로 이동하며 최하위 비트는 CF로 이동하고 최상위 비트에는 0이 들어간다.

[SHR 명령어 실행 전]

CF

CF

15	14	13	12	11	10	9	8	7	6	5	4	3	2	1	0

[SHR 명령어 실행 후]

CF
0

ZR	15	14	13	12	11	10	9	8	7	6	5	4	3	2	1

CL에 이동할 비트수를 저장하고 SHR 명령어를 실행하면 CL에 저장된 비트만큼 오른쪽으로 이동하게 된다. 다음은 SHR 명령어의 일반 형식을 나타낸다.

```
(일반 형식)  SHR   목적지(destination), 1       ; 1 비트 오른쪽 이동한다.
             SHR   목적지(destination), CL      ; N 비트 오른쪽 이동한다.
(예)   SHR    WRD,1           ; WRD를 1 비트 오른쪽 이동시킨다.
       MOV   CL,4             ; CL을 4 비트 이동으로 설정한다.
       SHR    BX,CL           ; BX를 4 비트 오른쪽 이동하여 BX에 저장한다.
```

SAR 명령어는 산술 데이터를 오른쪽으로 1 비트 이동시키는 산술 오른쪽 이동 명령어이다. SAR 명령어를 실행하면 데이터는 1 비트씩 오른쪽으로 이동하며 최하위 비트는 CF로 이동하고 최상위 비트는 부호를 유지하기 위해 부호 비트가 그대로 유지된다.

[SAR 명령어 실행 전]

CF
CF

15	14	13	12	11	10	9	8	7	6	5	4	3	2	1	0

[SAR 명령어 실행 후]

CF
0

15	15	14	13	12	11	10	9	8	7	6	5	4	3	2	1

CL에 이동할 비트수를 저장하고 SAR 명령어를 실행하면 CL에 저장된 비트만큼 오른쪽으로 이동하게 된다. SAR 명령어는 SHR 명령어와 달리 부호가 유지된다. 다음은 SAR 명령어의 일반 형식을 나타낸다.

```
(일반 형식)  SAR  목적지(destination), 1      ; 1 비트 오른쪽 이동한다.
             SAR  목적지(destination), CL     ; N 비트 오른쪽 이동한다.
(예)  SAR   DL,1          ; DL을 1 비트 오른쪽 이동시킨다.
      MOV   CL,4          ; CL을 4 비트 이동으로 설정한다.
      SAR   AX,CL         ; AX를 4 비트 오른쪽 이동하여 AX에 저장한다.
```

N 비트 오른쪽 이동은 2^N을 나누는 것과 거의 동일하다. 정수 나눗셈에는 나머지가 존재하는데 N 비트 오른쪽 이동은 2^N을 나눈 값의 가장 가까운 값이 된다. 예를 들어 2 비트 오른쪽 이동은 4를 나눈 것과 같고 4 비트 오른쪽 이동은 16을 나눈 것과 같다. 2진수 00010100(20)이 저장되어 있는 AL 레지스터를 2 비트 오른쪽 이동하면 결과는 00000101(5)가 된다. 그래서 양수에 2^N을 나누는 것은 나눗셈 명령어를 사용하지 않고 오른쪽 이동 명령어를 사용해도 된다. 부호 없는 수는 SHR, SAR 명령어를 모두 사용해도 되지만 부호 있는 수는 반드시 SAR 명령어를 사용하여야 한다.

◆ [예제 7.2]

BX 레지스터에 0을 가지는 비트의 수를 카운터하여 AX에 저장하는 어셈블리언어 코드를 작성하라.

BX 레지스터를 1 비트 왼쪽 이동시켜 최상위 비트를 CF로 이동시키고 CF가 0이면 카운터를 1 증가시킨다. BX 레지스터가 16 비트이므로 LOOP 명령어를 사용하여 16번 반복하면 BX 레지스터에서 0을 가지는 비트의 수를 카운터할 수 있다.

```
        MOV     CX,16           ; 루프 카운터를 16으로 초기화한다.
        MOV     AX,0            ; 카운터를 0으로 초기화한다.
@TOP:
        SHL     BX,1            ; BX를 1 비트 왼쪽 이동시킨다.
        JC      @NEXT           ; 1이면 @NEXT로 이동한다.
        INC     AX              ; 0이면 카운터를 1 증가시킨다.
@NEXT:
        LOOP    @TOP            ; CX가 0이 될 때까지 반복 수행한다.
```

7.3 회전(Rotation) 명령

회전 명령은 데이터를 왼쪽이나 오른쪽으로 1 비트나 여러 비트 회전시키기 위해 사용된다. 회전 명령은 이동에 의해 빠져나오는 비트가 이동에 의해 비게 되는 비트로 회전하여 저장된다는 점에서 이동 명령과 차이가 있다. 16 비트 레지스터를 1 비트 왼쪽 이동 명령을 16번 반복하면 레지스터의 내용은 0이 된다. 그러나 1 비트 왼쪽 회전 명령을 16번 반복하면 레지스터의 내용은 원래대로 유지된다.

일반 회전 명령

ROL 명령어는 데이터를 왼쪽으로 1 비트 회전시키는 왼쪽 회전 명령어이다. ROL 명령어를 실행하면 데이터는 왼쪽으로 1 비트씩 이동하며 최상위 비트는 CF로 이동하고 회전하여 최하위 비트에도 이동한다.

[ROL 명령어 실행 전]

CF	15	14	13	12	11	10	9	8	7	6	5	4	3	2	1	0
CF																

[ROL 명령어 실행 후]

15	14	13	12	11	10	9	8	7	6	5	4	3	2	1	0	15
CF																

CL에 회전할 비트수를 저장하고 ROL 명령어를 실행하면 CL에 저장된 비트만큼 왼쪽으로 회전하게 된다. 다음은 ROL 명령어의 일반 형식을 나타낸다.

```
(일반 형식)  ROL  목적지(destination), 1(CL)
(예)  ROL    AX,1(CL)              ; AX를 1 비트(N 비트) 왼쪽 회전한다.
```

ROR 명령어는 데이터를 오른쪽으로 1 비트 회전시키는 오른쪽 회전 명령어이다. ROR 명령어를 실행하면 데이터는 오른쪽으로 1 비트씩 이동하며 최하위 비트는 CF로 이동하고 회전하여 최상위 비트에도 이동한다.

[ROR 명령어 실행 전]

CF	15	14	13	12	11	10	9	8	7	6	5	4	3	2	1	0
CF																

[ROR 명령어 실행 후]

0	0	15	14	13	12	11	10	9	8	7	6	5	4	3	2	1
CF																

CL에 회전할 비트수를 저장하고 ROR 명령어를 실행하면 CL에 저장된 비트만큼 오른쪽으로 회전하게 된다. 다음은 ROR 명령어의 일반 형식을 나타낸다.

```
(일반 형식)  ROR  목적지(destination), 1(CL)
(예)  ROR    BYT,1(CL)       ; BYT를 1 비트(N 비트) 오른쪽 회전한다.
```

캐리를 포함한 회전 명령

일반 회전 명령은 자리 이동에서 빠져나온 비트가 CF와 빈 비트로 이동한다. 그러나 캐리를 이용한 회전 명령은 캐리를 포함하여 17 비트 회전하기 때문에 자리 이동에서 빠져나온 비트는 CF로 이동하고 CF가 빈 비트로 이동한다.

RCL 명령어는 캐리를 포함한 데이터를 왼쪽으로 1 비트 회전시키는 명령어이다. RCL 명령어를 실행하면 데이터는 왼쪽으로 1 비트씩 이동하며 최상위 비트는 CF로 이동하고 CF는 최하위 비트로 이동한다. 다음은 RCL 명령어의 일반 형식을 나타낸다.

[RCL 명령어 실행 전]

CF
CF

CF

15	14	13	12	11	10	9	8	7	6	5	4	3	2	1	0

[RCL 명령어 실행 후]

15

CF

14	13	12	11	10	9	8	7	6	5	4	3	2	1	0	CF

```
(일반 형식)  RCL  목적지(destination), 1(CL)
(예)  RCL   BX,1            ; 캐리를 포함한 BX를 1 비트 왼쪽 회전한다.
```

RCR 명령어는 캐리를 포함한 데이터를 오른쪽으로 1 비트 회전시키는 명령어이다. RCR 명령어를 실행하면 데이터는 오른쪽으로 1 비트씩 이동하며 최하위 비트는 CF로 이동하고 CF는 최상위 비트로 이동한다. 다음은 RCR 명령어의 일반 형식을 나타낸다.

[RCR 명령어 실행 전]

CF
CF

15	14	13	12	11	10	9	8	7	6	5	4	3	2	1	0

[RCR 명령어 실행 후]

0
CF

CF	15	14	13	12	11	10	9	8	7	6	5	4	3	2	1

```
(일반 형식)  RCR  목적지(destination), 1(CL)
(예)  RCR   DL,1     ; 캐리를 포함한 DL를 1비트 오른쪽 회전한다.
```

◆ [예제 7.3]

회전 명령어를 사용하여 워드 변수 WRD의 비트 패턴을 역으로 바꾸는 어셈블리언어 코드를 작성하라.

SHR 명령어를 사용하여 WRD의 최하위 비트를 CF로 보내고 RCL 명령어를 사용하여 CF를 AX의 최하위 비트로 보낸다. 이런 과정을 16번 반복하면 AX에 WRD의 비트 패턴의 역이 저장된다.

```
루프 카운터 CX를 16으로 초기화한다.
FOR문
    WRD를 1 비트 오른쪽 이동한다.
    AX를 캐리를 포함한 1 비트 왼쪽 회전한다.
END_FOR
AX를 WRD에 저장한다.
```

```
        MOV     CX,16       ; 루프 카운터를 16으로 초기화한다.
@TOP:   SHR     WRD,1       ; WRD를 1 비트 오른쪽 이동시킨다.
        RCL     AX,1        ; CF가 AX의 최하위 비트에 저장된다.
        LOOP    @TOP        ; CX가 0이 될 때까지 반복 수행한다.
        MOV     WRD,AX      ; AX를 WRD에 저장한다.
```

[예제 7.4]

XCHG 명령어를 사용하지 않고 회전 명령어를 사용하여 AX와 BX 레지스터의 내용을 서로 바꾸는 어셈블리언어 코드를 작성하라.

동일한 형태의 캐리를 이용한 회전 명령어를 반복문에서 2번 사용하면 AX와 BX 레지스터의 내용을 서로 바꿀 수 있다. 먼저 AX 레지스터에 대해 RCR 명령어를 사용하여 최하위 비트를 CF로 이동시킨다. 그리고 BX 레지스터에 대해 RCR 명령어를 실행하면 AX의 최하위 비트는 BX의 최상위 비트로 이동하고 BX의 최하위 비트는 CF로 이동한다. 이번에는 AX 레지스터에 대해 RCR 명령어를 실행하면 BX의 최하위 비트는 AX의 최상위 비트로 이동하고 AX의 최하위 다음 비트는 CF로 이동한다. 이러한 과정을 16번 반복하면 AX와 BX 레지스터의 내용은 서로 바뀌게 된다.

```
루프 카운터 CX를 16으로 초기화한다.
AX를 캐리를 포함하여 1 비트 오른쪽 회전한다.
FOR문
    BX를 캐리를 포함하여 1 비트 오른쪽 회전한다.
    AX를 캐리를 포함하여 1 비트 오른쪽 회전한다.
END_FOR
```

```
        MOV     CX,16           ; 루프 카운터를 16으로 초기화한다.
        RCR     AX,1            ; AX(0)를 CF로 이동시킨다.
@TOP:
        RCR     BX,1            ; BX(15)=CF, CF=BX(0)이 이동한다.
        RCR     AX,1            ; AX(15)=CF, CF=AX(0)이 이동한다.
        LOOP    @TOP            ; CX가 0이 될 때까지 반복 수행한다.
```

7.4 2진수와 16진수 입출력

지금까지 문자 입출력에서는 단일 문자 입출력에 대한 예제만을 고려하였다. 2진수를 구성하는 2진 문자들을 차례로 입력 받아 레지스터에 저장하기 위해서는 논리, 이동, 회전 명령어를 사용하여야 한다. 이 절에서는 2진수 입출력, 16진수 입출력에 대한 어셈블리언어 코드를 작성하는 방법을 살펴본다.

16진수의 각 자리를 고려하여 저장하기 위해서는 16을 곱하는 과정이 필요한데 16을 곱하는 것은 4 비트 왼쪽 이동으로 대체할 수 있다. 그러나 10진수의 각 자리를 고려하기 위해 10을 곱하는 것은 이동, 회전 명령으로 대체할 수 없다. 10진수 입출력은 곱셈과 나눗셈 명령어를 실행하여 구현할 수 있다.

2진수 입력

2진수 입력 코드는 문자로 입력되는 2진 입력들을 2진 값으로 변환하여 레지스터나 메모리 변수에 저장하기 위해 사용된다. 새로운 2진 문자가 입력되면 2진 값으로 변환한 후에 이전에 저장된 2진 값들을 1 비트 왼쪽 이동시키고 비어 있는 최하위 비트에 새로 입력된 2진 값을 저장한다. 2진 문자 입력은 저장하는 레지스터나 메모리 변수의 크기에 따라 8 비트나 16 비트로 저장되므로 최대 8 비트나 16 비트를 넘지 않아야 한다.

2진수 문자 입력은 ENTER 입력에 의해 종료되므로 WHILE문을 사용하고 입력되는 문자가 '1'이나 '0'이 아니면 @ERROR로 이동하여 프로그램을 다시 시작하도록 한다. 다음은 2진수 입력을 위한 알고리즘과 어셈블리언어 코드를 나타낸다. BX를 저장하는 레지스터로 사용하는데 8 비트 2진수 입력을 위해 BX 레지스터 대신 BL이나 8 비트 레지스터 또는 바이트 변수로 사용하면 된다.

```
BX를 0으로 초기화한다.
한 문자를 입력 받는다.
WHILE문
    입력 문자가 ENTER이면 WHILE문 수행을 종료한다.
    입력 문자가 '1'과 '0'이 아니면 @ERROR로 이동한다.
    2진 문자를 2진 값으로 변환한다.
    BX를 1 비트 왼쪽 이동한다.
    2진 값을 BX의 최하위 비트에 입력한다.
    새로운 문자를 입력 받고 WHILE문을 계속 수행한다.
END_WHILE
```

```
@BEGIN:
        XOR     BX,BX           ; BX를 0으로 초기화한다.
        MOV     AH,1
        INT     21H             ; 한 문자를 입력 받는다.
@WHILE:
; 입력 문자가 ENTER이면 @END_WHILE로 이동한다.
        CMP     AL,0DH
        JE      @END_WHILE
        CMP     AL,'0'
        JE      @BINARY         ; 입력 문자가 '0'인지 확인한다.
        CMP     AL,'1'
        JE      @BINARY         ; 입력 문자가 '1'인지 확인한다.
        JMP     @ERROR          ; '1'과 '0'이 아니면 @ERROR로 이동한다.
@BINARY:
```

```
        AND     AL,0FH          ; 이진 문자를 2진 값으로 변환한다.
        SHL     BX,1            ; BX를 1 비트 왼쪽 이동한다.
        OR      BL,AL           ; 2진 값을 최하위 비트에 입력한다.
        INT     21H             ; 새로운 문자를 입력 받는다.
        JMP     @WHILE
@END_WHILE:
        JMP     @EXIT
@ERROR:
        MOV     AH,2
        MOV     DL,0DH
        INT     21H
        MOV     DL,0AH
        INT     21H
        JMP     @BEGIN          ; 처음부터 다시 시작한다.
@EXIT:
```

2진수 출력

2진수 출력 코드는 8 비트나 16 비트 레지스터 또는 메모리 변수의 내용을 화면에 '1'과 '0'의 2진 문자들로 차례로 출력하기 위해 사용된다. 레지스터의 출력할 2진 값들을 얻기 위해 이동 명령어를 이용하여 출력한 2진 값을 CF로 이동시킨다. CF가 1이면 화면에 '1'을 출력하고 0이면 화면에 '0'을 출력한다. 16 비트 2진수이면 이런 과정을 16번 반복하고 8 비트 2진수이면 8번 반복한다. 다음은 BX 레지스터의 내용을 2진수로 출력하는 알고리즘과 어셈블리언어 코드를 나타낸다.

```
루프 카운터를 16으로 초기화한다.
FOR문
    BX 레지스터를 1 비트 왼쪽 회전한다.
    IF CF가 1이면
        THEN 화면에 '1'을 출력한다.
        ELSE 화면에 '0'을 출력한다.
    END_IF
END_FOR
```

```
        MOV     CX,16           ; 루프 카운터를 16으로 초기화한다.
        MOV AH,2
        MOV CX,16
        MOV AH,2
@OUTPUT:
        ROL     BX,1            ; BX를 1 비트 왼쪽 회전한다.
        JC      @HIGH
        MOV     DL,30H          ; 0이면 DL에 '0'을 저장한다.
        JMP     @NEXT
@HIGH:
        MOV     DL,31H          ; 1이면 DL에 '1'을 저장한다.
@NEXT:
        INT     21H             ; 이진수의 1 비트를 출력한다.
        LOOP    @OUTPUT
```

16진수 입력

16진수 입력 코드는 문자로 입력되는 16진 입력들을 16진 값으로 변환하여 레지스터나 메모리 변수에 저장하기 위해 사용된다. 4 비트가 1개의 16진 값을 나타내므로 4 비트 단위로 이동하고 저장하는 것을 제외하고는 2진수 입력 코드와 거의 동일하다. 새로운 16진 문자가 입력되면 16진 값으로 변환한 후에 이전에 저장된 16진 값들을 4 비트 왼쪽 이동시키고 비어 있는 최하위 4 비트에 새로 입력된 16진 값을 저장한다. 16진 문자 입력은 최대 4개를 넘지 않아야 하고 8 비트나 16 비트 레지스터 또는 메모리 변수에 저장된다. 16진수 문자 입력은 ENTER 입력에 의해 종료되므로 WHILE문을 사용하고 입력되는 문자가 '0'-'9'와 'A'-'F'이 아니면 @ERROR로 이동하여 프로그램을 다시 시작하도록 한다. 다음은 16진수 입력에 대한 알고리즘과 어셈블리언어 코드를 나타내며 저장하는 레지스터로 BX를 사용한다.

```
BX를 0으로 초기화한다.
한 문자를 입력 받는다.
WHILE문
    입력 문자가 ENTER이면 WHILE문 수행을 종료한다.
    입력 문자가 '0'-'9'와 'A'-'F'가 아니면 @ERROR로 이동한다.
    16진 문자를 16진 값으로 변환한다.
    BX를 4 비트 왼쪽 이동한다.
    16진 값을 BX의 최하위 4 비트에 입력한다.
    새로운 문자를 입력 받고 WHILE문을 계속 수행한다.
END_WHILE
```

```
@BEGIN:
        XOR     BX,BX           ; BX를 0으로 초기화한다.
        MOV     CL,4            ; CL을 4 비트 이동으로 설정한다.
        MOV     AH,1
        INT     21H             ; 한 문자를 입력 받는다.
@WHILE:
; 입력 문자가 ENTER이면 @END_WHILE로 이동한다.
        CMP     AL,0DH
        JE      @END_WHILE
        CMP     AL,30H
        JB      @ERROR          ; 16진 문자가 아니면 @ERROR로 이동한다.
        CMP     AL,39H          ; 16진 문자가 'A'보다 큰지 비교한다.
        JA      @LETTER
        AND     AL,0FH          ; '0'-'9'를 16진 값으로 변환한다.
        JMP     @SHIFT
@LETTER:
        CMP     AL,'A'
        JB      @ERROR          ; 16진 문자가 아니면 @ERROR로 이동한다.
        CMP     AL,'F'
        JA      @ERROR          ; 16진 문자가 아니면 @ERROR로 이동한다.
        SUB     AL,37H          ; 'A'-'F'를 16진 값으로 변환한다.
@SHIFT:
        SHL     BX,CL           ; BX를 4 비트 왼쪽 회전한다.
        OR      BL,AL           ; 16진 값을 하위 4 비트에 입력한다.
        INT     21H             ; 새로운 문자를 입력 받는다.
        JMP     @WHILE
```

```
@END_WHILE:
        JMP     @EXIT
@ERROR:
        MOV     AH,2
        MOV     DL,0DH
        INT     21H
        MOV     DL,0AH
        INT     21H
        JMP     @BEGIN              ; 처음부터 다시 시작한다.
@EXIT:
```

16진수 출력

16진수 출력 코드는 8 비트나 16 비트 레지스터나 메모리 변수의 내용을 화면에 16진 문자들로 차례로 출력하기 위해 사용된다. 출력할 16진 값을 얻기 위해 BH의 내용을 DL로 이동하고 4 비트 오른쪽 이동 명령어를 실행한다. 16진 값을 10과 비교하여 작으면 '0'-'9'로 변환하여 출력하고 크면 문자이므로 'A'-'F'로 변환하여 출력한다. CL 레지스터는 4 비트 이동, 회전 명령어에서 사용하므로 루프 카운터로 DH 레지스터를 사용한다. 다음은 BX 레지스터의 내용을 16진수로 출력하는 알고리즘과 어셈블리언어 코드를 나타낸다.

```
루프 카운터 DH를 4로 초기화한다.
FOR문
    BH 레지스터를 DL에 저장한다.
    DL 레지스터를 4 비트 오른쪽 이동한다.
    IF DL이 10보다 작으면
```

```
        THEN 16진 값을 '0'-'9'로 변환하여 화면에 출력한다.
        ELSE 16진 값을 'A'-'F'로 변환하여 화면에 출력한다.
    END_IF
    BX 레지스터를 4 비트 왼쪽 회전한다.
END_FOR
```

```
        MOV     DH,4            ; 루프 카운터를 4로 초기화한다.
        MOV     CL,4            ; CL을 4 비트 이동, 회전으로 설정한다.
        MOV     AH,2
@OUTPUT:
        MOV     DL,BH           ; BH를 DL에 저장한다.
        SHR     DL,CL           ; DL을 4 비트 오른쪽 이동한다.
        CMP     DL,0AH
        JL      @NUMBER
        ADD     DL,37H          ; 16진값 AH-FH를 'A'-'F'로 변환한다.
        JMP     @NEXT
@NUMBER:
        OR      DL,30H          ; 16진값 0-9를 '0'-'9'로 변환한다.
@NEXT:
        INT     21H             ; 화면에 출력한다.
        ROL     BX,CL           ; BX를 4 비트 왼쪽 회전한다.
        DEC     DH              ; 루프 카운터를 1 감소시킨다.
        JNZ     @OUTPUT         ; 0이 될 때까지 반복 수행한다.
```

7.5 논리 연산에 대한 실습 예제

[실습 7.1]

입력 받은 0~9 사이의 수가 홀수이면 'odd', 짝수이면 'even'을 출력하는 프로그램을 작성하라.

```
(실행)  ?6          ?9
        even        odd
```

TEST 명령어를 사용하여 입력 받은 수의 최하위 비트를 검사하여 0이면 'even' 문자열을 출력하고 1이면 'odd' 문자열을 출력한다.

```
?를 출력한다.
한 숫자를 입력 받는다.
IF 최하위 비트 AL(0)가 0이면
    THEN 'even' 문자열을 출력한다.
    ELSE  'odd' 문자열을 출력한다.
END_IF
```

```
.MODEL SMALL
.STACK 100H
.DATA
ODD_MSG      DB     0DH,0AH,'ODD$'
EVEN_MSG     DB     0DH,0AH,'EVEN$'

.CODE
MAIN    PROC
```

```
        MOV     AX,@DATA
        MOV     DS,AX
        MOV     AH,2
        MOV     DL,'?'
        INT     21H                     ; '?'를 출력한다.

        MOV     AH,1
        INT     21H                     ; 한 숫자를 입력 받는다.
; AL(0)가 0이면 짝수이므로 @EVEN으로 이동한다.
        TEST    AL,01H
        JE      @EVEN
        LEA     DX,ODD_MSG              ; 'ODD' 문자열 위치를 저장한다.
        JMP     @OUTPUT
@EVEN:
        LEA     DX,EVEN_MSG             ; 'EVEN' 문자열 위치를 저장한다.
@OUTPUT:
        MOV     AH,9
        INT     21H                     ; 문자열을 출력한다.
        MOV     AH,4CH
        INT     21H
MAIN    ENDP
        END     MAIN
```

[실습 7.2]

입력 받은 2진수의 비트 패턴의 역을 출력하는 프로그램을 작성하라.

```
(실행)  ?11001010        ?01101101
        01010011         10110110
```

입력 받은 2진수를 1 비트 오른쪽 회전 명령어를 이용하여 비트 패턴의 역으로 차례로 CF로 이동시킨다. CF가 1이면 '1'을 출력하고 0이면 '0'을 출력한다. 입력 비트가 8 비트라고 하면 이런 과정을 8번 반복한다.

```
?를 출력한다.
2진수를 입력 받아 BL에 저장한다.
루프 카운터를 8로 초기화한다.
FOR문
   BL 레지스터를 1 비트 오른쪽 회전시킨다.
   IF CF가 1이면
      THEN '1'을 출력한다.
      ELSE '0'을 출력한다.
   END_IF
END_FOR
```

```
.MODEL  SMALL
.STACK  100H
.CODE
MAIN    PROC
@BEGIN:
        MOV     AH,2
        MOV     DL,'?'
        INT     21H

; 8 비트 2진수를 입력 받아 BL에 저장한다.
        MOV     BL,BL           ; BL을 0으로 초기화한다.
```

```
        MOV     AH,1
        INT     21H
@WHILE:
        CMP     AL,0DH
        JE      @END_WHILE
        CMP     AL,'0'
        JE      @BINARY         ; 입력 문자가 '0'인지 확인한다.
        CMP     AL,'1'
        JE      @BINARY         ; 입력 문자가 '1'인지 확인한다.
        JMP     @ERROR          ; '1'과 '0'이 아니면 @ERROR로 이동한다.
@BINARY:
        AND     AL,0FH          ; 2진 값으로 변환한다.
        SHL     BL,1            ; BL을 1 비트 왼쪽 이동한다.
        OR      BL,AL           ; 2진 값을 최하위 비트에 입력한다.
        INT     21H             ; 새로운 2진 문자를 입력 받는다.
        JMP     @WHILE
@END_WHILE:
        MOV     AH,2
        MOV     DL,0DH
        INT     21H
        MOV     DL,0AH
        INT     21H

        MOV     CX,8            ; 루프 카운터를 8로 초기화한다.
@OUTPUT:
        ROR     BL,1            ; BL을 1 비트 오른쪽 회전시킨다.
        JC      @HIGH
        MOV     DL,30H          ; 0이면 '0'을 DL에 저장한다.
        JMP     @NEXT
```

```
@HIGH:
        MOV     DL,31H          ; 1이면 '1'을 DL에 저장한다.
@NEXT:
        INT     21H
        LOOP    @OUTPUT
        JMP     @EXIT
@ERROR:
        MOV     AH,2
        MOV     DL,0DH
        INT     21H
        MOV     DL,0AH
        INT     21H
        JMP     @BEGIN          ; @BEGIN으로 이동하여 다시 시작한다.
@EXIT:
        MOV     AH,4CH
        INT     21H
MAIN    ENDP
        END     MAIN
```

[실습 7.3]

입력된 두 16진수를 더한 결과를 출력하는 프로그램을 작성하라. 16진수 덧셈 연산에서 오버플로우가 발생하지 않는다고 가정한다.

```
(실행)  ?34F9 A84B
        DD44
```

두 개의 16진수를 입력 받아 레지스터에 저장한 후 덧셈 연산을 수행하고 더한 결과를 16진수로 출력한다. 16진수 입력은 ENTER나 ' '가 입력되면 종료되는 것으로 프로그램을 작성하고 16진수 입력에서 오류가 발생하면 @ERROR로 이동하여 프로그램을 다시 시작하도록 한다.

?를 출력한다.
16진수를 입력 받아 BX에 저장한다.
16진수를 입력 받아 DX에 저장한다.
두 16진수에 대해 덧셈 연산을 수행한다.
더한 결과를 16진수로 출력한다.

```
.MODEL SMALL
.STACK 100H
.CODE
MAIN    PROC
@BEGIN:
        MOV     AH,2
        MOV     DL,'?'
        INT     21H                 ; '?'를 출력한다.

; 첫 번째 16진수를 입력 받아 BX에 저장한다.
        XOR     BX,BX
        MOV     CL,4
        MOV     AH,1
        INT     21H
@WHILE1:
        CMP     AL,0DH
```

```
        JE      @END_WHILE1
        CMP     AL,' '
        JE      @END_WHILE1
        CMP     AL,30H
        JB      @ERROR          ; 16진 문자가 아니면 @ERROR로 이동한다.
        CMP     AL,39H
        JA      @LETTER1
        AND     AL,0FH          ; '0'-'9'를 0-9로 변환한다.
        JMP     @SHIFT1
@LETTER1:
        CMP     AL,'A'
        JB      @ERROR          ; 16진 문자가 아니면 @ERROR로 이동한다.
        CMP     AL,'F'
        JA      @ERROR; 16진 문자가 아니면 @ERROR로 이동한다.
        SUB     AL,37H          ; 'A'-'F'를 16진 값(A-F)로 변환한다.
@SHIFT1:
        SHL     BX,CL           ; BX를 4 비트 왼쪽 이동시킨다.
        OR      BL,AL           ; 16진 값을 하위 4 비트에 입력한다.
        INT     21H             ; 새로운 16진 문자를 입력 받는다.
        JMP     @WHILE1
@END_WHILE1:

; 두 번째 16진수를 입력 받아 DX에 저장한다.
        XOR     DX,DX
        MOV     CL,4
        MOV     AH,1
        INT     21H
@WHILE2:
        CMP     AL,0DH
```

```
        JE      @END_WHILE2
        CMP     AL,' '
        JE      @END_WHILE2
        CMP     AL,30H
        JB      @ERROR          ; 16진 문자가 아니면 @ERROR로 이동한다.
        CMP     AL,39H
        JA      @LETTER2
        AND     AL,0FH          ; '0'-'9'를 0-9로 변환한다.
        JMP     @SHIFT2
@LETTER2:
        CMP     AL,'A'
        JB      @ERROR          ; 16진 문자가 아니면 @ERROR로 이동한다.
        CMP     AL,'F'
        JA      @ERROR          ; 16진 문자가 아니면 @ERROR로 이동한다.
        SUB     AL,37H          ; 'A'-'F'를 16진 값(A-F)로 변환한다.
@SHIFT2:
        SHL     DX,CL           ; BX를 4 비트 왼쪽 이동시킨다.
        OR      DL,AL           ; 16진 값을 하위 4 비트에 입력한다.
        INT     21H             ; 새로운 16진 문자를 입력 받는다.
        JMP     @WHILE2
@END_WHILE2:
; 입력 받은 두 16진수에 대해 덧셈 연산을 수행한다.
        ADD     BX,DX
        MOV     AH,2
        MOV     DL,0DH
        INT     21H
        MOV     DL,0AH
        INT     21H
```

```
; 더한 결과를 16진수로 출력한다.
          MOV     DH,4
          MOV     CL,4
          MOV     AH,2
@OUTPUT:
          MOV     DL,BH              ; BH를 DL에 저장한다.
          SHR     DL,CL              ; DL을 4 비트 오른쪽 이동한다.
          CMP     DL,0AH
          JL      @NUMBER
          ADD     DL,37H             ; 16진 값을 'A'-'F'로 변환한다.
          JMP     @NEXT
@NUMBER:
          OR      DL,30H             ; 16진 값을 '0'-'9'로 변환한다.
@NEXT:
          INT     21H
          ROL     BX,CL              ; BX를 4 비트 왼쪽 회전한다.
          DEC     DH                 ; 루프 카운터를 1 감소시킨다.
          JNZ     @OUTPUT
          JMP     @EXIT
@ERROR:
          MOV     AH,2
          MOV     DL,0DH
          INT     21H
          MOV     DL,0AH
          INT     21H
          JMP     @BEGIN             ; @BEGIN으로 이동하여 다시 시작한다.
@EXIT:
          MOV     AH,4CH
          INT     21H
```

```
MAIN    ENDP
        END     MAIN
```

[실습 7.4]

입력 받은 숫자(N)의 (N+(N-1)+(N-2)+…+1)를 계산하여 16진수로 출력하는 프로그램을 작성하라.

```
실행)   ?7          ?5
        1C          0F
```

1~9 사이의 숫자 N을 입력 받아 루프 카운터에 저장한다. N이 8 비트이므로 CX 레지스터를 0으로 만든 다음에 N을 CL에 저장한다. LOOP 명령어를 사용하여 합에 CL을 계속 더함으로써 (N+(N-1)+(N-2)+…+1) 연산을 수행할 수 있다. 더한 결과가 8 비트이므로 16진수 출력 코드의 반복 횟수를 2번으로 설정한다.

```
?를 출력한다.
입력 받은 수를 2진수로 변환하고 루프 카운터에 저장한다.
FOR문
   합(BL)에 루프 카운터(CL)을 더한다.
END_FOR
합(BL)을 16진수로 출력한다.
```

```
.MODEL SMALL
.STACK 100H
```

```
.CODE
MAIN    PROC
        MOV     AH,2
        MOV     DL,'?'
        INT     21H             ; '?'를 출력한다.

        MOV     CX,0
        MOV     AH,1
        INT     21H             ; 문자 N을 입력 받는다.
        SUB     AL,30H          ; 입력 받은 수를 이진수로 변환한다.
        MOV     CL,AL           ; 루프 카운터에 저장한다.
        MOV     BL,0            ; 합(SUM)을 0으로 초기화한다.
@TOP:
        ADD     BL,CL           ; 루프 카운터값을 합에 더한다.
        LOOP    @TOP
        MOV     AH,2
        MOV     DL,0DH
        INT     21H
        MOV     DL,0AH
        INT     21H

; 16진수 출력 코드를 사용하여 8 비트 결과를 16진수로 출력한다.
        MOV     DH,2            ; 루프 카운터를 2로 초기화한다.
        MOV     CL,4
@OUTPUT:
        MOV     DL,BL
        SHR     DL,CL
        CMP     DL,0AH
        JL     @NUMBER
```

```
        ADD     DL,37H
        JMP     @NEXT
@NUMBER:
        OR      DL,30H
@NEXT:
        INT     21H
        ROL     BL,CL
        DEC     DH
        JNZ     @OUTPUT
        MOV     AH,4CH
        INT     21H
MAIN    ENDP
        END     MAIN
```

[실습 7.5]

다음과 같이 입력 받은 2진수의 유효자리만 출력하는 프로그램을 작성하라.

```
(실행)  ?00101101          ?00000101
        101101             101
```

2진수 출력 코드는 8 비트나 16 비트 2진수를 출력하기 위해 FOR문을 8번이나 16번 반복 수행한다. 2진수의 유효자리가 작은 경우 앞에 0을 많이 출력하게 되므로 실제 유효한 2진수 비트만 출력하기 위해 플래그를 사용한다. 플래그는 초기에 0으로 설정되며 첫 번째 '1'이 출력된 이후부터 플래그는 1로 설정된다. 플래그가 0일 때는 2진수 비트 '0'을 출력하지 않고 플래그가 1일 때에만 2진수 비트 '0'을 출력하면 유효 자리만을 출력할 수 있게 된다.

```
?를 출력한다.
2진수를 입력 받아 BX에 저장한다.
플래그(DH)을 0으로 설정한다.
FOR문
  BX를 1 비트 왼쪽 회전시킨다.
  IF CF가 1이면
      THEN 플래그가 0이면 1로 설정하고 '1'을 출력한다.
      ELSE 플래그가 1이면 '0'을 출력하고 0이면 출력하지 않는다.
  END_IF
END_FOR
```

```
.MODEL SMALL
.STACK 100H
.CODE
MAIN    PROC
@BEGIN:
        MOV     AH,2
        MOV     DL,'?'
        INT     21H                 ; '?'를 출력한다.

; 2진수를 입력 받아 BX에 저장한다.
        XOR     BX,BX
        MOV     AH,1
        INT     21H
@WHILE:
        CMP     AL,0DH
```

```
        JE      @END_WHILE
        CMP     AL,'0'
        JE      @BINARY         ; 입력 문자가 '0'인지 확인한다.
        CMP     AL,'1'
        JE      @BINARY         ; 입력 문자가 '1'인지 확인한다.
        JMP     @ERROR          ; '1'과 '0'이 아니면 @ERROR로 이동한다.
@BINARY:
        AND     AL,0FH
        SHL     BX,1
        OR      BL,AL
        INT     21H
        JMP     @WHILE
@END_WHILE:
        MOV     AH,2
        MOV     DL,0DH
        INT     21H
        MOV     DL,0AH
        INT     21H

        MOV     CX,16           ; 루프 카운터를 16으로 초기화한다.
        MOV     DH,0            ; 플래그를 0으로 설정한다.
@OUTPUT:
        ROL     BX,1
        JC      @HIGH
        CMP     DH,0            ; 플래그가 0이면 출력하지 않는다.
        JE      @NEXT2
        MOV     DL,30H          ; 플래그가 1이면 DL에 '0'을 저장한다.
        JMP     @NEXT1
@HIGH:
        MOV     DL,31H          ; DL에 '1'을 저장한다.
```

```
          CMP    DH,1
          JE     @NEXT1
          MOV    DH,1              ; 플래그가 0이면 1로 설정한다.
@NEXT1:
          INT    21H
@NEXT2:
          LOOP   @OUTPUT
          JMP    @EXIT
@ERROR:
          MOV    AH,2
          MOV    DL,0DH
          INT    21H
          MOV    DL,0AH
          INT    21H
          JMP    @BEGIN
@EXIT:
          MOV    AH,4CH
          INT    21H
MAIN      ENDP
          END    MAIN
```

[실습 7.6]

입력 받은 10진수 문자열의 각 숫자의 합을 16진수로 출력하는 프로그램을 작성하라. 합은 8 비트보다 작다고 가정한다.

```
(실행)  ?1299843
        24
```

10진수 문자열을 입력 받기 위해 WHILE문을 사용하고 입력 받은 각 숫자를 2진수로 변환한 후 더하여 합을 구한다. 10진 문자 입력에서 오류가 발생하면 프로그램을 처음부터 다시 시작한다. 10진수 문자열 입력이 종료된 후 더한 결과를 16진수로 출력한다.

```
?를 출력한다.
합(BL)을 0으로 초기화한다.
한 문자를 입력 받는다.
WHILE문
    입력 문자가 ENTER이면 WHILE문 수행을 종료한다.
    입력 문자가 10진 문자열('0'-'9')이 아니면 @ERROR로 이동한다.
    10진 문자를 2진수로 변환한다.
    합(BL)에 더한다.
    새로운 10진 문자를 입력 받고 WHILE문 수행을 계속한다.
END_WHILE
합(BL)을 16진수로 출력한다.
```

```
.MODEL SMALL
.STACK 100H
.CODE
MAIN    PROC
@BEGIN:
        MOV     AH,2
        MOV     DL,'?'
        INT     21H             ; '?'를 출력한다.
```

```
        MOV     BL,0            ; 합(SUM)을 0으로 초기화한다.
        MOV     AH,1
        INT     21H             ; 한 문자를 입력 받는다.
@WHILE:
        CMP     AL,0DH
        JE      @END_WHILE
        CMP     AL,'0'
        JB      @ERROR          ; '0'보다 작으면 @ERROR로 이동한다.
        CMP     AL,'9'
        JA      @ERROR          ; '9'보다 크면 @ERROR로 이동한다.
        AND     AL,0FH          ; 2진 값으로 변환한다.
        ADD     BL,AL           ; 합에 더한다.
        INT     21H
        JMP     @WHILE
@END_WHILE:
        MOV     AH,2
        MOV     DL,0DH
        INT     21H
        MOV     DL,0AH
        INT     21H

; 더한 결과를 16진수로 출력한다.
        MOV     DH,2
        MOV     CL,4
@OUTPUT:
        MOV     DL,BL
        SHR     DL,CL
        CMP     DL,0AH
```

```
        JL      @NUMBER
        ADD     DL,37H
        JMP     @NEXT
@NUMBER:
        OR      DL,30H
@NEXT:
        INT     21H
        ROL     BL,CL
        DEC     DH
        JNZ     @OUTPUT
        JMP     @EXIT
@ERROR:
        MOV     AH,2
        MOV     DL,0DH
        INT     21H
        MOV     DL,0AH
        INT     21H
        JMP     @BEGIN
@EXIT:
        MOV     AH,4CH
        INT     21H
MAIN    ENDP
        END     MAIN
```

연습문제

7.1 입력된 두 8 비트 2진수 A, B에 대해 f(AB)=A'B'+AB 논리 연산을 수행한 결과를 출력하는 프로그램을 작성하라.

7.2 XCHG 명령을 사용하지 않고 이동, 회전, MOV, LOOP 명령만을 사용하여 WORD1, WORD2의 메모리 내용을 서로 바꾸는 어셈블리언어 코드를 작성하라.

7.3 다음의 알고리즘은 1부터 32767사이의 난수를 발생시키기 위한 알고리즘으로 사용될 수 있다. 1개의 입력에 대해 5개의 난수를 계산하여 출력하는 프로그램을 작성하라.

a. 한 16진수를 입력 받아 AX에 저장한다.
b. 다음과 같이 AX에 저장된 수의 난수를 구하여 AX에 다시 저장한다.
(난수 만드는 단계 : 왼쪽으로 한 비트 이동한다. → 상위 8 비트의 비트를 역으로 바꾼다. → 하위 8 비트의 비트를 역으로 바꾼다. → XOR를 이용하여 15번 비트를 지운다.)
c. 발생한 난수 AX를 16진수로 출력한다.

5개의 난수를 만들기 위해 b, c 단계를 5번 반복하여 5개의 난수를 출력한다. 서로 다른 난수 발생을 위해 이전에 발생한 난수를 다음 난수 만드는 단계의 입력으로 사용하라.

7.4 32 비트 2진수 덧셈 연산을 수행할 수 있는 프로그램을 작성하라. 두 개의 32 비트 2진수를 저장하기 4개의 변수를 사용하고 상위 16 비트를 더할 때에 하위 16 비트 연산에서 출력되는 CF 출력도 더해주도록 프로그램을 하라.

8
Chapter

프로시져와 곱셈 나눗셈

8.1 스택과 응용

알고리즘을 효율적으로 구성하기 위해 어셈블리 프로그램은 고급언어 프로그램과 같이 여러 개의 프로시저로 구성된다. 프로그램을 프로시저 단위로 구성하면 프로시저 실행을 위해 필요한 데이터와 주소들을 임시로 저장하는 스택 공간이 필요하다. 예를 들어 프로그램이 특정 프로시저를 호출하면 8086 프로세서는 호출하는 명령어의 다음 명령어의 옵셋 주소를 복귀 주소로 스택에 저장한다. 스택에 저장된 복귀 주소는 호출된 프로시저가 실행된 후에 스택에서 IP 레지스터로 복귀되어 호출한 프로시저의 위치로 복귀하여 프로그램을 정상적으로 계속 실행하게 한다.

8086 프로세서는 레지스터가 많지 않기 때문에 프로시저 호출 전후에 데이터를 유지해야 하는 레지스터들은 호출된 프로시저를 실행하기 전에 스택에 저장하였다가 호출된 프로시저 실행이 끝나면 스택에서 원래의 레지스터로 복원하여야 한다. 스택은 데이터 세그먼트와 같이 변수를 미리 정의하여 관리할 수 없기 때문에 8086 프로세서의 경우 데이터 저장과 반대 방향으로 마지막에 저장된 것이 가장 먼저 나오는 방식으로 데이터를 관리한다. 스택 영역을 위해 스택 세그먼트가 할당되며 스택의 크기는 스택에 저장되는 데이터의 양을 고려하여 프로그램에서 지정되어야 한다. 스택에 접근하기 위한 주소는 (SS:SP)에 의해 만들어진다. 스택 포인터(SP)는 항상 스택의 맨 위의 데이터를 가리키며 데이터를 저장할 때는 옵셋 주소가 감소하고 데이터가 복원될 때는 옵셋 주소가 증가한다.

PUSH와 POP 명령어

PUSH 명령어는 스택에 데이터를 저장하는 명령어이다. 프로시저 호출 전후에 데이터를 유지해야 하는 레지스터나 메모리 변수의 내용을 PUSH 명령어를 사용하여 프로시저 실행 전에 스택에 저장한다. 그리고 프로그램 실행 중간에 데이터를 스택에 임시로 저장하기 위해 사용된다. PUSH 명령어는 16 비트 단위로 데이터를 저장하기 때문에 AL 레지스터의 내용을 저장하기 위해 AX 레지스터를 스택에 저장하여야 한다. PUSHF 명령어는 플래그 레지스터의 내용을 스택에 저장한다. 다음은 PUSH 명령어의 일반 형식을 나타낸다.

```
(일반 형식)  PUSH   근원지(source)
(예)          PUSH  AX       ; AX의 내용을 스택에 저장한다.
              PUSHF          ; 플래그 레지스터의 내용을 스택에 저장한다.
```

PUSH 명령어를 실행하기 위해 8086 프로세서는 먼저 스택 포인터(SP)의 옵셋 주소를 2 감소시키고 (SS:SP)에는 근원지 오퍼랜드의 하위 바이트, (SS:SP+1)에는 상위 바이트를 저장한다.

POP 명령어는 스택의 맨 위에 저장된 내용을 목적지 오퍼랜드로 꺼내는 명령어이다. PUSH 명령어에 의해 저장된 순서의 반대로 데이터는 스택에서 꺼내지고 MOV 명령어와 다르게 데이터는 스택에서 없어지게 된다. POP 명령어도 16 비트 단위로 데이터를 꺼내고 POPF 명령어는 스택의 맨 위의 내용을 플래그 레지스터로 꺼낸다. 다음은 POP 명령어의 일반적인 형식을 나타낸다.

```
(일반 형식)  POP   목적지(destination)
(예)          POP    DX       ; 스택의 맨 위 내용을 DX로 꺼낸다.
              POPF            ; 스택의 맨 위 내용을 플래그 레지스터에 꺼낸다.
```

POP 명령어를 실행하기 위해 8086 프로세서는 (SS:SP)의 내용을 목적지 오퍼랜드의 하위 바이트, (SS:SP+1)의 내용을 상위 바이트로 꺼낸 후에 스택 포인터(SP)의 옵셋 주소를 2 증가시킨다. PUSH와 POP 명령어는 플래그 레지스터에 영향을 주지 않는다.

PUSH, POP 명령어 실행에 따른 스택 동작

스택을 사용하여 프로그램을 작성할 때에 주의해야할 사항은 스택에 저장된 데이터 수만큼 데이터를 꺼내야 한다는 것과 데이터가 저장되는 순서의 반대로 스택에서 꺼내야 원래의 위치로 복원한다는 것이다. 다음은 AX, BX, CX 레지스터의 내용을 스택에 저장했다가 그대로 복원하는 어셈블리언어 코드를 나타낸다.

```
PUSH    AX          ; AX의 내용을 스택에 저장한다.
PUSH    BX          ; BX의 내용을 스택에 저장한다.
PUSH    CX          ; CX의 내용을 스택에 저장한다.
; 프로그램 코드
POP     CX          ; 스택의 맨 위 내용을 CX에 복원한다.
POP     BX          ; 스택의 맨 위 내용을 BX에 복원한다.
POP     AX          ; 스택의 맨 위 내용을 AX에 복원한다.
```

스택 영역의 크기를 100H로 지정하면 스택 포인터(SP)의 초기값은 100H가 되고 PUSH 명령어를 실행할 때마다 SP가 2 감소되고 POP 명령어를 실행할 때마다 SP는 2 증가하게 된다. 다음의 그림은 AX, BX, CX의 내용이 1122H, 3344H, 5566H일 때 위의 PUSH와 POP 명령어들이 실행될 때마다 스택 공간에 데이터가 어떻게 저장되고 복원되는지를 보여준다. 디버거 프로그램을 사용하면 PUSH, POP 명령어가 차례로 실행될 때마다 스택의 내용이 어떻게 달라지는지를 볼 수 있다.

옵셋(SP)						
00FA			66			
00FB			55			
00FC		44	44	44		
00FD		33	33	33		
00FE	22	22	22	22	22	
00FF	11	11	11	11	11	
0100	-	-	-	-	-	-
	PUSH AX 명령 실행	PUSH BX 명령 실행	PUSH CX 명령 실행	POP CX 명령 실행	POP BX 명령 실행	POP AX 명령 실행

[예제 8.1]

스택을 이용하여 AX와 BX, WORD1과 WORD2의 내용을 서로 바꾸는 어셈블리언어 코드를 작성하라.

두 레지스터의 내용을 스택에 저장되는 순서와 반대로 스택에서 꺼내면 원래의 레지스터에 복원되지만 동일한 순서로 스택에서 꺼내면 두 레지스터의 내용은 바뀌게 된다.

```
PUSH    AX          ; AX의 내용을 스택에 저장한다.
PUSH    BX          ; BX의 내용을 스택에 저장한다.
PUSH    WORD1       ; WORD1의 내용을 스택에 저장한다.
PUSH    WORD2       ; WORD2의 내용을 스택에 저장한다.
POP     WORD1       ; 맨 위(WORD2)를 WORD1에 복원한다.
```

```
POP     WORD2           ; 맨 위(WORD1)를 WORD2에 복원한다.
POP     AX              ; 맨 위(BX)를 AX에 복원한다.
POP     BX              ; 맨 위(AX)를 BX에 복원한다.
```

◆ [예제 8.2]

스택을 사용하여 입력 받은 문자의 반대로 출력하는 프로그램을 작성하라.

(실행) ?5*Mo%3h
h3%oM*5

PUSH 명령어를 사용하여 입력 받은 문자를 차례로 스택에 저장하고 POP 명령어를 사용하여 입력 받은 순서의 반대로 스택에서 꺼내어 화면에 출력한다. 문자 입력을 위해 WHILE문을 사용하고 입력 받은 문자 AL을 스택에 저장하기 위해 16 비트 AX를 스택에 저장한다. 스택에 몇 개의 문자를 저장하였는지를 알아야 몇 개를 스택에서 꺼내야 하는지를 알기 때문에 스택에 입력 문자를 저장할 때마다 카운터를 1 증가시킨다. 스택에서 꺼내어 출력하는 코드는 FOR문을 사용하고 스택에 저장되는 문자를 카운터하기 위해 루프 카운터 CX를 사용한다. 스택에 저장된 문자를 AX 레지스터 대신 DX 레지스터로 꺼내면 저장된 AL 문자는 단일 문자 출력을 위한 DL에 저장된다.

```
?를 출력한다.
루프 카운터 CX를 0으로 초기화한다.
한 문자를 입력 받는다.
WHILE문
    입력 문자가 ENTER이면 WHILE문 수행을 종료한다.
```

```
    입력된 문자를 스택에 저장한다.
    카운터를 1 증가시킨다.
    새로운 문자를 입력 받고 WHILE문 수행을 반복한다.
END_WHILE
CX가 0이면 FOR문을 실행하지 않고 건너뛴다.
FOR문
    스택에서 문자를 꺼내어 DL에 저장한다.
    화면에 출력한다.
END_FOR
```

```
.MODEL SMALL
.STACK 100H
.CODE
MAIN    PROC
        MOV     AH,2
        MOV     DL,'?'
        INT     21H             ; '?'를 출력한다.

        XOR     CX,CX           ; 카운터를 0으로 설정한다.
        MOV     AH,1
        INT     21H             ; 한 문자를 입력 받는다.
@WHILE:
        CMP     AL,0DH
        JE      @END_WHILE
        PUSH    AX              ; 입력 문자를 스택에 저장한다.
        INC     CX              ; 카운터를 1 증가시킨다.
        INT     21H             ; 새로운 문자를 입력 받는다.
        JMP     @WHILE
```

```
@END_WHILE:
        MOV     AH,2
        MOV     DL,0DH
        INT     21H
        MOV     DL,0AH
        INT     21H

; 스택에 저장된 문자가 없으면 @EXIT로 이동한다.
        JCXZ    @EXIT
        MOV     AH,2
@TOP:
        POP     DX              ; 문자를 꺼내어 DL에 저장한다.
        INT     21H             ; 문자를 출력한다.
        LOOP    @TOP
@EXIT:
        MOV     AH,4CH
        INT     21H
MAIN    ENDP
        END     MAIN
```

8.2 프로시져의 구성

어셈블리 프로그램은 여러 개의 프로시져로 구성되고 최소한 1개의 프로시져인 MAIN 프로시져는 반드시 포함되어야 한다. MAIN 프로시져가 다른 프로시져를 호출하기도 하고 어떤 프로시져가 또 다른 프로시져를 호출하기도 한다. 자기 자신을 호출하는 프로시져도 있다. 8086 프로세서는 프로시져를 호출하기 위해

CALL 명령어를 사용하고 호출한 프로시져로 복귀하기 위해 RET 명령어를 사용한다. 다음은 CALL 명령어와 RET 명령어의 일반적인 형식을 나타낸다.

```
(일반 형식)  CALL   프로시져_이름(name)        ; 프로시져 호출
             RET                              ; 복귀
(예)         CALL   ABC                       ; ABC 프로시져를 호출한다.
```

CALL 명령어는 프로시져를 호출하기 위해 사용되는 명령어로 호출하는 프로시져의 이름을 오퍼랜드에 나타낸다. CALL 명령어를 수행하기 위해 8086 프로세서는 CALL 명령어의 다음 명령어의 옵셋 주소(복귀 주소)를 스택에 저장하고 IP 레지스터에는 호출된 프로시져의 첫 번째 명령의 옵셋 주소를 저장하여 호출된 프로시져가 실행되도록 한다.

RET 명령어는 호출된 프로시져의 마지막 명령어이고 호출된 프로시져의 모든 명령어를 실행한 후에 호출한 프로시져로 복귀하기 위해 사용되는 명령어이다. 8086 프로세서는 스택에 저장된 복귀 주소를 IP 레지스터로 복귀시켜 호출한 프로시져로 되돌아가게 한다.

다음은 프로시져를 구성하는 일반적인 형식을 나타낸다. 프로시져의 유형은 NEAR와 FAR로 구분되며 NEAR는 호출되는 프로시져가 동일한 세그먼트에 있는 경우에 사용되고 FAR는 호출되는 프로시져가 다른 세그먼트에 있는 경우에 사용된다. 유형이 NEAR인 경우 프로그램 코드에서 나타낼 필요는 없다.

```
이름    PROC    유형
        ; 레지스터, 메모리 변수들을 스택에 저장한다.
        ; 프로시져 본문 코드
        ; 스택에 저장된 레지스터나 메모리 변수들을 복원한다.
        RET
이름    ENDP
```

프로시져의 처음 부분은 PUSH 명령어를 사용하여 프로시져 호출 전후에 데이터를 유지해야 하는 레지스터나 메모리 변수들을 스택에 저장한다. 호출되는 프로시져의 본문 코드에서 사용되는 레지스터나 메모리 변수 중에 호출하는 프로시져에서 아직 사용 중인 레지스터나 메모리 변수가 있다면 호출된 프로시져의 본문 코드를 실행하기 전에 스택에 저장한다. 그런 뒤에 프로시져의 본문 코드를 실행하고 스택에 저장된 데이터를 원래의 레지스터나 메모리 변수에 복원한다. 원래의 위치에 정확하게 복원하기 위해 스택에 저장된 개수와 스택에서 꺼내는 개수가 같아야 하고 스택에 저장되는 순서와 반대로 꺼내야 한다. 프로시져의 마지막 명령어는 RET 명령어로 호출한 프로시져의 CALL 명령어의 다음 명령어로 프로그램의 제어를 복귀시키는 명령어이다. MAIN 프로시져는 호출되지 않기 때문에 RET 명령어가 없으며 MAIN 프로시져 실행이 끝나면 프로그램은 종료된다. 다음은 MAIN 프로시져와 ABC 프로시져로 구성된 프로그램의 구조를 나타낸다.

```
MAIN    PROC
        ; MAIN 프로시져 코드
        CALL    ABC
        ; MAIN 프로시져 코드
MAIN    ENDP
ABC     PROC
        ; 스택에 저장한다.
        ; ABC 프로시져 코드
        ; 스택에서 복원한다.
        RET
ABC     ENDP
        END     MAIN
```

◆ [예제 8.3]

2진수 입력 프로시져 INBIN과 2진수 출력 프로시져 OUTBIN 프로시져를 작성하고 INBIN, OUTBIN 프로시져를 사용하여 두 개의 2진수를 입력 받아 XOR 연산을 수행한 후에 결과를 2진수로 출력하는 프로그램을 작성하라.

(실행) ?10010001 11001011
01011010

7.4절에서 살펴본 2진수 입력 코드를 INBIN 프로시져로 구성한다. 저장하는 레지스터는 8 비트 BL로 하고 ENTER와 ' '가 입력되면 2진수 입력이 종료되도록 코드를 수정한다. 2진수 입력에서 오류가 발생하면 새로운 줄로 이동하여 다시 입력하도록 한다. 저장하는 레지스터 BL을 제외하고 사용되는 AX, DX 레지스터를 스택에 저장하고 복원한다. 마찬가지로 2진수 출력 코드를 OUTBIN 프로시져로 구성하고 BL 레지스터의 내용을 출력한다. AX, CX, DX 레지스터를 스택에 저장하고 복원한다.

?를 출력한다.
INBIN 프로시져를 사용하여 첫 번째 2진수를 입력 받는다.
INBIN 프로시져를 사용하여 두 번째 2진수를 입력 받는다.
XOR 연산을 수행한다.
OUTBIN 프로시져를 사용하여 연산 결과를 출력한다.

```
.MODEL SMALL
.STACK 100H
.CODE
```

```
MAIN    PROC
        MOV     AH,2
        MOV     DL,'?'
        INT     21H             ; '?'를 출력한다.
        CALL    INBIN           ; INBIN 프로시저를 호출한다.
        MOV     BH,BL           ; 첫 번째 2진수를 BH로 저장한다.
        CALL    INBIN           ; 두 번째 2진수를 BL에 저장한다.
        XOR     BL,BH           ; XOR 연산을 수행하여 BL에 저장한다.

        MOV     AH,2
        MOV     DL,0DH
        INT     21H
        MOV     DL,0AH
        INT     21H
        CALL    OUTBIN          ; XOR 결과 BL을 2진수로 출력한다.
        MOV     AH,4CH
        INT     21H
MAIN    ENDP

INBIN   PROC
        PUSH    AX              ; AX를 스택에 저장한다.
        PUSH    DX              ; DX를 스택에 저장한다.
@BEGIN:
        XOR     BL,BL           ; BL을 0으로 초기화한다.
        MOV     AH,1
        INT     21H
@WHILE:
        CMP     AL,0DH
        JE      @END_WHILE      ; ENTER이면 입력이 종료된다.
        CMP     AL,' '
```

```
        JE      @END_WHILE      ; ' '이면 입력이 종료된다.
        CMP     AL,'0'
        JE      @BINARY         ; 입력 문자가 '0'인지 확인한다.
        CMP     AL,'1'
        JE      @BINARY         ; 입력 문자가 '1'인지 확인한다.
        JMP     @ERROR          ; '1'과 '0'이 아니면 @ERROR로 이동한다.
@BINARY:
        AND     AL,0FH          ; 2진 값으로 변환한다.
        SHL     BL,1            ; BL을 1 비트 왼쪽 이동한다.
        OR      BL,AL           ; 2진 값을 최하위 비트에 입력한다.
        INT     21H             ; 새로운 2진 문자를 입력 받는다.
        JMP     @WHILE
@END_WHILE:
        POP     DX              ; DX를 스택에서 복원한다.
        POP     AX              ; AX를 스택에서 복원한다.
        RET
; 입력 오류가 있으면 새로운 줄에서 다시 입력하게 한다.
@ERROR:
        MOV     AH,2
        MOV     DL,0DH
        INT     21H
        MOV     DL,0AH
        INT     21H
        JMP     @BEGIN
INBIN   ENDP

OUTBIN          PROC
        PUSH    AX              ; AX를 스택에 저장한다.
        PUSH    CX              ; CX를 스택에 저장한다.
        PUSH    DX              ; DX를 스택에 저장한다.
```

```
        MOV     CX,8            ; 루프 카운터를 8로 초기화한다.
@OUTPUT:
        ROL     BL,1            ; BL을 1 비트 왼쪽 회전시킨다.
        JC      @HIGH
        MOV     DL,30H          ; 0이면 '0'을 DL에 저장한다.
        JMP     @NEXT
@HIGH:
        MOV     DL,31H          ; 1이면 '1'을 DL에 저장한다.
@NEXT:
        INT     21H
        LOOP    @OUTPUT

        POP     DX              ; DX를 스택에서 복원한다.
        POP     CX              ; CX를 스택에서 복원한다.
        POP     AX              ; AX를 스택에서 복원한다.
        RET
OUTBIN          ENDP
        END     MAIN
```

8.3 곱셈과 나눗셈 명령

곱셈과 나눗셈 연산은 알고리즘이 상대적으로 복잡하지만 덧셈, 뺄셈, 이동, 회전 명령어와 FOR문을 사용하여 프로그램으로 구현할 수 있다. 그러나 프로그램으로 구현하면 실행하는 시간이 많이 걸리기 때문에 프로세서에서 제공하는 곱셈과 나눗셈 명령어를 사용한다. 8086 프로세서는 부호 있는 수와 부호 없는 수에 대해 곱셈과 나눗셈 명령어를 각각 제공한다.

곱셈 명령

8086 프로세서는 부호 없는 수의 곱셈을 위해 MUL 명령어를 제공하고 부호 있는 수의 곱셈을 위해 IMUL 명령어를 제공한다. 그리고 8 비트 곱셈인 바이트 곱셈과 16 비트 곱셈인 워드 곱셈을 기본적으로 제공한다. 곱셈 연산은 피승수에 승수를 곱한 결과를 저장하는데 8086 프로세서는 레지스터가 많지 않기 때문에 피승수와 결과를 저장하는 곱 레지스터를 미리 지정하여 사용한다. 다음은 MUL과 IMUL 명령어의 일반적인 형식과 바이트 곱셈과 워드 곱셈의 형식을 나타낸다.

```
(일반 형식)  MUL   승수(multiplier)          ; 부호 없는 수의 곱셈
             IMUL  승수(multiplier)          ; 부호 있는 수의 곱셈
```

형식	피승수	승수	곱(결과)
바이트 곱셈	8 비트	8 비트	16 비트
	AL	레지스터 메모리 변수	AX
워드 곱셈	16 비트	16 비트	32 비트
	AX	레지스터 메모리 변수	DX (상위 16 비트) AX (하위 16 비트)

MUL과 IMUL 명령어는 승수를 오퍼랜드로 가지며 승수의 크기에 따라 바이트 곱셈인지 워드 곱셈인지가 결정된다. 워드 곱셈의 결과는 최대 32 비트까지 저장되고 상위 16 비트는 DX에 저장되고 하위 16 비트는 AX에 저장된다.

바이트 곱셈에서 결과를 8 비트로 표현할 수 있다면 상태 플래그 CF와 OF는 0이 되고 결과를 16 비트로 표현해야 한다면 CF와 OF는 1이 된다. 마찬가지로 워드 곱셈에서 결과를 16 비트로 표현할 수 있다면 CF와 OF는 0이 되고 결과를 32 비트로 표현해야 한다면 CF와 OF는 1이 된다. CF와 OF가 1이 된다는 것은 곱셈 결과가 하위 절반으로 표현할 수 없다는 것을 나타낸다.

◆ [예제 8.4]

AX가 FFFFH이고 BX가 FFFFH일 때 다음의 MUL과 IMUL 명령어를 실행한 결과를 비교하라.

MUL BX -> 부호 없는 수의 워드 곱셈이다. 피승수 AX(65535)에 승수 BX(65535)를 곱하면 결과는 FFFE0001H이므로 DX에 FFFEH가 저장되고 AX에 0001H가 저장된다. 결과를 16 비트로 표현할 수 없으므로 CF, OF는 1이 된다.

IMUL BX => 부호 있는 수의 워드 곱셈이다. 피승수 AX(-1)에 승수 BX(-1)를 곱하면 결과는 00000001H이므로 DX에 0000H가 저장되고 AX에 0001H가 저장된다. 결과를 16 비트로 표현할 수 있으므로 CF, OF는 0이 된다.

◆ [예제 8.5]

AL이 80H이고 BYT 메모리 변수의 내용이 FFH일 때 다음의 MUL과 IMUL 명령어를 실행한 결과를 비교하라.

MUL BYT => 부호 없는 수의 바이트 곱셈이다. 피승수 AL(128)에 승수 BYT(255)를 곱하면 결과는 7F80H이므로 AX에 7F80H이 저장된다. 결과를 8 비트로 표현할 수 없으므로 CF, OF는 1이 된다.

IMUL BYT => 부호 있는 수의 바이트 곱셈이다. 피승수 AL(-128)에 승수 BYT(-1)를 곱하면 결과는 0080H이므로 AX에 0080H가 저장된다. 8 비트 양수의 최대값은 7FH이므로 결과를 8 비트로 표현할 수 없고 CF, OF는 1이 된다.

[예제 8.6]

A, B, C가 워드 변수일 때 C=(A+B)×(A-B)를 계산하는 어셈블리언어 코드를 작성하라. 워드 변수는 부호 있는 수이고 워드 곱셈에서 오버플로우가 발생하지 않는다고 가정한다.

(A+B)를 피승수 AX에 (A-B)를 승수 BX에 저장하고 IMUL 명령어를 사용한다. 워드 곱셈이 오버플로우가 발생하지 않으므로 곱셈 결과는 16 비트인 AX에 저장 가능하다. 곱셈 결과인 AX의 내용을 C에 저장한다.

```
MOV    AX,A        ; A를 AX에 저장한다.
ADD    AX,B        ; (A+B)를 피승수로 AX에 저장한다.
MOV    BX,A
SUB    BX,B        ; (A-B)를 승수 BX에 저장한다.
IMUL   BX          ; 워드 곱셈 (A+B)×(A-B)을 수행한다.
MOV    C,AX        ; 곱 AX을 C에 저장한다.
```

나눗셈 명령

나눗셈 연산에서 피제수를 제수로 나누면 결과인 몫과 나머지가 출력된다. 8086 프로세서는 부호 없는 수의 나눗셈 연산을 위해 DIV 명령어를 제공하고 부호 있는 수의 나눗셈 연산을 위해 IDIV 명령어를 제공한다. 그리고 몫과 나머지가 8 비트인 바이트 나눗셈과 몫과 나머지가 16 비트인 워드 나눗셈으로 구분된다.

부호 있는 나눗셈에서 피제수와 제수의 부호가 다르면 몫은 음수가 되고 나머지는 피제수와 동일한 부호를 가진다. 곱셈과 같이 피제수, 몫, 나머지 레지스터는 미리 지정되어 있고 제수는 사용자가 선택된 8 비트나 16 비트 레지스터 또는 메모리 변수가 사용된다. 다음은 DIV와 IDIV 명령어의 일반적인 형식과 바이트 나눗셈과 워드 나눗셈의 형식을 나타낸다. DIV와 IDIV 명령어는 제수를 오퍼랜드로 가지며 제수의 크기에 따라 바이트 나눗셈인지 워드 나눗셈인지가 결정된다.

```
(일반 형식) DIV   제수(divisor)        ; 부호 없는 수의 나눗셈
           IDIV  제수(divisor)        ; 부호 있는 수의 나눗셈
```

형식	피제수	제수	몫	나머지
바이트 나눗셈	16 비트	8 비트	8 비트	8 비트
	AX	레지스터 메모리 변수	AL	AH
워드 나눗셈	32 비트	16 비트	16 비트	16 비트
	DX:AX	레지스터 메모리 변수	AX	DX

피제수는 크기가 적합하더라도 제수가 너무 작은 값이면 몫이 너무 커서 지정된 몫 레지스터에 값을 저장하지 못하게 된다. 이런 경우 프로그램은 종료되고 "Divide Overflow"라는 메시지가 출력된다. 예를 들어 피제수를 16 비트로 나타낼 수 있다고 하더라도 몫이 8 비트로 저장할 수 없다면 바이트 나눗셈 대신 워드 나눗셈을 선택한다.

◆ [예제 8.7]

DX가 0000H, AX가 0010H, BX가 FFFBH일 때 다음의 DIV와 IDIV 명령어를 실행한 결과를 비교하라.

DIV BX => 부호 없는 수의 워드 나눗셈이다. 피제수 DX:AX(16)에 제수 BX(65531)를 나누면 몫은 0이고 나머지는 16이므로 AX에 0000H가 저장되고 DX에 0010H가 저장된다.

IDIV BX => 부호 있는 수의 워드 나눗셈이다. 피승수 DX:AX(16)에 제수 BX(-5)를 나누면 몫은 -3이고 나머지는 1이므로 AX에 FFFDH가 저장되고 DX에 0001H가 저장된다.

◆ [예제 8.8]

AX가 00FBH, 바이트 변수 BYT가 FFH일 때 다음의 DIV와 IDIV 명령어를 실행한 결과를 비교하라.

DIV BYT => 부호 없는 수의 바이트 나눗셈이다. 피제수 AX(251)에 제수 BYT(255)를 나누면 몫은 0이고 나머지는 251이므로 AL에 00H가 저장되고 AH에 FBH가 저장된다.

IDIV BYT => 부호 있는 수의 바이트 나눗셈이다. 피승수 AX(251)에 제수 BYT(-1)를 나누면 몫은 -251이고 나머지는 0이 된다. 몫을 8 비트로 저장할 수 없으므로 "Divide Overflow"가 출력된다.

피제수의 부호 확장

피제수의 크기가 AX에 적합하지만 몫이 너무 커서 바이트 나눗셈을 사용할 수 없는 경우에 워드 나눗셈을 위해 피제수를 16 비트에서 32 비트로 확장을 하여야 한다. 부호 없는 DIV 명령어에서는 DX를 0으로 만들고 부호 있는 IDIV 명령어에서는 DX가 AX의 부호 확장한 값을 가지도록 하여야 한다. 8086 프로세서는 16 비트 AX를 32 비트 DX:AX로 부호 확장해주는 CWD 명령어를 제공한다.

[예제 8.9]

-600이 저장된 워드 변수 WRD를 3으로 나누는 어셈블리언어 코드를 작성하라.

-600은 16 비트로 표현할 수 있지만 -600을 3으로 나눈 몫 -200은 8 비트로 표현할 수 없기 때문에 워드 나눗셈을 선택하여야 한다.

```
MOV     AX,WRD          ; -600을 AX에 저장한다.
CWD                     ; 피제수를 부호 확장한다.
MOV     BX,3            ; BX을 제수로 선택하고 3을 저장한다.
IDIV    BX              ; 부호 있는 워드 나눗셈을 실행한다.
```

마찬가지로 피제수가 8 비트인 경우 8086 프로세서에서 나눗셈을 실행하기 위해서는 피제수를 16 비트로 확장하여야 한다. 부호 없는 DIV 명령어에서는 AH를 0으로 만들고 부호 있는 IDIV 명령어에서는 AH가 AL의 부호 확장한 값을 가지도록 하여야 한다. 8086 프로세서는 8 비트 AL를 16 비트 AX로 부호 확장해주는 CBW 명령어를 제공한다.

◆ **[예제 8.10]**

-50이 저장된 바이트 변수 BYT를 -8로 나누는 어셈블리언어 코드를 작성하라.

피제수 -50은 8 비트이므로 바이트 나눗셈을 실행하기 위해 CBW 명령어를 사용하여 16 비트로 부호 확장한다.

```
MOV    AL,BYT        ; -50을 AL에 저장한다.
CBW                  ; 피제수를 16 비트로 부호 확장한다.
MOV    BL,-8         ; BL에 -8을 저장한다.
IDIV   BL            ; 부호 있는 바이트 나눗셈을 실행한다.
```

8.4 10진수 입출력

2진수와 16진수 입출력 프로그램은 논리, 이동, 회전 명령어를 사용하여 구현할 수 있지만 10진수 입출력 프로그램은 10진수의 자릿수를 고려하기 위해 10을 곱하는 곱셈 명령과 10을 나누는 나눗셈 명령을 사용하여야 한다. 사람들이 10진수에 익숙하기 때문에 10진수 입출력 프로그램은 배열 등의 다양한 데이터를 사용하는 프로그램에서 많이 사용된다.

10진수 입력

일반적으로 10진수 데이터 입력은 프로그램에서 많이 사용되기 때문에 10진수 입력 코드를 프로시저로 작성하여 프로그램에서 호출하여 사용하는 것이 편리하다. 그래서 부호 있는 10진수를 입력 받아 레지스터에 저장하는 INDECM 프로시져를 작성하는 방법을 알아본다. 입력되는 10진수의 범위는 -32768에서 32767까지이고 저장되는 레지스터로 AX를 사용한다. 10진 문자가 입력되면 10진 값으로 변환한 후에 이전에 저장된 10진 값들에 10을 곱한 후에 새로 입력된 10진 값을 더하여 저장한다. 10진수 입력은 ENTER나 ' '가 입력되면 종료되고 10진 문자열인 '0'-'9' 이외의 문자가 입력되면 @ERROR로 이동하여 프로그램을 다시 시작하도록 한다.

다음은 10진수 입력 프로시져인 INDECM 프로시져에 대한 알고리즘을 나타낸다. AX가 문자 입출력 코드에 사용되므로 입력되는 10진수의 중간 값은 BX에 저장하고 마지막에 AX로 이동하여 저장한다. 부호 있는 수가 입력되므로 양수이면 CX에 0을 저장하고 음수이면 CX에 1을 저장한다.

```
BX와 CX를 0으로 초기화한다.
한 문자를 입력 받는다.
CASE  AL
        '-' :  CX에 1(음수)을 저장하고 새로운 문자를 입력 받는다.
        '+' :  새로운 문자를 입력 받는다.
END_CASE
DO WHILE문
    IF 입력 문자가 '0'-'9'가 아니면
        THEN @ERROR로 이동하여 처음부터 다시 시작한다.
        ELSE 10진 문자를 10진 값으로 변환한다.
           IF (DEC(i+1)=DEC(i)×10+10진 값)에서 오버플로우 발생하면
             THEN @OVERFLOW 이동한다.
             ELSE DEC(i+1)를 BX에 저장한다.
           END_IF
    END_IF
```

```
    새로운 10진 문자를 입력 받는다.
    입력 문자가 ENTER이거나 ' '이면 WHILE문 수행을 종료한다.
END_WHILE
IF CX가 1이면
    THEN AX를 2의 보수화하여 음수로 만든다.
END_IF
```

새롭게 저장되는 10진수 DEC(i+1)는 이전에 저장된 10진수 DEC(i)에 10을 곱하고 새롭게 입력된 10진 값을 더하여 계산된다. 이러한 과정에서 10진수 입력 범위를 벗어날 수 있다. 이전 값에서 10을 곱할 때와 새로운 10진 값을 더할 때 양수의 범위를 벗어나 음수가 되어 입력 범위를 벗어날 수 있다. 부호 있는 곱셈 연산과 덧셈 연산 후에 OF가 1이면 입력 범위를 벗어났으므로 프로그램을 다시 시작하게 한다. 그러나 입력이 -32768이면 오버플로우가 아니므로 정상적으로 프로시져가 종료되도록 한다. 다음은 INDECM 프로시져의 어셈블리언어 코드를 나타낸다.

```
INDECM  PROC
        PUSH    BX
        PUSH    CX
        PUSH    DX
        PUSH    SI
@BEGIN:
        XOR     BX,BX           ; BX를 0으로 초기화한다.
        XOR     CX,CX           ; CX(부호)를 0으로 초기화한다.
        MOV     AH,1
        INT     21H             ; 한 문자를 입력 받는다.
```

```
        CMP     AL,'-'
        JE      @MINUS
        CMP     AL,'+'
        JE      @PLUS
        JMP     @DO_WHILE
@MINUS:
        MOV     CX,1              ; 음수이면 CX에 1을 저장한다.
@PLUS:
        INT     21H
@DO_WHILE:
        CMP     AL,'0'
        JB      @ERROR            ; 10진 문자가 아니면 @ERROR로 이동한다.
        CMP     AL,'9'
        JA      @ERROR            ; 10진 문자가 아니면 @ERROR로 이동한다.
        AND     AX,000FH          ; 10진 값으로 변환한다.
        MOV     SI,AX             ; 곱셈을 위해 SI에 임시 저장안다.
        MOV     AX,10             ; 피승수를 10으로 설정한다.
        IMUL    BX                ; DEC(i)을 승수로 워드 곱셈한다.
        JO      @OVERFLOW         ; OF가 1이면 @ERROR로 이동한다.
        MOV     BX,SI             ; 10진 값을 BX에 다시 저장한다.
        ADD     BX,AX             ; 10진 값을 더하여 DEC(i+1)을 계산한다.
        JO      @OVERFLOW         ; OF가 1이면 @ERROR로 이동한다.
        MOV     AH,1
        INT     21H
; 입력 문자가 ENTER이거나 ' '이면 WHILE문 수행을 종료한다.
        CMP     AL,0DH
        JE      @END_WHILE
        CMP     AL,' '
        JE      @END_WHILE
```

```
        JMP     @DO_WHILE
@END_WHILE:
        MOV     AX,BX           ; 최종값을 AX에 저장한다.
        CMP     CX,0
        JE      @EXIT
        NEG     AX              ; CX가 1이면 음수로 만든다.
@EXIT:
        POP     SI
        POP     DX
        POP     CX
        POP     BX
        RET
@OVERFLOW:
; 입력 -32768은 오버플로우가 아니므로 @END_WHILE로 이동한다.
        CMP     BX,32768
        JNE     @ERROR          ; 32768보다 크면 @END_WHILE로 이동한다.
        CMP     CX,1
        JNE     @ERROR          ; +32768이면 @END_WHILE로 이동한다.
        JMP     @END_WHILE
@ERROR:
        MOV     AH,2
        MOV     DL,0DH
        INT     21H
        MOV     DL,0AH
        INT     21H
        JMP     @BEGIN          ; 처음부터 다시 시작한다.
INDECM ENDP
```

10진수 출력

10진수 출력 코드는 16 비트 레지스터나 메모리 변수의 내용을 화면에 10진 문자들로 차례로 출력하기 위해 사용된다. 10진수 출력은 디버거 프로그램을 사용하지 않고 레지스터나 특정 메모리 변수의 내용을 화면에 출력하기 위해 사용된다. 프로그램에서 10진수 출력을 많이 사용하기 때문에 10진수 출력 코드를 프로시저로 작성하여 프로그램에서 호출하는 것이 편리하다. 그래서 AX 레지스터의 내용을 부호 있는 10진수로 출력하는 OUTDECM 프로시저를 작성하는 방법을 알아본다.

출력할 10진 값을 얻기 위해 몫이 0이 될 때까지 AX를 10으로 계속 나눈 나머지를 스택에 저장한다. 예를 12345를 10으로 계속 나누면 10진 값인 5, 4, 3, 2, 1이 차례로 스택에 저장된다. 스택에서 10진 값을 차례로 꺼내면 자리 수가 가장 높은 10진 값부터 차례로 출력된다.

피제수	제수	몫	나머지
12345	10	1234	5 (스택에 저장)
1234	10	123	4 (스택에 저장)
123	10	12	3 (스택에 저장)
12	10	1	2 (스택에 저장)
1	10	0	1 (스택에 저장)

다음은 AX 레지스터의 내용을 부호 있는 10진수로 출력하는 OUTDECM 프로시저의 알고리즘과 어셈블리언어 코드를 나타낸다.

```
IF AX가 음수이면
    THEN '-' 부호를 출력하고 2의 보수화하여 양수로 만든다.
END_IF
루프 카운터를 0으로 초기화한다.
DO WHILE문
    몫을 10으로 나눈다.
    나머지를 스택에 저장한다.
    루프 카운터를 1 증가시킨다.
    몫이 0이 될 때까지 WHILE문 수행을 계속한다.
END_WHILE
FOR문
    스택에서 10진 값을 꺼낸다.
    10진 문자로 변환하여 출력한다.
END_FOR
```

```
OUTDECM  PROC
        PUSH    AX
        PUSH    BX
        PUSH    CX
        PUSH    DX

        CMP     AX,0
        JGE     @END_IF         ; AX가 양수이면 @END_IF로 이동한다.
        PUSH    AX              ; '-' 출력을 위해 스택에 임시 저장한다.
        MOV     DL,'-'
```

```
        MOV     AH,2
        INT     21H             ; '-'를 출력한다.
        POP     AX
        NEG     AX              ; 2의 보수화하여 양수로 만든다.
@END_IF:
        XOR     CX,CX           ; 루프 카운터를 0으로 만든다.
        MOV     BX,10           ; 제수 10을 BX에 저장한다.
@FIND_DEC:
        XOR     DX,DX           ; 워드 나눗셈을 위해 DX에 0을 저장한다.
        DIV     BX              ; 부호 없는 워드 나눗셈을 실행한다.
        PUSH    DX              ; 나머지를 스택에 저장한다.
        INC     CX              ; 루프 카운터를 1 증가시킨다.
        CMP     AX,0
        JNE     @FIND_DEC       ; 몫이 0이 아니면 계속 수행한다.
        MOV     AH,2
@OUT_LOOP:
        POP     DX              ; 스택에서 10진 값을 꺼낸다.
        OR      DL,30H          ; 10진 문자로 변환한다.
        INT     21H             ; 10진 문자를 출력한다.
        LOOP    @OUT_LOOP

        POP     DX
        POP     CX
        POP     BX
        POP     AX
        RET
OUTDECM ENDP
```

◆ [예제 8.11]

INDECM과 OUTDECM 프로시저를 사용하여 10진수를 입력 받아 그대로 출력하는 프로그램을 작성하라.

(실행) ?12345 ?-3679
12345 -3679

10진수 입출력 프로시저인 INDECM과 OUTDECM 프로시저를 사용하여 10진수를 입력 받고 그대로 출력한다. INDECM과 OUTDECM 프로시저를 각각 INDECM.ASM과 OUTDECM.ASM에 저장하고 프로그램에서 INCLUDE하여 사용한다. INCLUDE는 어떤 프로그램에서 다른 파일에 있는 프로그램을 다시 입력하지 않고 삽입시키기 위해 사용되며 파일의 경로(PATH)를 정확하게 설정해주어야 한다. 앞으로 프로그램 예제에서 INDECM과 OUTDECM 프로시저는 작성하는 프로그램과 동일한 디렉터리에 있다고 가정하고 프로그램에 삽입한다.

```
(일반 형식) INCLUDE  파일명          ; 파일을 삽입(PATH 설정)
예)         INCLUDE  INDECM.ASM      ; INDECM 삽입
예)         INCLUDE  OUTDECM.ASM     ; OUTDECM 삽입
```

?를 출력한다.

INDECM 프로시저를 사용하여 10진수를 입력 받는다.

새로운 줄로 이동하기 위해 입력 받은 10진수를 스택에 저장한다.

입력된 10진수를 스택에서 꺼낸다.

OUTDECM 프로시저를 사용하여 입력된 10진수를 출력한다.

```
.MODEL SMALL
.STACK 100H
.CODE
MAIN    PROC
        MOV     AH,2
        MOV     DL,'?'
        INT     21H             ; '?'를 출력한다.
        CALL    INDECM
        PUSH    AX              ; 입력된 10진수를 스택에 저장한다.

        MOV     AH,2
        MOV     DL,0DH
        INT     21H
        MOV     DL,0AH
        INT     21H
        POP     AX              ; 입력된 10진수를 스택에서 꺼낸다.
        CALL    OUTDECM         ; 10진수를 출력한다.
        MOV     AH,4CH
        INT     21H
MAIN    ENDP

INCLUDE         INDECM.ASM      ; INDECM 프로시저를 삽입한다.
INCLUDE         OUTDECM.ASM     ; OUTDECM 프로시저를 삽입한다.
        END     MAIN
```

8.5 프로시져와 곱셈 나눗셈에 대한 실습 예제

◆ [실습 8.1]

스택을 이용하여 입력한 문자 중에 소문자들의 대문자들을 역순으로 차례로 출력하는 프로그램을 작성하라.

(실행) ?8aC^r3d%eT#
EDRA

WHILE문을 사용하여 한 줄의 문자들을 입력 받고 소문자인지를 확인하여 소문자이면 스택에 저장한다. 스택은 마지막에 저장된 소문자를 가장 먼저 꺼내기 때문에 스택에 저장된 소문자를 꺼내어 대문자로 변환하여 출력하면 입력한 소문자들의 역순으로 대문자들을 차례로 출력하게 된다. 스택에 저장된 소문자 개수를 알기 위해 카운터를 사용한다.

```
?를 출력한다.
카운터를 0으로 초기화한다.
한 문자를 입력 받는다.
WHILE문
   입력 문자가 ENTER이면 WHILE문 수행을 종료한다.
   IF 문자가 소문자이면
      THEN 스택에 저장하고 카운터를 1 증가시킨다.
   END_IF
   새로운 문자를 입력 받고 WHILE문 수행을 반복한다.
END_WHILE
스택에 저장된 소문자가 없으면 FOR문을 수행하지 않고 건너뛴다.
FOR문
```

```
    스택에서 소문자를 꺼낸다.
    대문자로 변환하여 출력한다.
END_FOR
```

```
.MODEL SMALL
.STACK 100H
.CODE
MAIN    PROC
        MOV     AH,2
        MOV     DL,'?'
        INT     21H             ; '?'를 출력한다.
        XOR     CX,CX           ; 카운터를 0으로 초기화한다.
        MOV     AH,1
        INT     21H             ; 한 눈자를 입력 받는다.
@WHILE:
; 입력 문자가 ENTER이면 WHILE문  수행을 종료한다.
        CMP     AL,0DH
        JE      @END_WHILE
; 입력 문자가 소문자가 아니면 스택에 저장하지 않는다.
        CMP     AL,'a'
        JB      @NEXT
        CMP     AL,'z'
        JA      @NEXT
        PUSH    AX              ; 소문자를 스택에 저장한다.
        INC     CX              ; 카운터를 1 증가시킨다.
@NEXT:
        INT     21H             ; 새로운 문자를 입력 받는다.
```

```
        JMP     @WHILE
@END_WHILE:
        MOV     AH,2
        MOV     DL,0DH
        INT     21H
        MOV     DL,0AH
        INT     21H

; 스택에 저장된 문자가 없으면 @EXIT로 이동한다.
        JCXZ    @EXIT
        MOV     AH,2
@OUTPUT:
        POP     DX              ; 스택에서 소문자를 꺼낸다.
        AND     DL,0DFH         ; 대문자로 변환한다.
        INT     21H             ; 대문자를 출력한다.
        LOOP    @OUTPUT
@EXIT:
        MOV     AH,4CH
        INT     21H
MAIN    ENDP
        END     MAIN
```

◆ [실습 8.2]

16진수를 읽어 10진수로 출력하는 프로그램을 작성하라.

```
(실행)  ?7FFF           ?1234
        32767           4660
```

16진수 입력 코드를 사용하여 16진수를 입력 받고 OUTDECM 프로시져를 사용하여 10진수로 출력한다.

?를 출력한다.
16진수를 입력 받아 BX에 저장한다.
OUTDECM 프로시져를 사용하여 10진수로 출력한다.

```
.MODEL SMALL
.STACK 100H
.CODE
MAIN    PROC
        MOV     AH,2
        MOV     DL,'?'
        INT     21H

; 16진수를 입력 받아 BX에 저장한다.
        XOR     BX,BX
        MOV     CL,4
        MOV     AH,1
        INT     21H
@WHILE:
        CMP     AL,0DH
        JE      @END_WHILE
        CMP     AL,39H
        JG      @LETTER
        AND     AL,0FH
        JMP     @SHIFT
```

```
@LETTER:
        SUB     AL,37H
@SHIFT:
        SHL     BX,CL
        OR      BL,AL
        INT     21H
        JMP     @WHILE
@END_WHILE:

        MOV     AH,2
        MOV     DL,0DH
        INT     21H
        MOV     DL,0AH
        INT     21H
        MOV     AX,BX           ; 입력된 16진수를 AX에 저장한다.
        CALL    OUTDECM         ; 10진수로 출력한다.
        MOV     AH,4CH
        INT     21H
MAIN    ENDP

INCLUDE         OUTDECM.ASM
        END     MAIN
```

◆ [실습 8.3]

N!을 계산하는 FACTORIAL 프로시저를 작성하고 입력 받은 N의 N!을 계산하여 출력하는 프로그램을 작성하라.

(실행) ?10
24320

INDECM 프로시져를 사용하여 N을 입력 받고 N!을 계산한 결과를 OUTDECM 프로시져를 사용하여 출력한다. N!을 계산하는 FACTORIAL 프로시져는 FOR문을 사용하여 곱 레지스터에 루프 카운터 값을 계속 곱하여 N!=(N×(N-1)×(N-2)×⋯×1)를 계산한다.

?를 출력한다.
10진수 N을 입력 받아 루프 카운터에 저장한다.
FACTORIAL 프로시져에서 N!를 계산한다.
N! 결과를 10진수로 출력한다.

[FACTORIAL 프로시져]
곱 레지스터(AX)를 1로 초기화한다.
FOR문
  곱(AX) = 곱(AX) × 루프 카운터(CX)
END_FOR

```
.MODEL SMALL
.STACK 100H
.CODE
MAIN    PROC
        MOV     AH,2
        MOV     DL,'?'
```

```
        INT     21H             ; '?'를 출력한다.
        CALL    INDECM
        MOV     CX,AX           ; N을 입력 받아 CX에 저장한다.

        MOV     AH,2
        MOV     DL,0DH
        INT     21H
        MOV     DL,0AH
        INT     21H
        CALL    FACTORIAL       ; N!를 계산한다.
        CALL    OUTDECM         ; 결과를 10진수로 출력한다.
        MOV     AH,4CH
        INT     21H
MAIN    ENDP

FACTORIAL       PROC
        MOV     AX, 1           ; AX를 1로 초기화한다.
@TOP:   MUL     CX              ; AX에 CX를 곱하여 AX에 저장한다.
        LOOP    @TOP            ; CX가 0보다 크면 곱셈을 계속한다.
        RET
FACTORIAL       ENDP

INCLUDE         INDECM.ASM
INCLUDE         OUTDECM.ASM
        END     MAIN
```

◆ [실습 8.4]

INDECM과 OUTDECM 프로시져를 사용하여 초 단위로 입력된 시간을 (Hour:Min:Sec)로 표시하는 프로그램을 작성하라.

실행) ?10000
2:46:40

초 단위로 입력된 시간을 60으로 나누어 나머지를 SECOND에 저장하고 몫은 다시 60으로 나누어 몫은 HOUR, 나머지는 MINUTE에 저장한다. 변환된 (시, 분, 초)를 OUTDECM 프로시져를 사용하여 순서대로 출력한다.

?를 출력한다.
INDECM 프로시져를 사용하여 초 단위로 표현된 시간을 입력 받는다.
60으로 나눈 나머지를 SECOND에 저장한다.
몫을 다시 60으로 나눈 나머지를 MINUTE에 저장한다.
몫은 HOUR에 저장한다.
HOUR를 10진수로 출력하고 ':'를 문자 출력한다.
MINUTE를 10진수로 출력하고 ':'를 문자 출력한다.
SECOND를 10진수로 출력한다.

```
.MODEL SMALL
.STACK 100H
.DATA
HOUR        DW    ?
MINUTE      DW    ?
```

```
SECOND          DW      ?

.CODE
MAIN    PROC
        MOV     AX,@DATA
        MOV     DS,AX
        MOV     AH,2
        MOV     DL,'?'
        INT     21H             ; '?'를 출력한다.
        CALL    INDECM          ; 초단위의 시간을 입력 받는다.
        XOR     DX,DX           ; 나눗셈을 위해 DX에 0을 저장한다.
        MOV     BX,60           ; 승수 60을 BX에 저장한다.
        DIV     BX              ; 입력 받은 초를 60으로 나눈다.
        MOV     SECOND,DX       ; 나머지를 SECOND에 저장한다.
        XOR     DX,DX           ; 나눗셈을 위해 DX에 0을 저장한다.
        DIV     BX              ; 몫을 다시 60으로 나눈다.
        MOV     MINUTE,DX       ; 나머지는 MINUTE에 저장한다.
        MOV     HOUR,AX         ; 몫은 HOUR에 저장한다.
        MOV     AH,2
        MOV     DL,0DH
        INT     21H
        MOV     DL,0AH
        INT     21H

        MOV     AX,HOUR
        CALL    OUTDECM         ; HOUR를 출력한다.
        MOV     AH,2
        MOV     DL,':'
        INT     21H             ; ':'를 출력한다.
```

```
        MOV     AX,MINUTE
        CALL    OUTDECM         ; MINUTE를 출력한다.
        MOV     AH,2
        MOV     DL,':'
        INT     21H             ; ':'를 출력한다.
        MOV     AX,SECOND
        CALL    OUTDECM         ; SECOND를 출력한다.
        MOV     AH,4CH
        INT     21H
MAIN    ENDP

INCLUDE         INDECM.ASM
INCLUDE         OUTDECM.ASM
        END     MAIN
```

◆ [실습 8.5]

INDECM과 OUTDECM 프로시져를 사용하여 (a×b -|a|)를 연산하여 출력하는 프로그램을 작성하라.

```
(실행)  ?-25 10
        -275
```

10진수 워드 변수 a와 b를 입력 받아 워드 곱셈과 절대치 변환을 이용하여 수식 (a×b -|a|)를 계산한다. 곱셈 연산에서 오버플로우는 발생하지 않는다고 가정한다.

?를 출력한다.
워드 변수 a를 입력 받아 스택에 저장한다.
워드 변수 b를 입력 받아 AX에 저장한다.
스택에서 a를 꺼내어 BX에 저장한다.
워드 곱셈 a×b을 수행한다.
a가 음수이면 2의 보수화하여 절대값 |a|를 구한다.
(a×b -|a|) 연산을 수행하고 결과를 스택에 저장한다.
새로운 줄로 이동하고 스택에서 연산 결과를 AX로 꺼낸다.
연산 결과를 10진수로 출력한다.

```
.MODEL SMALL
.STACK 100H
.CODE
MAIN    PROC
        MOV     AH,2
        MOV     DL,'?'
        INT     21H
        CALL    INDECM
        PUSH    AX              ; 워드 변수 a를 스택에 저장한다.

        CALL    INDECM          ; b는 AX에 저장한다.
        POP     BX              ; a를 스택에서 꺼내어 BX에 저장한다.
        IMUL    BX              ; a×b를 계산하여 AX에 저장한다.
        CMP     BX,0
        JGE     @NEXT
        NEG     BX              ; a가 음수이면 2의 보수화한다.
@NEXT:
```

```
        SUB     AX,BX           ; a×b -|a|를 계산한다.
        PUSH    AX              ; 스택에 임시로 저장한다.
        MOV     AH,2
        MOV     DL,0DH
        INT     21H
        MOV     DL,0AH
        INT     21H
        POP     AX              ; 연산 결과를 스택에서 꺼낸다.
        CALL    OUTDECM         ; 10진수로 출력한다.
        MOV     AH,4CH
        INT     21H
MAIN    ENDP

INCLUDE         INDECM.ASM
INCLUDE         OUTDECM.ASM
        END     MAIN
```

◆ [실습 8.6]

INDECM 프로시저를 사용하여 a, b를 입력 받고 (|b|×b- a×b+5×a)를 연산하여 출력하는 프로그램을 작성하라.

```
실행)   ?50 -20
        850
```

워드 변수 a와 b를 입력 받아 저장한다. |b|×b, a×b, 5×a를 차례로 계산한 후에 (|b|×b-a×b+5×a) 수식을 연산한다. 연산 결과를 10진수로 출력한다.

?를 출력한다.

워드 변수 a와 b를 입력 받아 저장한다.

b의 절대값을 구한 후 ㅣbㅣ×b를 계산한다.

a×b와 5×a를 계산한다.

(ㅣbㅣ×b-a×b+5×a)를 계산한다.

계산한 결과를 10진수로 출력한다.

```
.MODEL SMALL
.STACK 100H
.DATA
VarA    DW      ?
VarB    DW      ?
.CODE
MAIN    PROC
        MOV     AX,@DATA
        MOV     DS,AX
        MOV     AH,2
        MOV     DL,'?'
        INT     21H             ; '?'를 출력한다.

        CALL    INDECM
        MOV     VarA,AX         ; 워드 변수 a를 VarA에 저장한다.
        CALL    INDECM
        MOV     VarB,AX         ; 워드 변수 b를 VarB에 저장한다.
        CMP     AX,0
        JGE     @NEXT
```

```
        NEG     AX              ; |b|를 구한다.
@NEXT:
        IMUL    VarB            ; (|b|×b)를 계산한다.
        MOV     BX,AX           ; BX에 (|b|×b)를 저장한다.

        MOV     AX,VarA
        IMUL    VarB            ; a×b를 계산한다.
        SUB     BX,AX           ; (|b|×b-a×b) 결과를 BX에 저장한다.
        MOV     AX,5
        IMUL    VarA            ; 5×a를 계산한다.
        ADD     BX,AX           ; (|b|×b-a×b+5×a)를 계산한다.

        MOV     AH,2
        MOV     DL,0DH
        INT     21H
        MOV     DL,0AH
        INT     21H
        MOV     AX,BX           ; (|b|×b-a×b+5×a)를 AX에 저장한다.
        CALL    OUTDECM         ; 연산 결과를 10진수로 출력한다.
        MOV     AH,4CH
        INT     21H
MAIN    ENDP

INCLUDE         INDECM.ASM
INCLUDE         OUTDECM.ASM
        END     MAIN
```

연습문제

8.1 스택을 이용하여 입력 받은 데이터의 절대값을 역순으로 출력하는 프로그램을 작성하라.

(실행) ?40 -30 70 20 -90
90 20 70 30 40

8.2 섭씨(C)를 화씨(F)로 변환하는 공식 F=(9/5*C+32)에 따라 입력된 섭씨 온도에 대한 화씨 온도를 구하여 출력하는 프로그램을 작성하라.

(실행) ?25
77

8.3 (Hour, Minute, Second)로 입력된 시간을 초단위로 환산하여 출력하는 프로그램을 작성하라.

(실행) ?2 30 50
9050

8.4 (Year, Day, Hour)로 입력된 시간을 Hour 단위로 환산하여 출력하는 프로그램을 작성하라.

(실행) ?3 240 10
32050

8.5 a, b를 차례로 입력 받아 (｜a｜×b-3×b-a×a)를 계산하여 출력하는 프로그램을 작성하라.

(실행) ?-25 45
365

9
Chapter

배열과 응용

9.1 일차원 배열

일차원 배열은 모두 같은 크기의 요소들이 메모리에 순차대로 저장된 리스트를 나타낸다. N개 요소의 일차원 배열 ArrayW는 동일한 크기의 요소 ArrayW[0] ArrayW[1] ArrayW[2] … ArrayW[N-1]로 구성된다. 요소의 크기가 바이트이면 바이트 배열이 되고 요소의 크기가 워드이면 워드 배열이 된다. 문자열은 요소가 바이트인 바이트 배열이다. 일차원 배열은 다음과 같이 정의된다.

```
(일반 형식)  배열이름  DB(DW)  초기값
ArrayW    DB      10,20,30,40,50     ; 5개의 요소를 가지는 바이트 배열
ArrayA    DW      1000,-5000,9000  ; 3개의 요소를 가지는 워드 배열
```

DUP 연산자

배열을 정의할 때 배열 요소의 개수가 적으면 각 요소들의 초기값을 차례대로 나타내면 되지만 요소의 개수가 많으면 초기값을 나타내는 것이 쉽지 않다. 배열의 요소들은 초기에는 대부분 중요한 데이터를 가지지 않고 모두 0이거나 초기화되지 않는 값(?)을 가지는 경우가 많다. 이와 같이 배열의 요소가 공통의 초기값을 가지는 경우 배열의 초기값을 쉽게 정의하기 위해 8086 어셈블러는 DUP 연산자를 제공한다. 다음은 DUP 연산자의 일반적인 형식을 나타낸다.

```
(일반 형식)  반복 횟수    DUP   (초기값)
ArrayB   DW 50 DUP (0)    ; 0으로 초기화된 50개의 워드 배열
ArrayC   DB  10 DUP (?)   ; 초기화 되지 않은 10개의 바이트 배열
ArrayD   DB  3 DUP (1, -1, 2 DUP (0), -2)     ; 15개의 바이트 배열
ArrayD   DB  1, -1, 0, 0, -2, 1, -1, 0, 0, -2, 1, -1, 0, 0, -2
```

일차원 배열의 주소

N개의 요소를 갖는 일차원 배열 ArrayW에서 배열의 옵셋 주소 ArrayW를 배열의 베이스 주소라고 한다. 배열 요소의 바이트 수를 S라고 할 때 ArrayW[i]의 주소는 ArrayW+i×S이고 ArrayW[i+1]의 주소는 ArrayW+(i+1)×S이다. 다음은 일차원 배열 ArrayW의 각 요소별 주소를 나타낸다. 배열의 인덱스(i)가 증가할 때마다 바이트 배열은 주소가 1 증가하고 워드 배열은 주소가 2 증가한다.

배열 ArrayW의 요소	바이트 배열(S=1)	워드 배열(S=2)
ArrayW[0]	ArrayW	ArrayW
ArrayW[1]	ArrayW+1	ArrayW+2
ArrayW[2]	ArrayW+2	ArrayW+4
ArrayW[3]	ArrayW+3	ArrayW+6
⋮	⋮	⋮
ArrayW[i]	ArrayW+i	ArrayW+2i
ArrayW[i+1]	ArrayW+i+1	ArrayW+2(i+1)
⋮	⋮	⋮
ArrayW[N-1]	ArrayW+N-1	ArrayW+2(N-1)

[예제 9.1]

워드 배열 ArrayW의 요소 ArrayW[5]와 ArrayW[6]의 내용을 서로 바꾸는 어셈블리언어 코드를 작성하라.

워드 배열 ArrayW의 요소 ArrayW[i]의 주소는 (ArrayW+2i)이므로 요소

ArrayW[5]의 주소는 ArrayW+10이고 ArrayW[6]의 주소는 ArrayW+12이다. 배열의 각 요소들은 메모리에 차례대로 저장되어 있으므로 서로 바꾸기 위해서는 한 요소는 레지스터에 저장하여 XCHG 명령어를 사용해야 한다.

```
MOV     AX,ArrayW+10        ; ArrayW[5]를 AX에 저장한다.
XCHG    AX,ArrayW+12        ; AX와 ArrayW[6]을 서로 바꾼다.
MOV     ArrayW+10,AX        ; AX를 ArrayW[5]에 저장한다.
```

[예제 9.2]

5개의 바이트 배열 ArrayW의 각 요소들을 0으로 만드는 어셈블리언어 코드를 작성하라.

바이트 배열 ArrayW[0], ArrayW[1], ArrayW[2], ArrayW[3], ArrayW[4]의 주소는 ArrayW, ArrayW+1, ArrayW+2, ArrayW+3, ArrayW+4이다. 배열의 요소가 5개이므로 각 요소들을 0으로 만드는 어셈블리언어 코드는 다음과 같이 작성할 수 있다.

```
MOV     ArrayW,0            ; ArrayW[0]에 0을 저장한다.
MOV     ArrayW+1,0          ; ArrayW[1]에 0을 저장한다.
MOV     ArrayW+2,0          ; ArrayW[2]에 0을 저장한다.
MOV     ArrayW+3,0          ; ArrayW[3]에 0을 저장한다.
MOV     ArrayW+4,0          ; ArrayW[4]에 0을 저장한다.
```

만약 배열의 요소가 많다면 프로그램의 코드가 커지기 때문에 FOR문 구조를 사용하는 것이 바람직하다. 위의 코드를 FOR문으로 나타내기 위해서는 오퍼랜드에 배열 요소의 주소를 직접 나타내지 않아야 한다. 그래서 배열 요소들의 주소를 효과적으로 만들어주는 다양한 주소 지정 방법이 필요하다.

9.2 주소 지정 모드

프로세서는 명령어 실행에서 사용하는 데이터를 효율적으로 접근하기 위해 다양한 주소 지정 모드를 제공한다. 주소 지정 모드에는 레지스터와 메모리 변수의 내용, 상수 등의 오퍼랜드를 읽고 쓰기 위한 다양한 방법이 포함되며 특히 배열 등의 메모리 변수들을 접근하는데 필요한 주소를 생성하는 다양한 방법들을 제공한다. 그래서 사용하는 데이터의 형태에 따라 가장 적합한 주소 지정 모드를 사용하여 어셈블리 프로그램을 작성하여야 한다.

레지스터 모드와 즉치 모드

레지스터 모드는 오퍼랜드가 레지스터인 경우에 사용하고 즉치 모드(immediate mode)는 오퍼랜드가 상수인 경우에 사용한다. 레지스터는 프로세서 내부에서 데이터를 임시 저장하기 위해 사용되기 때문에 레지스터 모드는 프로그램을 작성할 때에 많이 사용된다. 즉치 모드는 레지스터나 메모리 변수에 특정 값을 설정할 때 사용된다. 다음은 레지스터 간접 모드와 즉치 모드의 사용 예를 나타낸다.

```
MOV     AX,BX       ; 레지스터 모드
ADD     BYT,BL      ; 레지스터 모드
MOV     DX,0        ; 즉치 모드, DX에 상수 0을 저장한다.
```

직접 모드와 레지스터 간접 모드

직접 모드는 오퍼랜드가 메모리 변수일 때 사용된다. 오퍼랜드에 변수 이름을 사용하고 실행 코드에는 변수의 옵셋 주소가 대체된다. 메모리 변수의 옵셋 주소가 실행 코드에 직접 포함되므로 직접 모드라고 한다.

레지스터 간접 모드는 레지스터가 메모리 변수의 주소를 가지고 있는 모드로 레지스터는 포인터 역할을 한다. 배열 등과 같은 연속적인 데이터를 가지는 경우 배열의 인덱스에 따라 주소는 일정한 크기로 증가하는데 레지스터 간접 모드를 사용하면 ADD, INC 명령어를 사용하여 인덱스에 따라 주소를 쉽게 증가하거나 감소시킬 수 있다. 레지스터 간접 모드는 오퍼랜드에 [레지스터]의 형태로 나타나며 BX, SI, DI, BP 레지스터만 사용할 수 있다. BX, SI, DI 레지스터는 DS 레지스터와 주소를 만들어내고 BP는 SS 레지스터와 주소를 만들어낸다. 다음은 직접 모드와 레지스터 간접 모드의 예를 나타낸다. 레지스터 간접 모드로 표현된 오퍼랜드는 메모리 위치를 나타내기 때문에 두 오퍼랜드가 모두 메모리 위치를 나타내지 않도록 주의하여야 한다.

```
MOV    WRD,BX       ; 직접 모드
MOV    AX,[BX]      ; (DS:BX)의 내용을 AX에 저장 (간접 모드)
MOV    [SI],BX      ; BX의 내용을 (DS:SI)에 저장 (간접 모드)
```

[예제 9.3]

100개의 바이트 배열 ArrayW의 각 요소들을 0으로 만드는 어셈블리언어 코드를 작성하라.

바이트 배열의 요소가 100개이면 예제 9.2의 코드로는 100개의 MOV 명령어를 사용하여야 한다. 오퍼랜드에서 각 요소의 주소는 1씩 증가한다는 것을 제외하고는 명령어 형태가 같기 때문에 배열 주소를 생성하기 위해 레지스터 간접 모드를 사용한다면 FOR문 구조로 간단하게 나타낼 수 있다. 주소 레지스터로 BX를 사용하고 FOR문을 시작하기 전에 LEA 명령어를 사용하여 ArrayW의 베이스 주소를 BX에 저장한다. FOR문에서 주소를 1 증가시키기 위해 INC 명령어를 사용한다. 배열이 워드 배열이면 배열의 크기가 2이므로 ADD 명령어를 사용하여 주소를 2 증가시켜야 한다.

```
루프 카운터를 100으로 초기화한다.
BX에 배열 ArrayW의 베이스 주소를 저장한다.
FOR문
    배열 요소 ArrayW[i]에 0을 저장한다.
    주소 레지스터 BX를 1 증가시킨다.
END_FOR
```

```
        MOV     CX,100          ; 루프 카운터를 100으로 초기화한다.
        LEA     BX,ArrayW       ; BX에 ArrayW를 저장한다.
@TOP:
        MOV     [BX],0          ; ArrayW[i]에 0을 저장한다.
        INC     BX              ; BX를 1 증가시킨다.
        LOOP    @TOP            ; 100번 반복한다.
```

베이스와 인덱스 주소 지정 모드

레지스터 간접 모드와 달리 오퍼랜드의 옵셋 주소는 레지스터의 내용에 변위를 더하여 얻어진다. 변위로는 변수의 옵셋 주소, 상수, 변수의 옵셋 주소±상수 등이 사용된다. 주소 레지스터는 반드시 BX, BP, SI, DI만을 사용하여야 하고 BX와 BP가 사용되면 베이스 주소 지정 모드를 나타내고 SI와 DI가 사용되면 인덱스 주소 지정 모드를 나타낸다. 다음은 배열의 베이스 주소 ArrayW가 변위로 사용된 베이스 주소 지정 모드와 인덱스 주소 지정 모드의 일반적인 형식을 나타낸다.

```
; 베이스 주소 지정 모드 (BX와 BP 레지스터 사용)
        [레지스터+변위]:        MOV    AX,[BX+ArrayW]
        [변위+레지스터]:        MOV    AX,[ArrayW+BX]
        [레지스터]+변위:        MOV    AX,[BX]+ArrayW
        변위+[레지스터]:        MOV    AX,ArrayW+[BX]
        변위[레지스터]:         MOV    AX,ArrayW[BX]

; 인덱스 주소 지정 모드 (SI, DI 레지스터 사용)
        [레지스터+변위]:        MOV    AX,[SI+ArrayW]
        [변위+레지스터]:        MOV    AX,[ArrayW+SI]
        [레지스터]+변위:        MOV    AX,[SI]+ArrayW
        변위+[레지스터]:        MOV    AX,ArrayW+[SI]
        변위[레지스터]:         MOV    AX,ArrayW[SI]
```

MOV AX,[BX+ArrayW]는 BX 레지스터의 내용과 변위 ArrayW를 더한 메모리 주소에서 데이터를 읽어 AX에 저장한다. 사용자는 베이스와 인덱스 주소 지정 모드의 5개 방법 중에 프로그램 코드에 따라 편리한 방법을 선택하여 사용하면 된다.

◆ **[예제 9.4]**

베이스 주소 지정 모드를 사용하여 100개의 워드 배열 ArrayW의 각 요소들을 0으로 만드는 어셈블리언어 코드를 작성하라.

주소 레지스터로 BX를 사용하고 배열의 베이스 주소 ArrayW는 변위이므로 주소 레지스터의 내용에 포함될 필요가 없다. 워드 배열이므로 주소를 2 증가시키기 위해 ADD 명령어를 사용한다.

```
루프 카운터를 100으로 초기화한다.
주소 레지스터 BX을 0으로 초기화한다.
FOR문
   배열 요소 ArrayW[i]에 0을 저장한다.
   주소 레지스터 BX를 2 증가시킨다.
END_FOR
```

```
        MOV     CX,100          ; 루프 카운터를 100으로 초기화한다.
        XOR     BX,BX           ; BX을 0으로 초기화한다.
@TOP:
        MOV     ArrayW[BX],0    ; ArrayW[i]에 0을 저장한다.
        ADD     BX,2            ; BX를 2 증가시킨다.
        LOOP    @TOP            ; 100번 반복한다.
```

일차원 배열 ArrayW[i]의 주소는 (ArrayW+i×S)이다. 레지스터 간접 모드를 사용하면 주소 레지스터의 초기값으로 배열의 베이스 주소 ArrayW를 저장하고 FOR

문에서 인덱스(i)가 1 증가할 때마다 S만큼 (바이트 1, 워드 2) 주소 레지스터를 증가시킨다. 베이스와 인덱스 주소 지정 모드의 경우 ArrayW는 변위가 되므로 주소 레지스터에 포함될 필요가 없다. 그래서 주소 레지스터의 초기값은 0이 되고 FOR문에서 인덱스(i)가 1 증가할 때마다 S만큼 (바이트 1, 워드 2) 주소 레지스터를 증가시킨다.

배열을 1개 사용할 때는 레지스터 간접 모드를 사용해도 별 문세가 없지만 프로그램에서 여러 배열을 사용하면 레지스터 간접 모드는 배열마다 주소 레지스터가 필요하지만 베이스와 인덱스 주소 지정 모드는 변위는 레지스터에 저장할 필요가 없으므로 동일한 요소 크기를 가지는 배열들은 동일한 주소 레지스터를 사용하여 프로그램을 할 수 있다.

◆ [예제 9.5]

50개의 워드 배열 ArrayW의 각 요소를 배열 ArrayP로 복사하는 어셈블리언어 코드를 레지스터 간접 모드와 인덱스 주소 지정 모드를 각각 사용하여 작성하라.

레지스터 간접 모드를 사용하면 배열 ArrayW을 위한 주소 레지스터와 배열 ArrayP의 주소 레지스터가 각각 필요하다. BX와 SI를 각각 사용한다. 인덱스 주소 지정 모드는 두 워드 배열을 위해 1개의 주소 레지스터만 사용하면 되므로 SI 레지스터를 사용한다.

[레지스터 간접 모드]

루프 카운터를 50으로 초기화한다.

BX을 ArrayW로 초기화하고 SI를 ArrayP로 초기화한다.

FOR문

  배열 요소 ArrayW[i]를 읽어 AX에 저장한다.

  AX를 배열 요소 ArrayP[i]에 저장한다.

```
    주소 레지스터 BX를 2 증가시킨다.
    주소 레지스터 SI를 2 증가시킨다.
END_FOR

[인덱스 주소 지정 모드]
루프 카운터를 50으로 초기화한다.
SI를 0으로 초기화한다.
FOR문
    배열 요소 ArrayW[i]를 읽어 AX에 저장한다.
    AX를 배열 요소 ArrayP[i]에 저장한다.
    주소 레지스터 SI를 2 증가시킨다.
END_FOR
```

```
; 레지스터 간접 모드
        MOV     CX,50           ; 루프 카운터를 50으로 초기화한다.
        LEA     BX,ArrayW       ; BX를 ArrayW로 초기화한다.
        LEA     SI,ArrayP       ; SI를 ArrayP로 초기화한다.
@TOP:
        MOV     AX,[BX]         ; ArrayW[i]를 AX에 저장한다.
        MOV     [SI],AX         ; AX를 ArrayP[i]에 저장한다.
        ADD     BX,2            ; BX를 2 증가시킨다.
        ADD     SI,2            ; SI를 2 증가시킨다.
        LOOP    @TOP            ; 50번 반복한다.
```

```
; 인덱스 주소 지정 모드
        MOV     CX,50           ; 루프 카운터를 50으로 초기화한다.
```

```
        XOR     SI,SI               ; SI을 0으로 초기화한다.
@TOP:
        MOV     AX,ArrayW[SI]       ; ArrayW[i]를 AX에 저장한다.
        MOV     ArrayP[SI],AX       ; AX를 ArrayP[i]에 저장한다.
        ADD     SI,2                ; SI를 2 증가시킨다.
        LOOP    @TOP                ; 50번 반복한다.
```

[예제 9.6]

INDECM 프로시져와 레지스터 간접 모드를 사용하여 5개 요소의 워드 배열 ArrayA를 입력 받고 배열의 합을 구하여 출력하는 프로그램을 작성하라.

```
(실행)  ?10 -20 30 -40 50
        30
```

5개의 배열 요소들을 입력 받기 위해 FOR문을 사용한다. 각 요소들은 INDECM 프로시져를 사용하여 입력 받고 레지스터 간접 모드를 사용하여 저장한다. 저장된 배열의 요소들을 모두 더한 후에 더한 결과를 OUTDECM 프로시져를 사용하여 출력한다. 배열의 주소 레지스터로 SI를 사용하고 합을 저장하는 레지스터로 BX를 사용한다.

?를 출력한다.
루프 카운터를 5로 초기화한다.
배열의 합 BX를 0으로 초기화한다.
주소 레지스터 SI를 베이스 주소 ArrayA로 초기화한다.
FOR문

INDECM 프로시저를 사용하여 배열의 요소를 입력 받는다.
레지스터 간접 모드를 사용하여 ArrayA[i]에 저장한다.
입력 받은 요소 ArrayA[i]를 합(BX)에 더한다.
주소 레지스터 SI를 2 증가시킨다.
END_FOR
새로운 줄로 이동하고 배열의 합을 출력한다.

```
.MODEL SMALL
.STACK 100H
.DATA
ArrayA  DW      5 DUP (?)
.CODE
MAIN    PROC
        MOV     AX,@DATA
        MOV     DS,AX
        MOV     AH,2
        MOV     DL,'?'
        INT     21H             ; '?'를 출력한다.

; 5개의 요소를 입력 받기 위해 FOR문을 사용한다.
        MOV     CX,5
        XOR     BX,BX           ; 합을 0으로 초기화한다.
        LEA     SI,ArrayA       ; SI를 베이스 주소 ArrayA로 초기화한다.
@IN_SUM:
        CALL    INDECM
        MOV     [SI],AX         ; 입력 받은 요소를 ArrayA[i]에 저장한다.
        ADD     BX,AX           ; 입력 받은 요소를 합에 더한다.
```

```
        ADD     SI,2                ; 주소 레지스터를 2 증가시킨다.
        LOOP    @IN_SUM

        MOV     AH,2
        MOV     DL,0DH
        INT     21H
        MOV     DL,0AH
        INT     21H
        MOV     AX,BX               ; 배열 요소의 합을 AX에 저장한다.
        CALL    OUTDECM             ; 배열 요소의 합을 출력한다.
        MOV     AH,4CH
        INT     21H
MAIN    ENDP

INCLUDE         INDECM.ASM
INCLUDE         OUTDECM.ASM
        END     MAIN
```

[예제 9.7]

INDECM 프로시져를 사용하여 7개 요소의 바이트 배열 ArrayB를 입력 받고 최대값을 가지는 요소를 구하여 출력하는 프로그램을 작성하라.

```
(실행)  ?-15 25 -40 110 -75 95 60
        110
```

7개의 바이트 배열의 요소들을 입력 받기 위해 FOR문을 사용하고 새로 입력된 요소와 최대값을 비교하여 새로 입력된 요소가 크면 입력된 값을 최대값에 저장한다. 주소 레지스터는 SI를 사용하고 최대값은 BL에 저장한다. BL의 초기값으로 배열의 첫 번째 요소를 저장하고 새로 입력된 요소와 비교한다. 입력이 종료된 후 최대 요소값은 OUTDECM 프로시저를 사용하여 출력한다.

?를 출력한다.
주소 레지스터 SI를 0으로 초기화한다.
첫번째 요소를 입력 받아 ArrayB[0]에 저장한다.
최대 요소값 BL에 ArrayB[0]를 저장한다.
루프 카운터를 6으로 초기화한다.
FOR문
  주소 레지스터 SI를 1 증가시킨다.
  배열의 요소를 입력 받아 ArrayB[i]에 저장한다.
  IF 입력 받은 ArrayB[i]가 최대값 BL보다 크면
    THEN 입력 받은 ArrayB[i]을 BL에 저장한다.
  END_IF
END_FOR
새로운 줄로 이동하고 최대 요소값 BL을 출력한다.

```
.MODEL SMALL
.STACK 100H
.DATA
ArrayB    DB    7 DUP (?)
.CODE
MAIN    PROC
        MOV    AX,@DATA
        MOV    DS,AX
```

```
        MOV     AH,2
        MOV     DL,'?'
        INT     21H             ; '?'를 출력한다.

; 7개의 요소를 입력 받고 최대 요소값을 구하기 위해 FOR문을 사용한다.
        XOR     SI,SI           ; SI를 0으로 초기화한다.
        CALL    INDECM
        MOV     ArrayB[SI],AL   ; 첫 번째 요소를 ArrayB[0]에 저장한다.
        MOV     BL,AL           ; ArrayB[0]로 BL을 초기화한다.
        MOV     CX,6            ; 루프 카운터를 6으로 초기화한다.
@IN_TOP:
        INC     SI              ; 주소 레지스터를 1 증가시킨다.
        CALL    INDECM
        MOV     ArrayB[SI],AL   ; 입력 요소를 ArrayB[i]에 저장한다.
        CMP     AL,BL           ; 입력 요소와 최대 요소값을 비교한다.
        JLE     @NEXT
        MOV     BL,AL           ; 입력 요소가 크면 AL을 BL에 저장한다.
@NEXT:
        LOOP    @IN_TOP

        MOV     AH,2
        MOV     DL,0DH
        INT     21H
        MOV     DL,0AH
        INT     21H
        MOV     AL,BL           ; 최대 요소값을 AL에 저장한다.
        CBW                     ; 16 비트로 부호 확장한다.
        CALL    OUTDECM         ; 최대 요소값을 출력한다.
        MOV     AH,4CH
        INT     21H
```

```
MAIN    ENDP

INCLUDE         INDECM.ASM
INCLUDE         OUTDECM.ASM
        END     MAIN
```

PTR 연산자와 스택 접근

두 개의 오퍼랜드를 가지는 명령어에서 한 오퍼랜드는 8 비트나 16 비트 레지스터를 사용하고 다른 오퍼랜드는 레지스터 간접 모드나 베이스 또는 인덱스 주소 지정 모드를 사용한다면 레지스터 간접 모드나 베이스 또는 인덱스 주소 지정 모드를 사용한 오퍼랜드는 레지스터와 동일한 크기를 가지게 된다. 그러나 MOV [SI],100 명령어와 같이 상수의 크기를 모르는 경우 [SI]의 크기를 알 수 없으므로 잘못된 표현이 된다.

```
MOV     AX,[BX]             ; AX가 16 비트이므로 [BX]는 16 비트
MOV     ArrayW[SI],BL       ; BL이 8 비트이므로 ArrayW[SI]는 8 비트
MOV     [SI],100            ; 두 오퍼랜드의 크기를 알 수 없다.
```

PTR 연산자는 레지스터 간접 모드나 베이스와 인덱스 주소 지정 모드에서 데이터의 크기를 나타내기 위해 사용된다. 다음은 PTR 연산자의 일반적인 형식을 나타내며 type은 바이트나 워드가 사용된다.

```
(일반 형식)  type   PTR    주소 표현
(예)        MOV    WORD   PTR [SI],100        ; [SI]는 16 비트가 된다.
```

스택은 프로시져 호출 전후에 데이터를 유지해야 하는 레지스터나 메모리 변수를 관리하기 위해 사용되지만 데이터를 저장하기 위해 사용될 수 있다. SP가 스택의 맨 위를 항상 가리키기 위해 PUSH와 POP 명령어를 실행함에 따라 SP의 값은 변하기 되므로 스택 영역의 특정 데이터를 접근하기 위한 주소를 만드는데 사용될 수 없다. 8086 프로세서는 스택 세그먼트의 데이터 접근을 위해 BP를 주소 레지스터로 제공한다. BP는 레지스터 간접 모드와 베이스 주소 지성 모드에서 스택 세그먼트의 옵셋 주소를 저장하는 주소 레지스터로 사용된다.

[예제 9.8]

스택의 맨 위부터 3개의 데이터를 워드 배열 ArrayW에 저장하는 어셈블리언어 코드를 작성하라.

POP 명령어를 사용하면 스택에서 데이터가 없어지기 때문에 MOV 명령어를 사용하어 스택 데이디를 배열 ArrayW로 목사한다. 베이스 주소 지정 모드를 사용하고 FOR문 구조를 사용하지 않고 변위를 조정하여 코드를 작성한다. ArrayW의 주소 레지스터로 BX를 사용한다.

```
MOV   BP,SP               ; BP에 스택 맨 위 주소(SP)를 저장한다.
XOR   BX,BX               ; BX를 0으로 초기화한다.
MOV   AX,[BP]             ; [SP]의 내용을 AX에 저장한다.
MOV   [BX+ArrayW],AX      ; ArrayW[0]에 저장한다.
MOV   AX,[BP+2]           ; [SP+2]의 내용을 AX에 저장한다.
MOV   [BX+ArrayW+2],AX    ; ArrayW[1]에 저장한다.
MOV   AX,[BP+4]           ; [SP+4]의 내용을 AX에 저장한다.
MOV   [BX+ArrayW+4],AX    ; ArrayW[2]에 저장한다.
```

9.3 이차원 배열과 응용

이차원 배열은 일차원 배열을 요소로 가지는 일차원 배열이라고 할 수 있다. M×N 차원의 이차원 배열 ArrayW[i][j]는 다음과 같은 행과 열을 가진다.

	0열	1열	…	(N-1)열
0행	ArrayW[0][0]	ArrayW[0][1]	…	ArrayW[0][N-1]
1행	ArrayW[1][0]	ArrayW[1][1]	…	ArrayW[1][N-1]
⋮	⋮	⋮	⋮	⋮
i행	ArrayW[i][0]	ArrayW[i][1]	…	ArrayW[i][N-1]
⋮	⋮	⋮	⋮	⋮
(M-1)행	ArrayW[M-1][0]	ArrayW[M-1][1]		ArrayW[M-1][N-1]

이차원 배열을 1차원의 메모리에 저장하는 방법으로 행중심 순서로 저장하는 방법과 열중심 순서로 저장하는 방법이 있다. 행중심 순서로 저장하는 방법은 0행의 요소를 모두 저장한 후에 1행, 2행, …, (M-1)행 순서대로 행 요소들을 저장한다. 열중심 순서로 저장하는 방법은 0열의 요소를 모두 저장한 후에 1열, 2열, …, (N-1)열 순서대로 열 요소들을 저장한다. 이차원 배열을 행중심 순서로 저장하는지 열중심 순서로 저장하는지에 따라 임의의 요소 ArrayW[i][j]의 주소는 달라진다. 다음은 이차원 행렬의 요소의 크기가 S 바이트일 때 행중심 순서와 열중심 순서로 각각 저장할 때의 ArrayW[i][j]의 주소를 나타낸다.

```
ArrayW[i][j] 주소 = ArrayW+i×N×S+j×S    ; 행중심 순서로 저장
ArrayW[i][j] 주소 = ArrayW+i×S+j×M×S    ; 열중심 순서로 저장
```

이차원 배열을 저장하는 방법에 따라 인덱스 i와 j가 1 증가할 때마다 배열의 주소가 증가하는 값이 달라지므로 행과 열에 대한 주소 레지스터를 각각 사용하는 것이 프로그램을 작성하기가 편리하다. 8086 프로세서는 이차원 배열의 주소 생성을 더 편리하게 하기 위해 베이스 인덱스 주소 지정 모드를 제공한다.

베이스 인덱스 주소 지정 모드

오퍼랜드의 옵셋 주소는 베이스 레지스터 (BX, BP)의 내용, 인덱스 레지스터 (SI, DI)의 내용, 변수의 옵셋 주소, 상수를 더하여 만들어진다. 다음은 베이스 인덱스 주소 지정 모드를 사용하는 4개의 방법을 나타내며 프로그램 작성을 위해 적절한 방법을 선택하여 사용한다.

변수[베이스 레지스터][인덱스 레지스터]:

```
MOV   AX,ArrayW[BX][SI]
```

[베이스 레지스터+인덱스 레지스터+변수+상수]:

```
MOV   AX,[BX+SI+ArrayW+2]
```

변수[베이스 레지스터+인덱스 레지스터+상수]:

```
MOV   AX,ArrayW[BX+SI+2]
```

상수[베이스 레지스터+인덱스 레지스터+변수]:

```
MOV   AX,2[BX+SI+ArrayW]
```

이차원 배열의 주소를 생성하기 위해 행(i)에 대한 주소 레지스터로 BX를 사용하고 열(j)에 대한 주소 레지스터로 SI를 사용하면 이차원 배열의 주소는 다음과 같이 얻을 수 있다.

```
; 행중심 순서로 저장하는 경우
ArrayW[i][j] 주소 = ArrayW+i×N×S+j×S
                  = ArrayW+(BX)+(SI)          ; (BX)=i×N×S, (SI)=j×S
; 열중심 순서로 저장하는 경우
ArrayW[i][j] 주소 = ArrayW+i×S+j×M×S
                  = ArrayW+(BX)+(SI)          ; (BX)=i×S, (SI)=j×M×S
```

[예제 9.9]

행중심 순서로 저장된 7×9 차원의 워드 배열 ArrayW[i][j]의 5행과 7열을 0으로 만드는 어셈블리언어 코드를 각각 작성하라.

M=7, N=9, S=2이므로 행중심 순서로 저장된 워드 배열 ArrayW[i][j]의 주소는 (ArrayW+i×18+j×2)이다. 행 주소 레지스터 BX는 (i×18)의 값을 가지고 열 주소 레지스터 SI는 (j×2)의 값을 가진다. 5행의 요소들은 i는 5이고 j는 0에서 8까지 9개의 요소를 가지므로 BX 레지스터는 90으로 일정한 값을 가지고 SI는 0에서 j가 1 증가할 때마다 2씩 증가한다. 7열의 요소들은 j는 7이고 i는 0에서 6까지 7개의 요소를 가지므로 SI 레지스터는 14로 일정한 값을 가지고 BX는 0에서 i가 1 증가할 때마다 18씩 증가한다.

```
[5행을 0으로 만드는 알고리즘]
주소 레지스터 BX를 90으로 초기화한다.
주소 레지스터 SI를 0으로 초기화한다.
루프 카운터를 9로 초기화한다.
```

FOR문
  ArrayW[5][j]를 0으로 만든다.
  주소 레지스터 SI를 2 증가시킨다.
END_FOR

[7열을 0으로 만드는 알고리즘]
주소 레지스터 SI를 14로 초기화한다.
주소 레지스터 BX를 0으로 초기화한다.
루프 카운터를 7로 초기화한다.
FOR문
  ArrayW[i][7]를 0으로 만든다.
  주소 레지스터 BX를 18 증가시킨다.
END_FOR

```
; 5행을 0으로 만드는 코드
        MOV     BX,90                ; BX를 90으로 초기화한다.
        XOR     SI,SI                ; SI을 0으로 초기화한다.
        MOV     CX,9                 ; 루프 카운터를 9로 초기화한다.
@TOP1:
        MOV     ArrayW[BX][SI],0     ; ArrayW[5][j]에 0을 저장한다.
        ADD     SI,2                 ; SI를 2 증가시킨다. (j++)
        LOOP    @TOP1                ; 9번 반복한다.
```

```
; 7열을 0으로 만드는 코드
        MOV     SI,14                ; SI를 14로 초기화한다.
        XOR     BX,BX                ; BX를 0으로 초기화한다.
```

```
        MOV     CX,7                ; 루프 카운터를 7로 초기화한다.
@TOP2:
        MOV     ArrayW[BX][SI],0    ; ArrayW[i][7]에 0을 저장한다.
        ADD     BX,18               ; BX를 18 증가시킨다. (i++)
        LOOP    @TOP2               ; 7번 반복한다.
```

◆ [예제 9.10]

열중심 순서로 저장된 5×7 차원의 바이트 배열 ArrayA[i][j]의 4행과 3열을 0으로 만드는 어셈블리언어 코드를 각각 작성하라.

M=5, N=7, S=1이므로 열중심 순서로 저장된 바이트 배열 ArrayA[i][j]의 주소는 (ArrayA+i+j×5)이다. 행 주소 레지스터 BX는 (i)의 값을 가지고 열 주소 레지스터 SI는 (j×5)의 값을 가진다. 4행의 요소들은 i는 4이고 j는 0에서 6까지 7개의 요소를 가지므로 BX 레지스터는 4로 일정한 값을 가지고 SI는 0에서 j가 1 증가할 때마다 5씩 증가한다. 3열의 요소들은 j는 3이고 i는 0에서 4까지 5개의 요소를 가지므로 SI 레지스터는 15로 일정한 값을 가지고 BX는 0에서 i가 1 증가할 때마다 1씩 증가한다.

```
[4행을 0으로 만드는 알고리즘]
주소 레지스터 BX를 4로 초기화한다.
주소 레지스터 SI를 0으로 초기화한다.
루프 카운터를 7로 초기화한다.
FOR문
   ArrayA[4][j]를 0으로 만든다.
   주소 레지스터 SI를 5 증가시킨다.
END_FOR
```

[3열을 0으로 만드는 알고리즘]
주소 레지스터 SI를 15로 초기화한다.
주소 레지스터 BX를 0으로 초기화한다.
루프 카운터를 5로 초기화한다.
FOR문
    ArrayA[i][3]를 0으로 만든다.
    주소 레지스터 BX를 1 증가시킨다.
END_FOR

```
; 4행을 0으로 만드는 코드
        MOV     BX,4                ; BX를 4로 초기화한다.
        XOR     SI,SI               ; SI을 0으로 초기화한다.
        MOV     CX,7                ; 루프 카운터를 7로 초기화한다.
@TOP1:
        MOV     ArrayA[BX][SI],0            ; ArrayA[4][j]에 0을 저장한다.
        ADD     SI,5                ; SI를 5 증가시킨다. (j++)
        LOOP    @TOP1               ; 7번 반복한다.
```

```
; 3열을 0으로 만드는 코드
        MOV     SI,15               ; SI를 15로 초기화한다.
        XOR     BX,BX               ; BX를 0으로 초기화한다.
        MOV     CX,5                ; 루프 카운터를 5로 초기화한다.
@TOP2:
        MOV     ArrayA[BX][SI],0            ; ArrayA[i][3]에 0을 저장한다.
        INC     BX                  ; BX를 1 증가시킨다. (i++)
        LOOP    @TOP2               ; 5번 반복한다.
```

◆ [예제 9.11]

행중심 순서로 저장된 10×10 차원의 워드 배열 ArrayB[i][j]의 모든 요소들을 0으로 만드는 어셈블리언어 코드를 각각 작성하라.

M=10, N=10, S=2이므로 행 중심 순서로 저장된 배열 ArrayB[i][j]의 주소는 ArrayB+i×20+j×2이다. 행 주소 레지스터 BX는 (i×20)을 저장하고 열 주소 레지스터 SI는 (j×2)를 저장한다. 워드 배열이므로 i가 1 증가할 때 BX는 20이 증가하고 j가 1 증가할 때 SI는 2 증가한다. ArrayB[i][j]의 모든 요소를 0으로 만들기 위해서는 행과 열 각각에 대한 2개의 FOR문 구조를 사용하여야 한다. 열에 대한 FOR문의 루프 카운터로 CX를 사용하고 행에 대한 FOR문은 9행부터 0행으로 i를 감소시켜 BX가 0보다 작을 때까지 계속 수행한다.

```
행 주소 레지스터 BX를 180으로 초기화한다. (9행)
(ROW FOR문)
    열 주소 레지스터 SI를 0으로 초기화한다. (j=0)
    루프 카운터 CX를 10으로 초기화한다.
    (COLUMN FOR문)
        ArrayB[i][j]에 0을 저장한다.
        열 주소 레지스터 SI를 2 증가시킨다.
    END_(COLUMN FOR문)
    BX를 20 감소시킨다. (i--)
    BX가 0보다 크면 반복문을 계속 수행한다.
END_(ROW 반복문)
```

```
        MOV     BX,180          ; BX를 180(i=9)로 초기화한다.
@B_ROW:
```

```
        XOR     SI,SI               ; SI를 0으로 초기화한다. (j=0)
        MOV     CX,10               ; CX를 10으로 초기화한다.
@B_CLN:
        MOV     ArrayB[BX][SI],0    ; ArrayB[BX][SI]에 0을 저장한다.
        ADD     SI,2                ; 열 주소 레지스터를 2 증가시킨다.
        LOOP    @B_CLN
        SUB     BX,20               ; BX를 20 감소시킨다. (i--)
        JNL     @B_ROW              ; i<0일 때까지 FOR문 계속 수행한다.
```

9.4 배열에 대한 실습 예제

[실습 9.1]

5개의 요소로 구성된 워드 배열 ArrayA와 ArrayB를 입력 받고 ArrayC[i]=(ArrayA[i]+ArrayB[i])/2로 계산되는 배열 ArrayC를 구하여 출력하는 프로그램을 작성하라.

```
(실행)  ?10 30 -50 70 90          ; ArrayA[i]
        ?-20 40 -60 -80 100       ; ArrayB[i]
        -5 35 -55 -5 95           ; ArrayC[i]=(ArrayA[i]+ArrayB[i])/2
```

FOR문을 반복 사용하여 워드 배열 ArrayA와 ArrayB를 입력 받는다. 입력 받은 배열 ArrayA와 ArrayB의 각 요소들에 대해 평균을 구하여 배열 ArrayC의 각 요소에 저장하고 화면에 출력한다. 배열 ArrayA, ArrayB, ArrayC의 주소를 만들기 위해 베이스나 인덱스 주소 지정 모드를 사용한다. 베이스나 인덱스 주소 지정 모드를 사용하면 1개의 주소 레지스터가 필요하지만 레지스터 간접 모드를 사용하면 배열마다 1개씩, 총 3개의 주소 레지스터가 필요하므로 배열이 많은 경우 레지스터 간접 모드는 적합하지 않다.

```
FOR문을 사용하여 배열 ArrayA를 입력 받는다.
FOR문을 사용하여 배열 ArrayB를 입력 받는다.
루프 카운터를 5로 초기화한다.
배열 주소 레지스터 SI를 0으로 초기화한다.
FOR문
  ArrayA[i]를 읽어 AX에 저장한다.
  ArrayB[i]를 AX에 더한다.
  1 비트 오른쪽 산술 이동 명령을 수행하여 평균을 구한다.
  평균값을 ArrayC[i]에 저장하고 출력한다. ' '문자도 출력한다.
  주소 레지스터값을 2 증가시킨다.
END_FOR
```

```
.MODEL SMALL
.STACK 100H
.DATA
ArrayA  DW   5 DUP (?)     ; 배열 ArrayA를 정의한다.
ArrayB  DW   5 DUP (?)     ; 배열 ArrayB를 정의한다.
ArrayC  DW   5 DUP (?)     ; 배열 ArrayC를 정의한다.

.CODE
MAIN    PROC
        MOV  AX,@DATA
```

```
        MOV     DS,AX
        MOV     AH,2
        MOV     DL,'?'
        INT     21H                 ; '?'를 출력한다.

; FOR문을 사용하여 배열 ArrayA를 입력 받는다.
        MOV     CX,5
        XOR     SI,SI               ; 인덱스 주소 지정 모드를 사용한다.
@INPUTA:
        CALL    INDECM
        MOV     ArrayA[SI],AX       ; 입력 요소를 ArrayA[i]에 저장한다.
        ADD     SI,2                ; 주소 레지스터를 2 증가시킨다.
        LOOP    @INPUTA

        MOV     AH,2
        MOV     DL,0DH
        INT     21H
        MOV     DL,0AH
        INT     21H
        MOV     DL,'?'
        INT     21H

; FOR문을 사용하여 배열 ArrayB를 입력 받는다.
        MOV     CX,5
        XOR     SI,SI
@INPUTB:
        CALL    INDECM
        MOV     ArrayB[SI],AX       ; 입력 요소를 ArrayB[i]에 저장한다.
        ADD     SI,2                ; 주소 레지스터를 2 증가시킨다.
        LOOP    @INPUTB
```

```
        MOV     AH,2
        MOV     DL,0DH
        INT     21H
        MOV     DL,0AH
        INT     21H

; FOR문을 사용하여 배열 ArrayC를 구하고 화면에 출력한다.
        MOV     CX,5
        XOR     SI,SI
@OUTPUTC:
        MOV     AX,ArrayA[SI]     ; ArrayA[i]를 AX에 저장한다.
        ADD     AX,ArrayB[SI]     ; ArrayB[i]를 AX에 더한다.

; ArrayA와 ArrayB의 요소들의 평균을 구하여 ArrayC에 저장한다.
        SAR     AX,1              ; 요소 평균을 구한다.
        MOV     ArrayC[SI],AX     ; 요소 평균을 ArrayC[i]에 저장한다.
        CALL    OUTDECM           ; 화면에 출력한다.
        MOV     AH,2
        MOV     DL,' '
        INT     21H               ; ' '을 출력한다.
        ADD     SI,2              ; 주소 레지스터를 2 증가시킨다.
        LOOP    @OUTPUTC
        MOV     AH,4CH
        INT     21H
MAIN    ENDP

INCLUDE         INDECM.ASM
INCLUDE         OUTDECM.ASM
        END     MAIN
```

[실습 9.2]

5개의 요소를 가지는 워드 배열 ArrayA를 입력 받아 크기가 큰 순서대로 정렬하여 출력하는 프로그램을 작성하라.

(실행) ?30 -10 50 -20 -40
50 30 -10 -20 -40

FOR문을 사용하여 워드 배열을 입력 받고 각 요소들을 크기가 큰 순서대로 정렬하여 출력한다. 배열의 요소들의 크기가 큰 순서대로 배열을 정리하기 위해 SORT 프로시저를 작성한다. N 요소를 가지는 배열에 대해 SORT 프로시저는 다음과 같이 (N-1) 과정을 거쳐 배열을 정렬한다.

[과정 1] A[0], …, A[N-1] 사이의 가장 작은 요소를 찾고 최소값을 가지는 요소와 요소 A[N-1]을 교환한다.
[과정 2] A[0], …, A[N-2] 사이의 가장 작은 요소를 찾고 최수값을 가지는 요소와 요소 A[N-2]를 교환한다.
[과정 N-1] A[0]와 A[1] 사이의 작은 값을 A[1]에 저장한다.

[MAIN 프로시저]
FOR문을 사용하여 5개 요소의 워드 배열 ArrayA를 입력 받는다.
SORT 프로시저를 사용하여 크기가 큰 순서대로 배열을 정렬한다.
큰 순서대로 정렬된 배열을 출력한다.

[SORT 프로시저]
배열의 베이스 주소를 DX에 저장한다.
(과정 i FOR문)
배열의 베이스 주소를 SI에 저장한다.

```
  루프 카운터 CX를 설정한다. (과정이 진행될수록 1 감소한다.)
  배열 요소의 최소값(AX)과 최소값의 위치(DI)를 초기화한다.
  (FIND_SMALL FOR문)
     주소 레지스터 SI를 2 증가시킨다.
     IF 새로운 요소값이 최소값(AX)보다 작으면
         THEN  SI의 내용을 DI에 저장한다.
               새로운 요소값을 최소값에 저장한다.
     END_IF
  END_(FIND_SMALL FOR문)
  최소값과 과정 i의 배열의 마지막 요소를 교환한다.
  다음 과정을 위해 비교하는 요소의 개수를 1 감소시킨다.
END_(과정 i FOR문)
```

```
.MODEL SMALL
.STACK 100H
.DATA
ArrayA   DW    5 DUP (?)

.CODE
MAIN    PROC
        MOV     AX,@DATA
        MOV     DS,AX
        MOV     AH,2
        MOV     DL,'?'
        INT     21H             ; '?'를 출력한다.
```

```
        MOV     CX,5
        XOR     SI,SI               ; 주소 레지스터 SI를 0으로 초기화한다.
@INPUTA:
        CALL    INDECM
        MOV     ArrayA[SI],AX       ; 입력 요소를 ArrayA[i]에 저장한다.
        ADD     SI,2                ; 주소 레지스터를 2 증가시킨다.
        LOOP    @INPUTA
        MOV     AH,2
        MOV     DL,0DH
        INT     21H
        MOV     DL,0AH
        INT     21H

        LEA     SI,ArrayA           ; SI에 ArrayA의 베이스 주소를 저장한다.
        MOV     BX,5                ; BX에 배열의 크기를 저장한다.
        CALL    SORT                ; 큰 순서대로 정렬한다.

        MOV     CX,5
@OUTPUTA:
        MOV     AX,[SI]             ; 레지스터 간접 모드
        CALL    OUTDECM             ; 정렬된 배열 요소를 출력한다.
        MOV     AH,2
        MOV     DL,' '
        INT     21H                 ; ' '를 출력한다.
        ADD     SI,2                ; 주소 레지스터를 2 증가시킨다.
        LOOP    @OUTPUTA
        MOV     AH,4CH
        INT     21H
MAIN    ENDP
```

```
INCLUDE         INDECM.ASM
INCLUDE         OUTDECM.ASM

SORT   PROC
        PUSH    BX
        PUSH    CX
        PUSH    DX
        PUSH    SI

        DEC     BX              ; BX에 (배열의 크기-1)을 저장한다.
        JE      @END_LOOP       ; 배열 요소가 1개이면 종료한다.
        MOV     DX,SI           ; 배열의 베이스 주소를 DX에 저장한다.
@LOOP_TOP:
        MOV     SI,DX           ; 배열의 베이스 주소를 SI에 저장한다.
        MOV     CX,BX           ; 루프 카운터 CX를 설정한다.
; 배열 요소의 최소값(AX)과 위치(DI)를 초기화한다.
        MOV     DI,SI
        MOV     AX,[DI]
@FIND_SMALL:
        ADD     SI,2            ; 주소 레지스터 SI를 2 증가시킨다.
        CMP     [SI],AX         ; 새로운 요소값과 최소값을 비교한다.
        JGE     @NEXT           ; 최소값보다 작으면 @NEXT로 이동한다.
        MOV     DI,SI           ; SI의 내용을 최소값 위치 DI에 저장한다.
        MOV     AX,[DI]         ; 새로운 요소값을 최소값 AX에 저장한다.
@NEXT:
        LOOP    @FIND_SMALL

; 구한 최소값과 과정별 배열의 마지막 요소를 교환한다.
        CALL    SWAP
```

```
; 다음 과정으로 이동하기 위해 비교하는 요소의 개수를 1 감소시킨다.
        DEC     BX
        JNE     @LOOP_TOP
@END_LOOP:
        POP     SI
        POP     DX
        POP     CX
        POP     BX
        RET
SORT    ENDP

SWAP    PROC
        PUSH    AX
; SI와 DI가 가리키는 메모리 내용을 서로 교환한다.
        MOV     AX,[SI]
        XCHG    AX,[DI]
        MOV     [SI],AX
        POP     AX
        RET
SWAP    ENDP
        END     MAIN
```

[실습 9.3]

INDECM 프로시져를 사용하여 5개의 워드 배열 ArrayA를 입력 받고 다음과 같이 배열 ArrayB를 구하여 출력하는 프로그램을 작성하라.

```
if (i==0) ArrayB[0]=(ArrayA[0]+ArrayA[4])/2;
else ArrayB[i]=(ArrayA[i]+ArrayA[i-1])/2;
```

실행) ?100 200 300 400 500
　　　300 150 250 350 450

배열 ArrayB의 요소들을 얻기 위해 워드 배열 ArrayA의 요소들을 적절히 잘 읽어와야 한다. 주소 지정 모드로 베이스나 인덱스 주소 지정 모드를 사용하여야 하고 동일한 인덱스에 대해 A[i]와 A[i-1]의 주소를 만들기 위해 변위를 잘 이용하여야 한다.

```
FOR문을 사용하여 5개 요소의 워드 배열 ArrayA를 입력 받는다.
주소 레지스터 SI를 0으로 초기화한다.
FOR문
  IF i가 0이면
      THEN ArrayA[0]와 ArrayA[4]를 더한 후 평균을 구한다.
      ELSE ArrayA[i]와 ArrayA[i-1]을 더한 후 평균을 구한다.
  END_IF
  평균값을 ArrayB[i]에 저장한다.
  주소 레지스터 SI를 2 증가시킨다.
END_FOR
```

```
.MODEL SMALL
.STACK 100H
.DATA
ArrayA    DW    5 DUP (?)
```

```
ArrayB   DW    5 DUP (?)

.CODE
MAIN   PROC
       MOV    AX,@DATA
       MOV    DS,AX
       MOV    AH,2
       MOV    DL,'?'
       INT    21H               ; '?'를 출력한다.

; 5개 요소의 워드 배열 ArrayA를 입력 받는다.
       MOV    CX,5
       XOR    SI,SI
@INPUTA:
       CALL   INDECM
       MOV    ArrayA[SI],AX
       ADD    SI,2
       LOOP   @INPUTA
       MOV    AH,2
       MOV    DL,0DH
       INT    21H
       MOV    DL,0AH
       INT    21H

       MOV    CX,5
       XOR    SI,SI             ; 주소 레지스터 SI를 초기화한다.
@REPEAT:
       CMP    SI,0
       JE     @THEN             ; i=0이면 @THEN으로 이동한다.
       MOV    AX,ArrayA[SI]     ; ArrayA[i]을 AX에 저장한다.
```

```
        ADD     AX,ArrayA[SI-2]  ; ArrayA[i-1]을 AX에 더한다.
        JMP     @NEXT
@THEN:
        MOV     AX,ArrayA[SI]            ; A[0]을 AX에 저장한다.
        ADD     AX,ArrayA[SI+8]          ; A[4]을 AX에 더한다.
@NEXT:
        SAR     AX,1             ; 더한 값의 평균을 구한다.
        MOV     ArrayB[SI],AX    ; ArrayB[i]에 저장한다.
        ADD     SI,2             ; 주소 레지스터 SI를 2 증가시킨다.
        LOOP    @REPEAT

; FOR문을 사용하여 배열 ArrayB를 출력한다.
        MOV     CX,5
        XOR     SI,SI
@OUTPUTB:
        MOV     AX,ArrayB[SI]
        CALL    OUTDECM
        MOV     AH,2
        MOV     DL,' '
        INT     21H
        ADD     SI,2
        LOOP    @OUTPUTB
        MOV     AH,4CH
        INT     21H
MAIN    ENDP

INCLUDE         INDECM.ASM
INCLUDE         OUTDECM.ASM
        END     MAIN
```

[실습 9.4]

5×7 바이트 배열 ArrayW는 행중심 순서로 저장되어 있고 모든 요소들은 0인 초기값을 가진다. 배열 ArrayW[i][j]의 요소 값이 (j-i)를 가지도록 설정하고 화면에 출력하는 프로그램을 작성하라.

행중심 순서로 저장된 배열 ArrayW[i][j]의 주소는 W+i×7+j이다. 행 주소 레지스터 BX는 (i×7)을 저장하고 열 주소 레지스터 SI는 (j)를 저장한다. 워드 배열이 아니고 바이트 배열이므로 i가 1 증가할 때 BX는 7이 증가하고 j가 1 증가할 때 SI는 1 증가한다. ArrayW[i][j]의 요소 값으로 (j-i) 설정하기 위해 i, j를 저장하는 레지스터나 변수가 있어야 한다.

```
행 주소 레지스터 BX를 28로 초기화한다. (i=4)
DH(i)를 4로 초기화한다. (i=4)
(FOR문_ROW)
    열 주소 레지스터 SI를 0으로 초기화한다.
    DL(j-i)를 -i로 초기화한다. (j=0)
    루프 카운터 CX를 7로 초기화한다.
    (FOR문_COLUMN)
        DL=(j-i)를 ArrayW[i][j]에 저장한다.
        DL을 1 증가시킨다. (j++)
        열 주소 레지스터 SI를 1 증가시킨다.
    END_(FOR문_COLUMN)
    BX를 7 감소시킨다.
    DH(i)를 1 감소시킨다.
    DH<0이 아니면 FOR문을 계속 수행한다.
END_(FOR문_ROW)
```

FOR문을 사용하여 배열 ArrayW[i][j]를 출력한다.

```
.MODEL SMALL
.STACK 100H
.DATA
ArrayW  DB    7 DUP (0)
        DB    7 DUP (0)
        DB    7 DUP (0)
        DB    7 DUP (0)
        DB    7 DUP (0)

.CODE
MAIN    PROC
        MOV   AX,@DATA
        MOV   DS,AX
        MOV   BX,28             ; BX를 28(i=4)로 초기화한다.
        MOV   DH,4              ; DH(i)를 4로 초기화한다.
@W_ROW:
        XOR   SI,SI             ; SI를 0으로 초기화한다. (j=0)
        MOV   DL,DH
        NEG   DL                ; DL=-i (j=0)로 초기화한다.
        MOV   CX,7              ; CX를 열의 개수 7로 초기화한다.
@W_CLN:
        MOV   ArrayW[BX][SI],DL          ; DL=(j-i)를 ArrayW[i][j]에 저장
        INC   DL                ; DL를 1 증가시킨다. (j++)
        INC   SI                ; 열 주소 레지스터 SI를 1 증가시킨다.
        LOOP  @W_CLN
```

```
        SUB     BX, 7           ; BX를 7 감소시킨다.
        DEC     DH              ; DH(i)를 1 감소시킨다. (i--)
        JNL     @W_ROW          ; i>=0이면 FOR문을 계속 수행한다.

; 이차원 배열 ArrayW[i][j]를 출력한다.
        XOR     BX,BX           ; BX를 0으로 초기화한다.
@OUT_ROW:
        XOR     SI,SI           ; SI를 0으로 초기화한다.
        MOV     CX,7
@OUT_CLN:
        MOV     AL,ArrayW[BX][SI]           ; ArrayW[i][j]를 AL에 저장한다.
        CBW                     ; 16 비트로 부호 확장한다.
        CALL    OUTDECM         ; ArrayW[i][j]를 출력한다.
        MOV     AH,2
        MOV     DL,' '
        INT     21H
        INC     SI              ; 주소 레지스터 SI를 1 증가시킨다.
        LOOP    @OUT_CLN

        MOV     AH,2
        MOV     DL,0DH
        INT     21H
        MOV     DL,0AH
        INT     21H
        ADD     BX,7            ; BX를 7 증가시킨다.
; BX가 28보다 같거나 작으면 FOR문을 계속 수행한다.
        CMP     BX,28
        JLE     @OUT_ROW
```

```
        MOV     AH,4CH
        INT     21H
MAIN    ENDP

INCLUDE         OUTDECM.ASM
        END     MAIN
```

[실습 9.5]

학생 4명에 대한 3번의 시험 점수를 입력 받아 학생별로 시험 점수의 평균을 구하여 출력하는 프로그램을 작성하라.

```
실행)   ?80 85 95 90
        ?95 90 85 80
        ?100 80 75 70
        91 85 85 80
```

4명의 학생에 대한 3번의 시험 점수를 이차원 배열로 입력 받는다. 행을 시험, 열을 학생으로 하면 3×4 차원 (M=3, N=4)의 이차원 배열 SCORES[i][j]가 된다. 행 중심으로 저장한다고 하면 배열 SCORES[i][j]의 주소는 (SCORES+i×4×2+j×2) =(SCORES+i×8+j×2)가 된다. 그래서 행 주소 레지스터 BX는 (i×8)의 값을 가지고 열 주소 레지스터 SI는 (j×2)의 값을 가진다. FOR문에서 i가 1 증가할 때마다 BX는 8이 증가하고 j가 1 증가할 때마다 SI는 2 증가하게 된다. 학생별로 3번의 시험에 대해 점수 평균을 구하기 위해 j를 인덱스로 하는 FOR문을 구성하고 평균을 구하여 배열 AVG[j]에 저장한다.

[이차원 배열 SCORES[i][j] 입력]

```
행 주소 레지스터 BX를 0으로 초기화한다.
(FOR문_ROW)
    ?를 출력하고 루프 카운터 CX를 열의 개수 4로 초기화한다.
    열 주소 레지스터 SI를 0으로 초기화한다.
    (FOR문_COLUMN)
        배열의 요소를 입력 받아 SCORES[i][j]에 저장한다.
        열 주소 레지스터 SI를 2 증가시킨다.
    END_(FOR문_COLUMN)
    새로운 줄로 이동하고 행 주소 레지스터 BX를 8 증가시킨다.
    BX가 24 (i=3) 보다 작으면 FOR문 수행을 계속한다.
END_(FOR문_ROW)

[학생별 평균 성적 계산]
열 주소 레지스터 SI를 6으로 설정한다. (j=3)
FOR문
    루프 카운터 CX를 행의 개수 3으로 초기화한다.
    행 주소 레지스터 BX를 0으로 초기화한다.
    합 레지스터 AX를 0으로 초기화한다.
    (FOR문_SUM)
        학생별 시험 성적을 읽어 합 레지스터에 더한다.
        행 주소 레지스터 BX를 8 증가시킨다.
    END_(FOR문_SUM)
    학생별 시험 성적의 합을 3으로 나누어 평균을 구한다.
    평균을 AVG[j]에 저장한다.
    열 주소 레지스터 SI를 2 감소시킨다.
    SI<0(i<0)이 아니면 FOR문 수행을 계속한다.
END_FOR
```

```
.MODEL SMALL
.STACK 100H
.DATA
NUM       DW    3
SCORES    DW    4 DUP (?)        ; 첫 번째 시험 점수
          DW    4 DUP (?)        ; 두 번째 시험 점수
          DW    4 DUP (?)        ; 세 번째 시험 점수
AVG       DW    4 DUP (?)

.CODE
MAIN    PROC
        MOV     AX,@DATA
        MOV     DS,AX

; 행중심 순서로 이차원 배열 SCORES[i][j]를 입력 받는다.
        XOR     BX,BX                ; 행 주소 레지스터 BX를 초기화한다.
@IN_ROW:
        MOV     AH,2
        MOV     DL,'?'
        INT     21H
        MOV     CX,4                 ; CX를 열의 개수(4)로 초기화한다.
        XOR     SI,SI                ; SI를 0으로 초기화한다.
@IN_CLN:
        CALL    INDECM
        MOV     SCORES[BX][SI],AX        ; SCORES[i][j]에 저장한다.
        ADD     SI,2                 ; 열 주소 레지스터 SI를 2 증가시킨다.
        LOOP    @IN_CLN
```

```
        MOV     AH,2
        MOV     DL,0DH
        INT     21H
        MOV     DL,0AH
        INT     21H
        ADD     BX,8                ; BX를 8 증가시킨다.
; BX가 24(i=3)보다 작으면 FOR문을 계속 수행한다.
        CMP     BX,24
        JL      @IN_ROW
        MOV     SI,6                ; SI를 6으로 초기화한다. (j=3)
@REPEAT:
        MOV     CX,3                ; CX를 행의 개수로 초기화한다.
        XOR     BX,BX               ; BX를 0으로 초기화한다.
        XOR     AX,AX               ; 합 레지스터를 0으로 초기화한다.
; 학생별 시험 점수의 합을 구한 후 평균을 구하여 저장한다.
@SUM:
        ADD     AX,SCORES[BX][SI]
        ADD     BX,8                ; BX를 8 증가시킨다.
        LOOP    @SUM
; 학생별 시험 점수의 평균을 구하여 AVG 배열에 저장한다.
        XOR     DX,DX
        DIV     NUM
        MOV     AVG[SI],AX
; SI<0(i<0)이 아니면 FOR문 수행을 계속한다.
        SUB     SI,2
        JNL     @REPEAT

; 학생별 시험 점수의 평균을 출력한다.
```

```
          MOV     CX,4
          XOR     SI,SI
@OUTPUT:
          MOV     AX,AVG[SI]
          CALL    OUTDECM
          MOV     AH,2
          MOV     DL,' '
          INT     21H
          ADD     SI,2
          LOOP    @OUTPUT
          MOV     AH,4CH
          INT     21H
MAIN      ENDP

INCLUDE           INDECM.ASM
INCLUDE           OUTDECM.ASM
          END     MAIN
```

연습문제

9.1] 10개 요소의 바이트 배열 ArrayB이 다음과 같은 요소 값을 가지도록 하는 프로그램을 작성하라.

```
if (i==0) ArrayB[0] = 0;
else ArrayB[i] = ArrayB[i-1] + i;
```

9.2 5개의 워드 배열 ArrayB를 입력 받아 요소들의 평균과 절대치의 합을 구하여 출력하는 프로그램을 작성하라.

```
(실행) ?10 85 -90 -45 50
       2 280
```

9.3 5개의 워드 배열 ArrayA를 입력 받아 요소들의 평균 p를 구하고 배열 ArrayB[i]=(ArrayA[i]+p)(ArrayA[i]-p)를 구하여 출력하는 프로그램을 작성하라.

```
(실행) ?-10 20 30 -40 50
       0 300 800 1500 2400
```

9.4 INDECM 프로시저를 사용하여 5개의 워드 배열 ArrayA를 입력 받고 ArrayB[k]=(ArrayA[k]-ArrayA[4-k])에 의해 구한 배열 ArrayB를 출력하는 프로그램을 작성하라.

```
(실행) ?100 200 300 400 500
       -400 -200 0 200 400
```

9.5 5개의 요소로 구성된 워드 배열 ArrayA와 ArrayB를 입력 받아 배열 ArrayC[i]=(ArrayA[i]+ArrayB[i])×(ArrayA[i]-ArrayB[i])/2를 구하여 출력하는 프로그램을 작성하라.

(실행) ?10 -20 -30 40 -50
?50 -30 -10 10 20
-1200 -250 400 750 1050

9.6 행중심 순서로 저장된 5×7 워드 배열 ArrayC[i][j]의 2열과 5열을 서로 교환하는 프로그램을 작성하라.

9.7 N×N 정방행렬 ArrayA의 전치 행렬을 구하기 위해 행중심 순서로 저장된 행렬 ArrayA를 열중심 순서로 저장한 배열이 되도록 배열의 요소를 서로 바꾸는 TRANSPOSE 프로시져를 작성하라. DI 레지스터에 N이 저장되어 있다.

[HINT]

```
IF i≠j, (행과 열이 다르면)
   THEN ArrayA[j, i] =ArrayA[i, j]
END_IF
```

10
Chapter

매크로와 응용

10.1 매크로의 정의와 호출

프로그램은 특정 코드를 반복하여 사용하는 경우가 많다. 프로그램에서 반복 사용되는 코드를 계속 포함하면 프로그램의 크기가 증가하기 때문에 반복 사용되는 코드를 매크로나 프로시저로 정의하여 사용하는 것이 더 효율적이다. 반복 사용되는 코드가 복잡하고 명령어 개수가 많으면 프로시저로 구성하는 것이 좋고 작고 간단한 코드가 반복 사용되는 경우에는 매크로를 사용하는 것이 좋다. 예를 들어 새로운 줄로 이동하는 코드는 반복하여 많이 사용되는데 5개의 명령어로 구성되어 있으므로 프로시저로 구성하는 것보다 매크로로 정의하여 확장하는 것이 더 편리하다. 다음은 매크로 정의의 일반적인 형식을 나타낸다.

```
(일반 형식)  매크로이름  MACRO    d1,d2,d3, … ,dn (가인수)
                        ; 매크로 본문 코드
                        ENDM
```

[예제 10.1]

두 워드 변수를 서로 바꾸는 XCHGW 매크로를 정의하라.

두 워드 변수 WRD1, WRD2를 서로 바꾸는 어셈블리언어 코드를 XCHGW 매크로의 본문에 포함한다. 매크로 본문에서 AX 레지스터를 사용하므로 AX 레지스터의 내용을 스택에 저장하고 복원하는 코드를 포함한다.

```
XCHGW    MACRO   WRD1,WRD2          ; WRD1와 WRD2는 가인수
         PUSH    AX
         MOV     AX,WRD1            ; WRD1을 AX에 저장한다.
         XCHG    AX,WRD2            ; AX와 WRD2를 바꾼다.
```

```
        MOV     WRD1,AX                 ; AX를 WRD1에 저장한다.
        POP     AX
        ENDM
```

◆ **[예제 10.2]**

새로운 줄로 이동하는 NEWLINE 매크로를 정의하라.

커서를 새로운 줄로 이동하는 어셈블리언어 코드는 데이터 입출력 알고리즘에서 많이 사용된다. 제어 문자인 캐리지 리턴, 라인 피드를 출력하는 5개의 명령어를 매크로 본문에 포함한다.

```
NEWLINE   MACRO                 ; 가인수가 없음
        MOV     AH,2
        MOV     DL,0DH
        INT     21H             ; 캐리지 리턴 제어 문자 출력
        MOV     DL,0AH
        INT     21H             ; 라인 피드 제어 문자 출력
        ENDM
```

매크로 호출

정의된 매크로는 프로그램에서 호출되어 사용된다. 다음은 매크로 호출의 일반

적인 형식을 나타낸다. 어셈블러는 매크로 이름을 만났을 때 매크로의 가인수를 호출의 실인수로 대체하고 해당 위치에 매크로 본문 코드를 복사하여 매크로를 확장한다. 매크로 정의는 첫 번째 매크로 호출보다 앞에 있어야 한다.

(일반 형식) 매크로이름 a1,a2,a3, … ,an (실인수)

[예제 10.3]

워드 배열 ArrayW[0]와 ArrayW[1]을 서로 바꾸는 어셈블리언어 코드를 XCHGW 매크로를 확장하여 작성하라.

ArrayW[0]의 주소는 ArrayW이고 ArrayW[1]의 주소는 ArrayW+2이므로 ArrayW[0]와 ArrayW[1]을 서로 바꾸기 위해 ArrayW과 ArrayW+2를 실인수로 사용하고 XCHGW 매크로를 확장하면 가인수 WRD1은 ArrayW으로 대체되고 WRD2는 ArrayW+2로 대체된 XCHGW 매크로 본문 코드가 매크로 호출 명령어에 확장된다.

```
XCHGW    ArrayW,ArrayW+2              ; XCHGW 매크로 호출
; 매크로 호출 명령어는 아래의 코드로 확장된다.
         PUSH    AX
         MOV     AX,ArrayW             ; ArrayW[0]을 AX에 저장한다.
         XCHG    AX,ArrayW+2           ; AX와 ArrayW[1]를 바꾼다.
         MOV     ArrayW,AX             ; AX를 ArrayW[0]에 저장한다.
         POP     AX
```

매크로를 확장할 때 사용되는 실인수는 가인수를 대체했을 때 매크로 본문 코드가 문제가 없는 실인수를 사용하여야 한다. 가인수는 16 비트인데 실인수로 8 비트를 사용하면 오퍼랜드의 형태가 일치하지 않아 어셈블링할 때에 에러가 발생한다.

로컬 레이블

매크로 본문이 조건문이나 반복문 구조를 사용하는 경우 매크로는 조건의 참과 거짓에 따라 이동하는 목적지 레이블을 가지게 된다. 레이블을 가지는 매크로가 프로그램에서 중복 호출되면 레이블이 중복 사용되므로 매크로의 레이블은 다음과 같이 로컬 레이블로 선언되어야 한다. 어셈블러는 매크로가 확장될 때마다 로컬 레이블 목록에 있는 레이블에 대해 다른 기호를 부여하여 레이블이 중복되지 않도록 한다.

```
(일반 형식)  LOCAL  레이블_목록
```

◆ [예제 10.4]

워드 배열의 요소 중에 가장 큰 요소값을 구하여 AX에 저장하는 BIG_ARRAY 매크로를 정의하라.

가인수로 배열의 이름과 배열의 요소 개수를 사용한다. 배열 요소 중에 가장 큰 요소값을 구하기 위해 FOR문을 사용하고 FOR문의 시작 위치를 나타내는 레이블을 로컬 레이블로 선언한다.

```
BIG_ARRAY    MACRO   ARRAY,N              ; WARRAY와 N은 가인수
          LOCAL   @TOP, @NEXT             ; 로컬 레이블 선언
```

```
        PUSH    BX
        PUSH    CX
        LEA     BX,ARRAY        ; 레지스터 간접 모드를 사용한다.
        MOV     AX,[BX]         ; 최대값을 ARRAY[0]로 초기화한다.
        MOV     CX,N
        DEC     CX              ; 루프 카운터를 N-1로 초기화한다.
@TOP:
        ADD     BX,2            ; 주소 레지스터를 2 증가시킨다.
        CMP     [BX],AX         ; 배열 요소와 최대값을 비교한다.
        JLE     @NEXT
        MOV     AX,[BX]         ; 크면 최대값으로 저장한다.
@NEXT:
        LOOP    @TOP            ; N-1번 반복 수행한다.
        POP     CX
        POP     BX
        ENDM
```

[예제 10.5]

NEWLINE 매크로를 사용하여 다음과 같이 3개의 문자를 입력 받아 차례로 출력하는 프로그램을 작성하라.

```
(실행)  ?DEU
        D
        E
        U
```

3개의 문자를 차례로 입력 받아 레지스터에 저장한다. 새로운 줄로 이동하는 NEWLINE 매크로를 사용하여 입력 받은 문자들을 새로운 줄에 차례로 출력한다.

```
.MODEL SMALL
.STACK 100H

NEWLINE    MACRO                  ; NEWLINE 매크로 정의
        MOV    AH,2
        MOV    DL,0DH
        INT    21H                ; 캐리지 리턴 제어 문자를 출력한다.
        MOV    DL,0AH
        INT    21H                ; 라인 피드 제어 문자를 출력한다.
        ENDM

.CODE
MAIN    PROC
        MOV    AH,2
        MOV    DL,'?'
        INT    21H                ; '?'를 출력한다.
        MOV    AH,1
        INT    21H
        MOV    BL,AL              ; 첫 번째 문자를 BL에 저장한다.
        INT    21H
        MOV    BH,AL              ; 두 번째 문자를 BH에 저장한다.
        INT    21H
        MOV    CL,AL              ; 세 번째 문자를 CL에 저장한다.
```

```
        NEWLINE             ; 새로운 줄로 이동한다.
        MOV     DL,BL
        INT     21H         ; 첫 번째 문자를 출력한다.
        NEWLINE             ; 새로운 줄로 이동한다.
        MOV     DL,BH
        INT     21H         ; 두 번째 문자를 출력한다.
        NEWLINE             ; 새로운 줄로 이동한다.
        MOV     DL,CL
        INT     21H         ; 세 번째 문자를 출력한다.
        MOV     AH,4CH
        INT     21H
MAIN    ENDP
        END     MAIN
```

10.2 반복 매크로와 매크로 라이브러리

REPT 매크로는 매크로 안에서 어떤 명령어 블록을 반복하기 위해 사용된다. 다음은 REPT 매크로의 일반적인 형식을 나타내며 사용자가 정의하는 매크로 본문에 포함된다.

```
(일반 형식)  REPT  표현식(expression)
             ; 반복 매크로 코드
             ENDM
```

[예제 10.6]

N개의 문자를 연속적으로 출력하는 OUT_CHAR 매크로를 정의하고 다음과 같이 대문자 26개, 소문자 26개, 숫자 10개를 차례로 출력하는 프로그램을 작성하라.

```
(실행)  ABCDEFGHIJKLMNOPQRSTUVWXYZ
        abcdefghijklmnopqrstuvwxyz
        0123456789
```

OUT_CHAR 매크로는 N개의 연속적인 문자를 반복 출력하기 때문에 단일 문자 출력 코드를 REPT 매크로에 포함하여 N개의 문자가 연속적으로 출력되게 한다. 대문자 26개, 소문자 26개, 숫자 10개를 차례로 출력하기 위해 OUT_CHAR 매크로와 NEWLINE 매크로를 각각 사용한다.

```
.MODEL SMALL
.STACK 100H

NEWLINE   MACRO                   ; NEWLINE 매크로 정의
        MOV     AH,2
        MOV     DL,0DH
        INT     21H
        MOV     DL,0AH
        INT     21H
        ENDM

; 가인수 BYT는 첫 번째 문자, N은 반복 횟수를 나타낸다.
OUT_CHAR  MACRO   BYT, N
        MOV     AH,2
```

```
        MOV     DL,BYT          ; 첫 번째 문자 BYT를 DL에 저장한다.
        REPT    N               ; 아래 두 명령어를 N번 반복한다.
        INT     21H
        INC     DL              ; 다음 문자를 DL에 저장한다.
        ENDM
        ENDM

.CODE
MAIN    PROC
        OUT_CHAR    'A',26          ; 대문자 26개를 출력한다.
        NEWLINE
        OUT_CHAR    'a',26          ; 소문자 26개를 출력한다.
        NEWLINE
        OUT_CHAR    '0',10          ; 숫자 10개를 출력한다.
        MOV     AH,4CH
        INT     21H
MAIN    ENDP
        END     MAIN
```

다음은 IRP 매크로의 일반적인 형식을 나타내며 가인수 d가 ai로 치환되는 매크로 확장이 N번 반복된다. IRP 매크로도 사용자가 정의하는 매크로에 포함된다.

```
(일반 형식)  IRP    d,〈a1,a2,…, an〉
            ; 반복 매크로 코드
            ENDM
```

◆ [예제 10.7]

IRP 매크로를 사용하여 레지스터나 워드 변수를 스택에 저장하는 SAVE_DATA와 RESTORE_DATA 매크로를 정의하라.

여러 개의 레지스터나 워드 변수들을 스택에 저장하고 복원하기 위해 SAVE_DATA와 RESTORE_DATA 매크로는 IRP 매크로를 사용한다. IRP 매크로의 가인수 ai에 스택에 저장하거나 스택에서 복귀할 레지스터나 워드 변수를 나타내어 PUSH 명령어와 POP 명령어가 반복적으로 수행되도록 한다.

```
SAVE_DATA    MACRO    DATA
        IRP      D,<DATA>
        PUSH     D
        ENDM
        ENDM
```

```
RESTORE_DATA    MACRO    DATA
        IRP      D,<DATA>
        POP      D
        ENDM
        ENDM
```

다음과 같이 SAVE_DATA와 RESTORE_DATA 매크로를 호출하면 PUSH와 POP 명령어가 반복 수행되어 가인수 ai에 나타낸 레지스터와 워드 변수가 스택에 저장되고 복원된다.

```
SAVE_DATA    <AX,BX,SI,WRD1>    ; SAVE_DATA 매크로 호출
        PUSH    AX              ; AX를 스택에 저장한다.
        PUSH    BX              ; BX를 스택에 저장한다.
        PUSH    SI              ; SI를 스택에 저장한다.
        PUSH    WRD1            ; WRD1를 스택에 저장한다.
```

```
RESTORE_DATA    <WRD1,SI,BX,AX>        ; RESTORE_DATA 매크로 호출
        POP     WRD1            ; WRD1를 스택에서 복원한다.
        POP     SI              ; SI를 스택에서 복원한다.
        POP     BX              ; BX를 스택에서 복원한다.
        POP     AX              ; AX를 스택에서 복원한다.
```

매크로 라이브러리

프로그램에서 호출하는 매크로가 많이 정의되어 있는 경우 프로시져와 같이 호출되는 매크로를 별도의 파일에 저장하고 INCLUDE 명령을 사용하여 프로그램에 포함한다. 호출되는 모든 매크로가 MACROS.ASM에 정의되어 있는 경우 INCLUDE MACROS.ASM 명령을 사용하여 프로그램에 포함시키면 어셈블러는 MACRO.ASM 파일로부터 모든 매크로 정의를 프로그램에 복사한다. INCLUDE 명령은 매크로 호출이 있기 전에 나와야 하며 MACRO 파일이 작성되는 프로그램과 다른 디렉토리에 저장되어 있는 경우에는 INCLUDE 명령을 사용할 때 경로를 정확하게 설정해주어야 한다. 다음의 IF1 조건절은 어셈블러가 첫 번째 매크로가 호출될 때 MACRO 파일을 어셈블링한다. MACRO 파일은 포함되어 있지만 매크로가 호출되지 않으면 MACRO 파일은 어셈블링되지 않는다.

```
(일반 형식) IF1
            INCLUDE        MACRO.ASM
            ENDIF
```

10.3 매크로에 대한 실습 예제

[실습 10.1]

문자열을 출력하는 OUT_STRING 매크로를 정의하고 OUT_STRING 매크로를 사용하여 입력 받은 두 10진수를 더하여 출력하는 프로그램을 작성하라.

실행) Input the first decimal number : 350
Input the second decimal number : 850
The sum of the decimal numbers is 1200

문자열의 시작 주소를 가인수로 받고 문자열을 출력하는 OUT_STRING 매크로를 정의한다. 출력할 문자열을 데이터 세그먼트에 정의하고 문자열 출력을 위해 OUT_STRING 매크로를 사용한다. 10진수 입출력을 위해 INDECM과 OUTDECM 프로시저를 사용한다.

OUT_STRING 매크로를 사용하여 첫 번째 입력에 대한 문자열을 출력하고 첫 번째 10진수를 입력 받는다.
OUT_STRING 매크로를 사용하여 두 번째 입력에 대한 문자열을 출력하고 두 번째 10진수를 입력 받는다.
입력 받은 두 10진수를 더한다.
OUT_STRING 매크로를 사용하여 합의 출력에 대한 문자열을 출력하고 더한 결과를 10진수로 출력한다.

```
.MODEL SMALL
.STACK 100H
.DATA
InMSG1   DB     'Input the first decimal number : $'
InMSG2   DB     0DH,0AH,'Input the second decimal number : $'
OutMSG   DB     0DH,0AH,'The sum of the decimal numbers is $'

OUT_STRING    MACRO   MSG            ; MSG은 가인수
        LEA     DX,MSG          ; 출력 문자열의 시작 주소를 저장한다.
        MOV     AH,9            ; 문자열 출력 기능으로 설정한다.
        INT     21H             ; 문자열을 출력한다.
        ENDM

.CODE
MAIN    PROC
        MOV     AX,@DATA
        MOV     DS,AX

        OUT_STRING      InMSG1         ; InMSG1 문자열을 출력한다.
        CALL    INDECM          ; 첫 번째 10진수를 입력 받는다.
        MOV     BX,AX           ; 첫 번째 10진수를 BX에 저장한다.
        OUT_STRING      InMSG2         ; InMSG2 문자열을 출력한다.
        CALL    INDECM                 ; 두 번째 10진수를 입력 받는다.

        ADD     BX,AX           ; 두 10진수를 더한다.
        OUT_STRING      OutMSG         ; OutMSG 문자열을 출력한다.
        MOV     AX,BX
        CALL    OUTDECM         ; 합을 10진수를 출력한다.
```

```
        MOV     AH,4CH
        INT     21H
MAIN    ENDP

INCLUDE         INDECM.ASM
INCLUDE         OUTDECM.ASM
        END    MAIN
```

[실습 10.2]

두 8 비트 데이터를 합쳐 16 비트로 만들어 BX에 저장하는 MAKE_WORD 매크로를 정의하고 MAKE_WORD 매크로를 사용하여 입력 받은 10개의 문자를 워드 배열 ArrayW에 저장하고 16진수로 출력하는 프로그램을 작성하라.

```
실행)   ?ABCDEFHIJK
        4142 4344 4546 4748 494A
```

두 8 비트를 합쳐 16 비트로 만들기 위해 첫 번째 문자가 입력되면 BL에 저장한다. 두 번째 문자가 입력되면 먼저 입력된 첫 번째 문자를 8 비트 왼쪽 이동한 후 두 번째 문자를 BL에 저장한다. 그러면 상위 바이트에는 첫 번째 문자가 저장되고 하위 바이트에는 두 번째 문자가 저장된다. 입력되는 문자 순서대로 MAKE_WORD 매크로를 사용하여 두 문자의 ASCII 코드를 합쳐 16 비트로 만든 후에 워드 배열 ArrayW의 요소에 저장한다. 두 문자가 'AB' 이면 ASCII 코드값 4142H가 배열에 저장된다. 워드 배열 ArrayW의 16진수 출력을 위해 16진수 출력 코드를 OUTHEXA 프로시져로 구성한다.

```
주소 레지스터 SI를 초기화한다.
루프 카운터 CX를 5로 초기화한다.
FOR문
   두 문자를 입력 받는다.
   MAKE_WORD 매크로를 사용하여 16 비트로 만든다.
   ArrayW[i]에 저장한다.
   주소 레지스터 SI를 2 증가시킨다.
END_FOR
새로운 줄로 이동하고 워드 배열 ArrayW을 16진수로 출력한다.
```

```
.MODEL SMALL
.STACK 100H
.DATA
ArrayW    DW     5 DUP (?)          ; 배열 ArrayW를 정의한다.

MAKE_WORD    MACRO   BYT1,BYT2         ; BYT1, BYT2는 8 비트
        PUSH    CX
        MOV     BL,BYT1             ; BL에 BYT1을 저장한다.
        MOV     CL,8
        SHL     BX,CL               ; BH에는 BL, BL=0이 된다.
        OR      BL,BYT2             ; BL에 BYT2를 저장한다.
        POP     CX
        ENDM

.CODE
MAIN    PROC
        MOV     AX,@DATA
```

```
        MOV     DS,AX
        MOV     AH,2
        MOV     DL,'?'
        INT     21H              ; '?'를 출력한다.

        XOR     SI,SI            ; SI를 0으로 초기화한다.
        MOV     CX,5             ; 루프 카운터를 5로 초기화한다.
        MOV     AH,1             ; 단일 문자 입력 기능으로 설정한다.
@TOP1:
        INT     21H
        MOV     BL,AL            ; 첫 번째 문자를 BL에 저장한다.
        INT     21H
        MAKE_WORD    BL,AL       ; 두 문자를 합쳐 16 비트로 만든다.
        MOV     ArrayW[SI],BX    ; 16 비트를 ArrayW[i]에 저장한다.
        ADD     SI,2             ; 주소 레지스터 SI를 2 증가시킨다.
        LOOP    @TOP1
        MOV     AH,2
        MOV     DL,0DH
        INT     21H
        MOV     DL,0AH
        INT     21H

        XOR     SI,SI            ; SI를 0으로 초기화한다.
        MOV     CX,5             ; 루프 카운터를 5로 초기화한다.
@TOP2:
        MOV     BX,ArrayW[SI]    ; ArrayW[i]을 BX에 저장한다.
        CALL    OUTHEXA          ; 16진수로 출력한다.
        MOV     DL,' '
        INT     21H              ; ' '를 출력한다.
        ADD     SI,2             ; 주소 레지스터 SI를 2 증가시킨다.
```

```
        LOOP    @TOP2
        MOV     AH,4CH
        INT     21H
MAIN    ENDP

OUTHEXA         PROC
        PUSH    CX

        MOV     DH,4            ; 루프 카운터를 4로 초기화한다.
        MOV     CL,4            ; CL을 4 비트 이동, 회전으로 설정한다.
        MOV     AH,2
@OUTPUT:
        MOV     DL,BH           ; BH를 DL에 저장한다.
        SHR     DL,CL           ; DL을 4 비트 오른쪽 이동한다.
        CMP     DL,0AH
        JL      @NUMBER
        ADD     DL,37H          ; 16진값 A-F를 'A'-'F'로 변환한다.
        JMP     @NEXT
@NUMBER:
        OR      DL,30H          ; 16진값 0-9를 '0'-'9'로 변환한다.
@NEXT:
        INT     21H             ; 화면에 출력한다.
        ROL     BX,CL           ; BX를 4 비트 왼쪽 회전한다.
        DEC     DH              ; 루프 카운터를 1 감소시킨다.
        JNZ     @OUTPUT         ; 0이 될 때까지 반복 수행한다.
        POP     CX
        RET
OUTHEXA         ENDP
        END    MAIN
```

[실습 10.3]

예제 10.4의 BIG_ARRAY 매크로를 사용하여 입력 받은 7개 요소의 워드 배열 ArrayD의 가장 큰 요소값을 구하여 출력하는 프로그램을 작성하라.

실행) ?75 -35 125 85 -15 155 95
155

7개의 워드 배열 ArrayD를 입력 받아 저장하고 BIG_ARRAY 매크로를 사용하여 가장 큰 요소값을 구하여 출력한다. 배열의 입력과 가장 큰 요소값 출력을 위해 INDECM과 OUTDECM 프로시져를 사용한다.

FOR문을 사용하여 배열 ArrayD를 입력 받는다.
BIG_ARRAY 매크로를 사용하여 가장 큰 요소값을 구하여 출력한다.

```
.MODEL SMALL
.STACK 100H
.DATA
ArrayD  DW      7 DUP (?)          ; 배열 ArrayD를 정의한다.

BIG_ARRAY   MACRO   ARRAY,N  ; WARRAY와 N은 가인수
        LOCAL   @TOP, @NEXT
        PUSH    BX
        PUSH    CX
        LEA     BX,ARRAY           ; 레지스터 간접 모드를 사용한다.
        MOV     AX,[BX]
```

```
        MOV     CX,N
        DEC     CX              ; 루프 카운터를 N-1로 설정한다.
@TOP:
        ADD     BX,2            ; 주소 레지스터를 2 증가시킨다.
        CMP     [BX],AX         ; 배열 요소와 최대값을 비교한다.
        JLE     @NEXT
        MOV     AX,[BX]         ; 크면 최대값으로 저장한다.
@NEXT:
        LOOP    @TOP            ; N-1번 반복 수행한다.
        POP     CX
        POP     BX
        ENDM

.CODE
MAIN    PROC
        MOV     AX,@DATA
        MOV     DS,AX
        MOV     AH,2
        MOV     DL,'?'
        INT     21H             ; '?'를 출력한다.

; FOR문을 사용하여 배열 ArrayD를 입력 받는다.
        MOV     CX,7
        XOR     SI,SI           ; SI를 0으로 초기화한다.
@INPUTD:
        CALL    INDECM
        MOV     ArrayD[SI],AX   ; 입력 요소를 ArrayD[i]에 저장한다.
        ADD     SI,2            ; 주소 레지스터 SI를 2 증가시킨다.
        LOOP    @INPUTD
        MOV     AH,2
```

```
        MOV     DL,0DH
        INT     21H
        MOV     DL,0AH
        INT     21H

        BIG_ARRAY       ArrayD,7        ; 가장 큰 요소값을 구한다.
        CALL    OUTDECM                 ; 가장 큰 요소값을 출력한다.
        MOV     AH,4CH
        INT     21H
MAIN    ENDP

INCLUDE         INDECM.ASM
INCLUDE         OUTDECM.ASM
        END     MAIN
```

[실습 10.4]

워드 배열의 요소의 합을 구하여 AX에 저장하는 SUM_ARRAY 매크로를 정의하고 SUM_ARRAY 매크로를 사용하여 입력 받은 5개 요소의 워드 배열 ArrayA와 ArrayB의 요소의 합을 각각 구하여 출력하는 프로그램을 작성하라.

```
실행)   ?110 80 55 145 50
        ?65 80 15 120 35
        440 315
```

워드 배열의 요소의 합을 구하는 코드를 이용하여 SUM_ARRAY 매크로를 정의하고 새로운 줄로 이동하는 NEWLINE 매크로도 포함한다.

FOR문을 사용하여 배열 ArrayA를 입력 받는다.
NEWLINE 매크로를 이용하여 새로운 줄로 이동한다.
FOR문을 사용하여 배열 ArrayB를 입력 받는다.
NEWLINE 매크로를 이용하여 새로운 줄로 이동한다.
SUM_ARRAY 매크로를 이용하여 배열 ArrayA의 요소의 합을 구한다.
OUTDECM 프로시져를 사용하여 배열 ArrayA의 요소의 합을 출력한다.
SUM_ARRAY 매크로를 이용하여 배열 ArrayB의 요소의 합을 구한다.
OUTDECM 프로시져를 사용하여 배열 ArrayB의 요소의 합을 출력한다.

```
.MODEL SMALL
.STACK 100H
.DATA
ArrayA  DW      5 DUP (?)       ; 배열 ArrayA를 정의한다.
ArrayB  DW      5 DUP (?)       ; 배열 ArrayB를 정의한다.

SUM_ARRAY    MACRO   ARRAY,N ; ARRAY와 N은 가인수
        LOCAL   @TOP
        PUSH    SI
        PUSH    CX
        XOR     AX,AX           ; 합을 0으로 초기화한다.
        XOR     SI,SI           ; 주소 레지스터 SI를 0으로 초기화한다.
        MOV     CX,N            ; 루프 카운터를 N으로 초기화한다.
@TOP:
        ADD     AX,ARRAY[SI]    ; ARRAY[i]를 합에 더한다.
        ADD     SI,2            ; 주소 레지스터를 2 증가시킨다.
        LOOP    @TOP            ; N번 반복 수행한다.
```

```
          POP     CX
          POP     SI
          ENDM

NEWLINE   MACRO                    ; NEWLINE 매크로 정의
          MOV     AH,2
          MOV     DL,0DH
          INT     21H
          MOV     DL,0AH
          INT     21H
          ENDM

.CODE
MAIN      PROC
          MOV     AX,@DATA
          MOV     DS,AX
          MOV     AH,2
          MOV     DL,'?'
          INT     21H              ; '?'를 출력한다.

; FOR문을 사용하여 배열 ArrayA를 입력 받는다.
          MOV     CX,5
          XOR     SI,SI            ; 주소 레지스터 SI를 0으로 초기화한다.
@INPUTA:
          CALL    INDECM
          MOV     ArrayA[SI],AX    ; 입력 요소를 ArrayA[i]에 저장한다.
          ADD     SI,2             ; 주소 레지스터를 2 증가시킨다.
          LOOP    @INPUTA
          NEWLINE                  ; 새로운 줄로 이동한다.
```

```
        MOV     DL,'?'
        INT     21H

; FOR문을 사용하여 배열 ArrayB를 입력 받는다.
        MOV     CX,5
        XOR     SI,SI
@INPUTB:
        CALL    INDECM
        MOV     ArrayB[SI],AX       ; 입력 요소를 ArrayB[i]에 저장한다.
        ADD     SI,2                ; 주소 레지스터를 2 증가시킨다.
        LOOP    @INPUTB
        NEWLINE                     ; 새로운 줄로 이동한다.

        SUM_ARRAY       ArrayA,5    ; ArrayA 배열의 요소의 합을 구한다.
        CALL    OUTDECM             ; ArrayA 배열의 요소의 합을 출력한다.
        MOV     AH,2
        MOV     DL,' '
        INT     21H                 ; ' '을 출력한다.

        SUM_ARRAY       ArrayB,5    ; ArrayB 배열의 요소의 합을 구한다.
        CALL    OUTDECM             ; ArrayB 배열의 요소의 합을 출력한다.
        MOV     AH,4CH
        INT     21H
MAIN    ENDP

INCLUDE         INDECM.ASM
INCLUDE         OUTDECM.ASM
        END     MAIN
```

[실습 10.5]

예제 10.1의 두 워드 변수를 서로 바꾸는 XCHGW 매크로를 사용하여 7개의 워드 배열 ArrayB의 요소들을 역순으로 서로 바꾸는 프로그램을 작성하라.

실행) ?15 35 -20 65 -90 75 85
85 75 -90 65 -20 35 15

FOR문을 사용하여 7개의 워드 배열 ArrayB를 입력 받아 저장한다. XCHGW 매크로를 사용하여 첫 번째 요소 ArrayB[0]와 마지막 요소 ArrayB[6]을 서로 바꾸고 두 번째 요소 ArrayB[1]과 마지막 이전 요소 ArrayB[5]를 서로 바꾼다. 주소 레지스터 SI와 DI를 사용하여 바꾸려는 요소들의 주소를 저장한다. 요소를 서로 바꾸는 FOR문 코드는 배열 요소의 개수의 반인 3번을 반복된다.

```
FOR문을 사용하여 배열 ArrayB를 입력 받는다.
루프 카운터를 3으로 초기화한다.
주소 레지스터 SI에 ArrayB의 베이스 주소를 저장한다.
주소 레지스터 DI에 ArrayB의 마지막 요소의 주소를 저장한다.
FOR문
    XCHGW 매크로 사용하여 [SI], [DI] 요소값을 서로 바꾼다.
    주소 레지스터 SI를 2 증가시킨다.
    주소 레지스터 DI를 2 감소시킨다.
END_FOR
FOR문을 사용하여 역순으로 저장된 ArrayB를 출력한다.
```

```
.MODEL SMALL
.STACK 100H
.DATA
ArrayB  DW      7 DUP (?)          ; 배열 ArrayB를 정의한다.

XCHGW     MACRO   WRD1,WRD2; WRD1와 WRD2는 가인수
        PUSH    AX
        MOV     AX,WRD1            ; WRD1을 AX에 저장한다.
        XCHG    AX,WRD2            ; AX와 WRD2를 바꾼다.
        MOV     WRD1,AX            ; AX를 WRD1에 저장한다.
        POP     AX
        ENDM

.CODE
MAIN    PROC
        MOV     AX,@DATA
        MOV     DS,AX
        MOV     AH,2
        MOV     DL,'?'
        INT     21H

; FOR문을 사용하여 배열 ArrayB를 입력 받는다.
        MOV     CX,7
        XOR     SI,SI              ; SI를 0으로 초기화한다.
@INPUTB:
        CALL    INDECM
        MOV     ArrayB[SI],AX      ; 입력 요소를 ArrayB[i]에 저장한다.
        ADD     SI,2               ; 주소 레지스터를 2 증가시킨다.
```

```
        LOOP    @INPUTB
        MOV     AH,2
        MOV     DL,0DH
        INT     21H
        MOV     DL,0AH
        INT     21H

        MOV     CX,3
        LEA     SI,ArrayB           ; SI는 첫 번째 요소의 주소를 저장한다.
        MOV     DI,SI
        ADD     DI,12               ; DI는 마지막 요소의 주소를 저장한다.
@REVERSE:
        XCHGW   [SI],[DI]           ; 서로 바꾼다.
        ADD     SI,2                ; SI는 2 증가시킨다.
        SUB     DI,2                ; DI는 2 감소시킨다.
        LOOP    @REVERSE

        MOV     CX,7
        XOR     SI,SI               ; SI를 0으로 초기화한다.
@OUTB:
        MOV     AX,ArrayB[SI]       ; AX에 ArrayB[i]를 저장한다.
        CALL    OUTDECM
        MOV     DL,' '
        INT     21H                 ; ' '를 출력한다.
        ADD     SI,2                ; 주소 레지스터를 2 증가시킨다.
        LOOP    @OUTB
        MOV     AH,4CH
        INT     21H
MAIN    ENDP
```

```
INCLUDE         INDECM.ASM
INCLUDE         OUTDECM.ASM
        END     MAIN
```

연습문제

10.1 두 워드 변수 중에 작은 값을 AX에 저장하는 GET_SMALL 매크로를 정의하고 GET_SMALL 매크로를 사용하여 입력 받은 7개 요소의 워드 배열 ArrayW의 최소 요소값을 구하여 출력하는 프로그램을 작성하라.

10.2 N!=N×N-1×⋯×1을 계산하는 FACTORIAL 매크로를 정의하고 FACTORIAL 매크로를 사용하여 1!에서 5!까시의 값을 차례로 계산하여 결과를 출력하는 프로그램을 작성하라.

10.3 반복 매크로를 사용하여 두 워드 배열의 합을 구하는 SUM_ARRAY 매크로를 정의하라. A_ARRAY, B_ARRAY, C_ARRAY, N을 가인수로 사용하라. Enter 입력, C_ARRAY[K] = A_ARRAY[K] + B_ARRAY[K]

10.4 두 워드 변수를 서로 바꾸는 XCHGW 매크로를 사용하여 7개 요소의 워드 배열 ArrayA와 ArrayB의 요소들을 서로 바꾸는 프로그램을 작성하라.

11
Chapter

설계 프로젝트

지금까지 학습한 8086 어셈블리언어의 이론과 실습 능력을 토대로 설계 및 응용 능력을 높이기 위해 11장에서는 4개의 간단한 설계 프로젝트를 소개한다.

11.1 사칙연산 계산기

프로시저 호출과 스택을 이용하여 사칙연산 계산기를 설계 구현한다. 입력 받은 순서대로 계산을 수행하고 연산자 우선 순위를 고려하지 않는다. '='가 입력될 때까지 숫자와 연산자를 입력 받고 숫자는 127을 초과하면 오버플로우로 간주한다. 숫자를 저장하는 변수는 총 2개이며 첫 번째 입력된 숫자와 두 번째 입력된 숫자를 저장한 후 연산자가 입력되면 첫 번째 입력된 숫자와 두 번째 입력된 숫자를 계산하여 첫 번째 입력된 숫자에 저장하고 다시 숫자를 입력받는다. '='이 입력 순서대로 입력한 숫자를 연산하여 결과를 보여준다. 다음은 사칙연산 계산기의 실행 예를 나타낸다.

```
*************************
    This is calculator...
*************************
      Operator
*************************
  <ex> 23+34*21-13/2=
-------------------------
23+34    ... 57
57*21    ... 1197
119-13 ... 106
184/2  ... 92
-------------------------
 Please press =
-------------------------

114-4*2+5/25=9
```

```
WHILE문
  한 숫자를 입력받는다.
  '='이 입력되면 WHILE문 수행을 종료한다.
  IF 입력 값이 0보다 작거나 9보다 크면
  THEN IF 입력 값이 연산자인가?
        THEN IF 이전 입력 값이 있는가?
               THEN IF 이전에 입력된 연산자가 '+' 이면
                     THEN 이전 입력된 수와 현재 입력된 수를
                           더하여 이전 입력된 수에 저장한다.
                     ELSE IF 이전 입력된 연산자가 '-' 이면
                         THEN 이전 입력된 수에 현재 입력된 수를
                              빼서 이전 입력된 수에 저장한다.
                         ELSE IF 이전 입력된 연산자가 '*' 이면
                          THEN 이전 입력된 수와 현재 입력된 수를
                               곱하여 이전 입력된 수에 저장한다.
                          ELSE IF 이전 입력된 연산자가 '/' 이면
                          THEN 이전 입력된 수에 현재 입력된 수를
                            나누어 이전 입력된 수에 저장한다.
                          ELSE 연산자 오류를 출력한다.
                     END_IF
               ELSE 현재 입력 값을 이전 입력 값으로 복사한다.
               END_IF
               현재 입력된 연산자를 이전 연산자로 복사한다.
        ELSE 연산자 오류를 출력한다.
        END_IF
  END_IF
```

WHILE문 수행을 반복한다.
END_WHILE

```
.MODEL SMALL
.STACK 100H
.DATA
TITLE0  DB '*************************',0AH,0DH,' This is calculator... '
        DB 0AH,0DH,'*************************',0AH,0DH,'$'
TITLE1  DB '        Operator          ',0AH,0DH
        DB '*************************',0AH,0DH,'$'
TITLE2  DB ' (ex) 23+34*21-13/2=    ',0AH,0DH
        DB '------------------------',0AH,0DH,'$'
TITLE3  DB '23+34     ... 57          ',0AH,0DH,'$'
TITLE4  DB '57*21     ... 1197        ',0AH,0DH,'$'
TITLE5  DB '119-13 ... 106         ',0AH,0DH,'$'
TITLE6  DB '184/2   ... 92           ',0AH,0DH,'------------------------'
        DB 0AH,0DH,'$'
TITLE7  DB 'Please press =',0AH,0DH,'------------------------'
        DB 0AH,0DH,0AH,0DH,'$'
ERR0    DB 'OPERATOR ERROR.$'
ERR1    DB 'Overflow ERROR.$'

PREV    DB ' '
POST    DB ' '
TEN     DW 10
FIRST   DB 0
```

```
.CODE
MAIN    PROC
        MOV     AX,@DATA
        MOV     DS,AX
        MOV     AH,9
        LEA     DX,TITLE0
        INT     21H
        LEA     DX,TITLE1
        INT     21H
        LEA     DX,TITLE2
        INT     21H
        LEA     DX,TITLE3
        INT     21H
        LEA     DX,TITLE4
        INT     21H
        LEA     DX,TITLE5
        INT     21H
        LEA     DX,TITLE6
        INT     21H
        LEA     DX,TITLE7
        INT     21H

        XOR     CX,CX
@WHILEST:
        CALL    READN
        CMP     AX,128
        JL      @FIR
        JMP     @OVER
@FIR:
```

```
        CMP     FIRST,0
        JNE     @CONTINUE
        MOV     FIRST,2
        JMP     @SKIP
@OVER:
        MOV     AH,9
        LEA     DX,ERR1
        INT     21H
        JMP     @QUIT
@CONTINUE:
        MOV     BX,AX
        MOV     AX,CX
        CALL    OPER

        CMP     PREV,'@'
        JNE     @SKIP
        JMP     @QUIT
@SKIP:
        MOV     DL,POST
        MOV     PREV,DL
        CMP     POST,'='
        JNE     @WHILEEND
        JMP     @EXIT
@WHILEEND:
        MOV     CX,AX
        JMP     @WHILEST
@EXIT:
        XOR     CX,CX
@DECIMAL:
```

```
        XOR     DX,DX
        DIV     TEN
        PUSH    DX
        INC     CX
        CMP     AX,0000H
        JNE     @DECIMAL
        MOV     AH,2
@POPDEC:
        POP     DX
        ADD     DX,30H
        INT     21H
        LOOP    @POPDEC
@QUIT:
        MOV     AH,4CH
        INT     21H
MAIN    ENDP

READN PROC
        PUSH    BX
        PUSH    CX
        MOV     CX,10D
        XOR     BX,BX
@READN1:
        MOV     AH,6
        MOV     DL,0FFH
        INT     21H
        JE      @READN1
        CMP     AL,'0'
        JB      @READN2
```

```
        CMP     AL,'9'
        JA      @READN2
        MOV     DL,AL
        INT     21H
        SUB     AL,'0'
        PUSH    AX
        MOV     AX,BX
        MUL     CX

        MOV     BX,AX
        POP     AX
        XOR     AH,AH
        ADD     BX,AX
        JMP     @READN1
@READN2:
        MOV     POST,AL
        MOV     DL,AL
        INT     21H
        MOV     AX,BX
        POP     CX
        POP     BX
        RET
READN ENDP

OPER    PROC
@PRODUCT:
        CMP     PREV,'*'
        JNZ     @DIVISION
        MUL     BL
```

```
        JMP     @FINISH
@DIVISION:
        CMP     PREV,'/'
        JNZ     @PLUS
        XOR     DX,DX
        DIV     BX
        JMP     @FINISH
@PLUS:
        CMP     PREV,'+'
        JNZ     @MINUS
        ADD     AX,BX
        JMP     @FINISH
@MINUS:
        CMP     PREV,'-'
        JNZ     @ERROR
        SUB     AX,BX
        JMP     @FINISH
@ERROR:
        MOV     DL,'@'
        MOV     PREV,DL
        MOV     AH,9
        LEA     DX,ERR0
        INT     21H
@FINISH:
        RET
OPER    ENDP
        END  MAIN
```

11.2 성적 처리

2차원 배열을 이용하여 4명의 학생들의 4개 과목 성적을 입력 받아 학생 개인의 성적 평균, 학생들의 석차와 등급, 전체 학생의 평균을 구하여 출력한다. 성적 입력은 1~100점이며 한 과목의 성적 입력이 완료되면 스페이스를 눌러 다음 과목의 성적을 입력한다. 총 4명 학생에 대해 학생당 4개 과목의 성적을 입력 받아 2차원 배열에 저장한다. 등급은 90점 이상 A, 80점 이상 B, 70점 이상 C, 60점 이상 D, 그 외의 점수는 F로 처리한다. 석차는 내림차순으로 정렬하기 위하여 정렬 알고리즘을 사용하였다. 이 프로젝트는 더 많은 학생과 더 많은 과목에 대한 내용으로 쉽게 수정할 수 있다. 다음은 성적 처리 프로젝트의 실행 예를 나타낸다.

```
PLEASE INPUT 4.

                                          SJ1   SJ2   SJ3   SJ4
PLEASE INPUT ST1"S SCORE.<4 SUBJECT> : 90    70    80    90
PLEASE INPUT ST2"S SCORE.<4 SUBJECT> : 99    87    86    95
PLEASE INPUT ST3"S SCORE.<4 SUBJECT> : 78    85    95    96
PLEASE INPUT ST4"S SCORE.<4 SUBJECT> : 96    97    97    95

 [AVERGAE]
ST11    ST2    ST3    ST4
 82     91     88     96

[RANKING]  1    2    3    4
           96   91   88   82
[GRADE]....A    A    B    B

[TOTAL AVERAGE]...<89>
```

```
4X4 2차원 배열을 생성한다.
총 4명의 평균값을 저장할 배열을 생성한다.
INDEX를 0, COUNTER를 16으로 초기화한다.
WHILE문
  성적을 입력 받는다.
  IF COUNTER>0 이면
     THEN INDEX를 증가 (COUNTER-1)
            4X4 배열[INDEX]에 입력 받은 성적을 저장한다.
     ELSE WHILE문 수행을 종료한다.
  END_IF
END_WHILE

;평균값을 구한다.
COUNTER=3, AVER_INDEX=0으로 초기화한다.
WHILE문
  AVER_INDEX가 4가 되면 WHILE문을 종료한다.
  IF COUNTER>4 이면
      THEN 4X4 배열[INDEX]의 값을 AX에 더한다.
             INDEX와 COUNTER 값을 감소한다.
      ELSE 합을 4로 나누어 평균 배열[AVER_INDEX]에 저장한다.
            AVER_INDEX를 증가하고 COUNTER=4로 초기화한다.
  END_IF
END_WHILE

;내림차순으로 정렬한다.
COUNTER=(배열크기-1), INDEX=0로 초기화한다.
WHILE문
```

```
  COUNTER=0이 되면 WHILE문을 종료한다.
  WHILE문
    (INDEX==COUNTER)가 되면 WHILE문을 종료한다.
    IF 평균배열[INDEX] 〉 평균배열[INDEX+1]
       THEN 평균배열[INDEX]의 값과 평균배열[INDEX+1]의 값을
              서로 바꾸고 INDEX를 증가한다.
       ELSE INDEX를 증가시킨다.
    END_IF
  END_WHILE
  COUNTER를 감소시킨다.
END_WHILE

;등급을 구한다.
INDEX=0으로 초기화한다.
WHILE문
  INDEX가 3이 되면 WHILE문을 종료한다.
  IF 평균배열[INDEX]의 값이 90점 이상인가?
     THEN A 등급을 표시하고 INDEX를 증가시킨다.
     ELSE IF 평균배열[INDEX]의 값이 80점 이상인가?
           THEN B 등급을 표시하고 INDEX를 증가시킨다.
           ELSE IF 평균배열[INDEX]의 값이 70점 이상인가?
                 THEN C 등급을 표시하고 INDEX를 증가시킨다.
                 ELSE IF 평균배열[INDEX]의 값이 60점 이상인가?
                       THEN D 등급을 표시하고 INDEX를 증가시킨다.
                       ELSE F 등급을 표시한다.
  END_IF
END_WHILE
```

```
.MODEL  SMALL

SPACE1  MACRO
        MOV     AH,2
        MOV     DL,' '
        INT     21H
        ENDM

SPACE2  MACRO
        MOV     AH,2
        MOV     DL,' '
        INT     21H
        INT     21H
        ENDM

ENTER   MACRO
        MOV     AH,2
        MOV     DL,0DH
        INT     21H
        MOV     DL,0AH
        INT     21H
        ENDM

.STACK  100H
.DATA
SCORE   DW      4       DUP (?)
        DW      4       DUP (?)
        DW      4       DUP (?)
```

```
        DW      4       DUP (?)
FOUR    DW      4
A       DW      ?
AVG     DW      4       DUP (?)

MSG1    DB  0AH,0DH,'PRINTING GRADE.'
MSG2    DB  0AH,0DH,'PLEASE INPUT 4.$'
KMSG    DB  0DH,0AH,'1 INPUT ST1"S SCORE.(4 SUBJECT) : $'
LMSG    DB  0DH,0AH,'2 INPUT ST2"S SCORE.(4 SUBJECT) : $'
WMSG    DB  0DH,0AH,'3 INPUT ST3"S SCORE.(4 SUBJECT) : $'
TMSG    DB  0DH,0AH,'4 INPUT ST4"S SCORE.(4 SUBJECT) : $'
AVEMSG  DB     0DH,0AH,' [AVERGAE] $'
RANK    DB  0DH,0AH,0DH,0AH,'[RANKING]  1    2    3    4 $'
SPACE   DB  0DH,0AH,'              $'
PEO     DB  0DH,0AH,'S1    S2    S3    S4$'
GRADER  DB     0DH,0AH,'[GRADE]....$'
ALLAVG   DB    0DH,0AH,0DH,0AH,'[TOTAL AVERAGE]...<$'

.CODE
MAIN    PROC
        MOV     AX,@DATA
        MOV     DS,AX
        LEA     DX,MSG1         ; MSG1 문자열을 출력한다.
        MOV     AH,9
        INT     21H
        LEA     DX,KMSG         ; KMSG 문자열을 출력한다.
        MOV     AH,9
        INT     21H
```

```
        XOR     SI,SI
        MOV     CX,4
@KTOP:
        CALL    INDECM          ; 숫자를 입력 받는다.
        MOV     SCORE[SI],AX    ; 입력된 숫자를 배열에 저장한다.
        ADD     SI,2
        LOOP    @KTOP

        LEA     DX,LMSG         ; LMSG 문자열을 출력한다.
        MOV     AH,9
        INT     21H
        MOV     CX,4
@LTOP:
        CALL    INDECM          ; 성적을 입력 받는다.
        MOV     SCORE[SI],AX    ; 입력된 성적을 배열에 저장한다.
        ADD     SI,2
        LOOP    @LTOP
        LEA     DX,WMSG         ; WMSG 문자열을 출력한다.
        MOV     AH,9
        INT     21H
        MOV     CX, 4
@WTOP:
        CALL    INDECM          ; 성적을 입력 받는다.
        MOV     SCORE[SI],AX    ; 입력된 성적을 배열에 저장한다.
        ADD     SI,2
        LOOP    @WTOP
        LEA     DX,TMSG         ; TMSG 문자열을 출력한다.
        MOV     AH,9
        INT     21H
```

```
        MOV     CX, 4
@TTOP:
        CALL    INDECM          ; 성적을 입력 받는다.
        MOV     SCORE[SI],AX    ; 입력된 성적을 배열에 저장한다.
        ADD     SI,2
        LOOP    @TTOP

        ENTER
        MOV     SI,6
        MOV     DI,30
@REPEAT:
        XOR     AX,AX
        MOV     CX,4
@FOR:
;배열의 모든 합을 구한 후 4로 나누어 평균을 구한다.
        ADD     AX,SCORE[DI]
        SUB     DI,2
        LOOP    @FOR
        XOR     DX,DX
        DIV     FOUR
        MOV     AVG[SI],AX
;첫번째 학생의 평균을 구해 배열에 저장한다.
        SUB     SI,2
        JNL     @REPEAT
        LEA     DX,AVEMSG       ; AVEMSG 문자열을 출력한다.
        MOV     AH,9
        INT     21H
        LEA     DX,PEO          ; PEO 문자열을 출력한다.
        MOV     AH,9
```

```
        INT     21H

        ENTER
        ;SPACE1
        XOR     SI,SI
        MOV     CX,4
@AVEG:
        MOV     AX,AVG[SI]

;평균들을 저장해놓은 배열을 출력한다.
        CALL    OUTDECM
        SPACE2
        INT     21H
        ADD     SI,2
        LOOP    @AVEG
        LEA     DX,RANK
        MOV     AH,9
        INT     21H
        LEA     DX,SPACE
        MOV     AH,9
        INT     21H

        LEA     SI,AVG
        MOV     BX, 4
        CALL    SELECT
;평균값을 내림차순으로 정렬한다.
        XOR     SI, SI
        MOV     CX, 4
@AVEG1:
```

```
        MOV     AX,AVG[SI]
        CALL    OUTDECM
        MOV     AH,2
        SPACE1
        INT     21H
        ADD     SI,2
        LOOP    @AVEG1
;내림차순으로 정렬된 수를 출력한다.
        LEA     DX,GRADER
        MOV     AH,9
        INT     21H
        XOR     SI,SI
        MOV     CX,4
@GRADE:
        MOV     AX,AVG[SI]
@AGRADE:
        CMP     AX,90
        JGE     @APRINT         ; 90점 이상이면 A등급
@BGRADE:
        CMP     AX,80
        JGE     @BPRINT         ; 80점 이상이면 B등급
@CGRADE:
        CMP     AX,70
        JGE     @CPRINT         ; 70점 이상이면 C등급
@DGRADE:
        CMP     AX,60
        JGE     @DPRINT         ; 60점 이상이면 D등급
        JMP     @FPRINT         ; 60점 미만이면 F등급
@APRINT:
```

```
        MOV     AH,2
        MOV     DL,'A'
        INT     21H             ; A등급 출력
        SPACE2
        INT     21H
        JMP     @LOOPNG
@BPRINT:
        MOV     AH,2
        MOV     DL,'B'
        INT     21H             ; B등급 출력
        SPACE2
        INT     21H
        JMP     @LOOPNG
@CPRINT:
        MOV     AH,2
        MOV     DL,'C'
        INT     21H             ; C등급 출력
        SPACE2
        INT     21H
        JMP     @LOOPNG
@DPRINT:
        MOV     AH,2
        MOV     DL,'D'
        INT     21H             ; D등급 출력
        SPACE2
        INT     21H
        JMP     @LOOPNG
@FPRINT:
        MOV     AH,2
```

```
        MOV     DL,'F'
        INT     21H               ; F등급 출력
        SPACE2
        INT  21H
@LOOPNG:
        ADD     SI,2
        LOOP    @GRADE
        LEA     DX,ALLAVG
        MOV     AH,9
        INT     21H
        XOR     SI,SI
        XOR     AX,AX
        MOV     CX,4
@AVGALL:
        ADD     AX,AVG[SI]
        ADD     SI,2
        LOOP    @AVGALL
        XOR     DX,DX
        DIV     FOUR
        CALL    OUTDECM
        MOV     AH,2
        MOV     DL,'>'
        INT     21H
        MOV     AH,4CH
        INT     21H
MAIN    ENDP

INCLUDE         INDECM.ASM
INCLUDE         OUTDECM.ASM
```

```
INCLUDE         SELECT.ASM
        END     MAIN

-------------------------- SELECT.ASM ----------------------------
SELECT  PROC
        PUSH    BX
        PUSH    CX
        PUSH    DX
        PUSH    SI
        DEC     BX
        JE      @END_SORT       ; BX가 0이면 종료한다.
        MOV     DX,SI

@SORT_LOOP:
        MOV     SI,DX
        MOV     CX,BX
        MOV     DI,SI
        MOV     AX,[DI]
@FIND_SMALL:
        ADD     SI,2
        CMP     [SI],AX
        JG      @NEXT
        MOV     DI,SI
        MOV     AX,[DI]         ; 가장 작은값을 구하여 저장한다.
@NEXT:
        LOOP    @FIND_BIG
        CALL    SWAP
        DEC     BX
        JNE     @SORT_LOOP
```

```
@END_SORT:
        POP     SI
        POP     DX
        POP     CX
        POP     BX
        RET
SELECT  ENDP

SWAP    PROC
        PUSH    AX
        MOV     AX,[SI]
        XCHG    AX,[DI]
        MOV     [SI],AX
        POP     AX
        RET
SWAP    ENDP
```

11.3 숫자 야구 게임

숫자 야구 게임은 난수 생성 모듈로부터 1~9까지의 임의의 겹치지 않는 수를 생성하고 사용자가 9번의 기회 안에 컴퓨터가 생성한 수의 자리와 숫자를 일치시키는 게임이다. 게임이 시작되면 최초 게임의 목표가 출력되고 사용자의 선택에 따라 게임의 룰이 화면에 나타난다. 숫자 야구 게임을 통해 난수 생성 과정을 이해할 수 있고 다양한 예외 처리를 학습해볼 수 있다. 다음은 숫자 야구 게임의 실행 예를 나타낸다.

```
*           Made by Dong-Eui University *
*                 Computer Engeneering *
****************************************
Do you know this game rules? <Y or N> -> y
Are you ready? <Press Y or N> y
Enter 3 numbers. EX>123
1 inning of baseball game: 123
       [Strike = 2]
       [Ball   = 0]
       [Out    = 1]
2 inning of baseball game: 456
       [Strike = 0]
       [Ball   = 0]
       [Out    = 3]
3 inning of baseball game: 127
       [Strike = 1]
       [Ball   = 0]
       [Out    = 2]
4 inning of baseball game: 238
       [Strike = 0]
       [Ball   = 3]
       [Out    = 0]
5 inning of baseball game: 823
CONGRATULATION!     YOU WIN!
RE GAME? <Y OR N> ->
```

```
       [Out    = 2]
5 inning of baseball game: 184
       [Strike = 0]
       [Ball   = 1]
       [Out    = 2]
6 inning of baseball game: 186
       [Strike = 1]
       [Ball   = 1]
       [Out    = 1]
7 inning of baseball game: 826
       [Strike = 1]
       [Ball   = 0]
       [Out    = 2]
8 inning of baseball game: 185
       [Strike = 0]
       [Ball   = 1]
       [Out    = 2]
9 inning of baseball game: 612
       [Strike = 1]
       [Ball   = 1]
       [Out    = 1]

YOU LOSE!
The answer is [916]
TRY AGAIN? <Y OR N> -> _
```

게임의 룰에 대해 알고 있는지를 묻는 메시지를 출력한다.

한 문자를 입력 받는다.

IF 입력 문자가 n 또는 N이면

    THEN 게임의 룰을 출력한다.

    ELSE IF 입력 문자가 y 또는 Y이면

        THEN 시작 선택화면을 출력한다.

        ELSE 오류!

  END_IF

Are you ready?를 출력한다.

한 문자를 입력 받는다.

IF 입력 문자가 n 또는 N이면

    THEN 게임을 종료한다.

```
    ELSE IF 입력 문자가 y 또는 Y이면
          THEN 게임을 시작한다.
END_IF
3자리의 서로 겹치지 않는 난수를 생성한다.
WHILE문
   3자리의 숫자를 입력 받는다.
   입력 문자가 ESC이면 WHILE문을 빠져나와 프로그램을 종료한다.
   입력한 숫자와 난수를 비교하여 스트라이크, 볼, 아웃의 개수를
   체크한다.
   IF 이닝이 9 이상이면
        THEN 게임이 종료되고 정답 출력과 함께 다시 하겠느냐
             라는 메시지를 출력한다.
        ELSE IF 스트라이크 카운터가 3이면
             THEN 게임이 종료되고 정답이 맞다는 메시지를 출력한
                  후에 게임을 다시 하겠느냐는 메시지를 출력한다.
             ELSE 스트라이크, 볼, 아웃의 카운터를 알려준다.
            END_IF
   END_IF
END_WHILE
```

```
.MODEL SMALL
.STACK 100H
.DATA
MSG     DB      '****************************************',0DH,0AH
        DB      '* WELCOME TO OUR ASSEMBLY BASEBALL GAME *'
        DB      0DH,0AH,'****************************************',0DH,0AH
```

```
ADD1    DB    '*                                  *',0DH,0AH
        DB    '*              NOTICE                *',0DH,0AH
        DB    '*                                      *',0DH,0AH
ADD2    DB    '* 1. This game is consist of 9 inning  *',0DH,0AH
        DB    '* 2. You must use 1~9 between number *',0DH,0AH
        DB    '* 3.One inning cannot input same number *'
        DB    0DH,0AH
ADD3    DB    '*                                  *',0DH,0AH
        DB    '*       Made by Dong-Eui University *',0DH,0AH
        DB    '*            Computer Engineering *',0DH,0AH
ADD12   DB    '*****************************************',0DH,0AH,'$'
RULE    DB    0DH,0AH,'*************************************',0DH,0AH
        DB    '*            GAME RULES              *',0DH,0AH
        DB    '*****************************************',0DH,0AH
ADD4    DB    '*     What is Strike? Ball?, Out?      *',0DH,0AH
        DB    '*  ----=======<EX1>==========----  *',0DH,0AH
        DB    '*     If random number is 123      *',0DH,0AH
ADD5    DB    '*     If input number is 135        *',0DH,0AH
        DB    '*   1 is Strike, 3 is Ball, 5 is Out    *',0DH,0AH
        DB    '*  ----=======<EX2>==========----    *',0DH,0AH
ADD6    DB    '*     If random number is 471        *',0DH,0AH
        DB    '*     If input number is 417           *',0DH,0AH
        DB    '*   4 is Strike, 1 is Ball, 7 is Ball    *',0DH,0AH
ADD11   DB    '*                                      *',0DH,0AH
ADD7    DB    '*     Are you understand?         *',0DH,0AH
        DB    '*                                      *',0DH,0AH
ADD8    DB    '*   When before end of game       *',0DH,0AH
        DB    '*    3 of numbers you made it.      *',0DH,0AH
        DB    '*      It is [YOU WIN!]           *',0DH,0AH
```

```
ADD9    DB   '*      else                    *',0DH,0AH
        DB   '*      It is [YOU LOSE!]       *',0DH,0AH
        DB   '*                              *',0DH,0AH
ADD10   DB   '* How can I quit when i playing game? *',0DH,0AH
        DB   '*      Press [ESC] button      *',0DH,0AH
        DB   '*****************************************$'
MSG1    DB   0DH,0AH,'Are you ready? (Press Y or N) $'
MSG2    DB   0DH,0AH,'Enter 3 numbers. EX)123',0DH,0AH,'$'
INNING  DB   '1'
MSG4    DB   ' inning of baseball game: $'
BYE_    DB   0DH,0AH,'Good bye see you next!$'
MSG5    DB   '       [Strike = '
SCOUNT  DB   '0'
MSG6    DB   ']',0DH,0AH, '       [Ball   = '
BCOUNT  DB   '0'
MSG7    DB   ']',0DH,0AH, '       [Out    = '
OCOUNT  DB   '0'
MSG8    DB   ']',0DH,0AH,'$'
SUCCESS DB   0DH,0AH,'CONGRATULATION!  YOU WIN!',0DH,0AH
        DB   'RE GAME? (Y OR N) -> $'
FAIL_   DB   0DH,0AH, 'YOU LOSE!',0DH, 0AH,'The answer is [$'
RETRY   DB   ']',0DH,0AH,'TRY AGAIN? (Y OR N) -> $'
ERROR_  DB   0DH,0AH,'ERROR! Please typing Y or N!.',0DH,0AH,'$'
ERROR1_ DB   0DH,0AH,'Please enter number only!',0DH,0AH,'$'
ERROR2_ DB   0DH,0AH,'In 3 numbers. '
        DB   'same numbers can not input!',0DH,0AH,'$'
MSG9    DB   'Do you know this game rules? (Y or N) -> $'
MSG10   DB   0DH,0AH,'Do you want to Quit? (Y or N) -> $'
RAND_   DB   3 DUP (0)
```

```
INPUT_   DB      3 DUP (0)

.CODE
MAIN PROC
         MOV     AX,@DATA
         MOV     DS,AX
         MOV     AH,9
         LEA     DX,MSG
         INT     21H
@LETS_:
         LEA     DX,MSG9
         INT     21H              ; 게임 룰을 아느냐는 질문을 출력한다.
         MOV     AH,1
         INT     21H
         CMP     AL,'Y'
         JE      @STARTMSG_
         CMP     AL,'y'
         JE      @STARTMSG_       ; Y 또는 y가 입력되면 게임을 시작한다.
         CMP     AL,'N'
         JE      @RULEMSG_
         CMP     AL,'n'
         JE      @RULEMSG_
         LEA     DX,ERROR_
         MOV     AH,9
         INT     21H
         JMP     @LETS_           ; 다시 질문을 출력한다.
@RULEMSG_:
         LEA     DX,RULE
         MOV     AH,9
```

```
        INT     21H
@STARTMSG_:
        MOV     AH,9
        LEA     DX,MSG1
        INT     21H
@TOP_:
        MOV     INNING,'1'      ; 이닝 수를 초기화한다.
        MOV     CX,9            ; 전체 이닝 수를 9로 제한한다.
        MOV     AH,1
        INT     21H
        CMP     AL,'Y'
        JE      @START_
        CMP     AL,'y'
        JE      @START_         ; y 또는 Y가 입력되면 게임을 시작한다.
        CMP     AL,'N'
        JE      @ENDJUMP_
        CMP     AL,'n'
        JE      @ENDJUMP_       ; N 또는 n일 때 종료한다.
        MOV     AH,9
        LEA     DX,ERROR_       ; 그 외의 값은 에러로 처리한다.
        INT     21H
        LEA     DX,MSG1
        INT     21H
        JMP     @TOP_
@START_:
        CALL    MAKESEED
        XOR     SI,SI
        CALL    RAND
        INC     SI
```

```
@RANDMAKE:
        CALL    RAND
; 먼저 만든 수와 겹치는지 검사 후 겹치면 재생성한다.
        MOV     DL,RAND_[SI]
        CMP     DL,RAND_[SI-1]
        JE      @RANDMAKE
        INC     SI                ; 겹치지 않으면 배열값을 증가시킨다.
@RANDMAKE1:
        CALL    RAND
        MOV     DL,RAND_[SI]
        CMP     DL,RAND_[SI-2]
        JE      @RANDMAKE1
        CMP     DL,RAND_[SI-1]
; 먼저 나온 첫 번째 수와 두 번째 수를 검사하여 겹치면 재생성한다.
        JE      @RANDMAKE1
        XOR     SI,SI
        JMP     @DAP_
@ENDJUMP_:
        JMP     @ENDJUMP_1
@OUTQ:
        POP     CX
        LEA     DX,MSG10
        MOV     AH,9
        INT     21H
        MOV     AH,1
        INT     21H
; 종료하겠냐는 메시지에 대해 y 또는 Y가 입력되면 종료한다.
        CMP     AL,'Y'
        JE      @ENDJUMP_
```

```
        CMP     AL,'y'
        JE      @ENDJUMP_
        CMP     AL,'N'
        JE      @DAP_
        CMP     AL,'n'
        JE      @DAP_
        MOV     AH,9
        LEA     DX,ERROR_       ; 그 외의 값은 에러로 처리한다.
        INT     21H
        JMP     @OUTQ
@DAP_:
        LEA     DX,MSG2         ; 3개의 숫자를 입력하라는 메시지를 출력
        MOV     AH,9
        INT     21H
        XOR     SI,SI
@GOGO_:
        PUSH    CX              ; 전체 이닝수 카운터를 스택에 저장한다.
        MOV     SCOUNT,'0'      ; 스트라이크 카운트를 초기화한다.
        MOV     BCOUNT,'0'      ; 볼카운트를 초기화한다.
        MOV     OCOUNT,'0'      ; 아웃 카운트를 초기화한다.
        MOV     CX,3            ; 3개의 숫자를 받기 위한 카운터값
        LEA     DX,INNING
        INT     21H             ; 이닝 정보를 알려줄 메시지를 출력한다.
@WHILE_1:
        MOV     AH,1
        INT     21H
        CMP     AL,1BH
        JE      @OUTQ
        CMP     AL,3AH
```

```
        JGE     @ERROR_
        CMP     AL,30
        JLE     @ERROR_
        SUB     AL,30H          ; 입력 받은 값에서 30H를 뺀다.
        MOV     INPUT_[SI],AL   ; 배열에 저장한다.
        INC     SI              ; 배열 주소를 1 증가시킨다.
        LOOP    @WHILE_1        ; 3개의 숫자를 받을 때까지 반복한다.
        XOR     SI,SI
        MOV     AL,INPUT_[SI]
; 입력 받은 3개의 숫자 중 겹치는 수가 있는지 검사하고 있으면
; 에러 메시지를 출력한다.
        CMP     AL,INPUT_[SI+1]
        JE      @ERROR_2
        CMP     AL,INPUT_[SI+2]
        JE      @ERROR_2
        INC     INNING          ; 이닝 수를 증가시킨다.
        MOV     CX,3            ; 스트라이크 체크를 위한 카운터값 설정
@STRIKE_CHK:
        MOV     AL,RAND_[SI]
; 랜덤으로 생성한 수와 사용자가 입력한 수 비교하여 일치하면
; 스트라이크 카운트를 1 증가시킨다.
        CMP     AL,INPUT_[SI]
        JE      @SCOUNT_
        INC     SI
        LOOP    @STRIKE_CHK
@STRIKE_GO:
        XOR     SI,SI
        MOV     AL,INPUT_[SI]
        MOV     CX,2            ; 첫 번째 볼 카운트 체크를 위한 카운터값 설정
```

```
        JMP     @BALL_CHK1
@ERROR_:
        LEA     DX,ERROR1_
        MOV     AH,9
        INT     21H
        POP     CX
        JMP     @GOGO_
@ERROR_2:
        LEA     DX,ERROR2_
        MOV     AH,9
        INT     21H
        POP     CX
        JMP     @GOGO_
@ENDJUMP_1:
        JMP     @ENDJUMP_2
@END_WHILE:
;9회가 끝나기 전 3가지 숫자를 모두 맞췄을 경우 축하 메시지를 출력한다.
        LEA     DX,SUCCESS
        MOV     AH,9
        INT     21H
        JMP     @TOP_
@SCOUNT_:
        INC     SCOUNT
        INC     SI
        CMP     SCOUNT,'3'
        JE      @END_WHILE
        LOOP    @STRIKE_CHK
        JMP     @STRIKE_GO
@GOGO_1:
```

```
        JMP     @GOGO_
@GOTOP_1:
        JMP     @TOP_
@UPTO_:
        JMP     @WHILE_1
@BALL_CHK1:                     ; 첫번째 볼 체크를 위한 탭
        CMP     RAND_[SI+1],AL
        JE      @BCOUNT_1
@BALL_1:
        INC     SI
        LOOP    @BALL_CHK1      ; 두번째 볼 체크를 위한 초기화 탭
        XOR     SI,SI
        MOV     AL,INPUT_[SI+1]
        MOV     CX,2
@BALL_CHK2:                     ; 두번째 볼 체크를 위한 탭
        CMP     RAND_[SI],AL
        JE      @BCOUNT_2
@BALL_2:
        ADD     SI,2
        LOOP    @BALL_CHK2      ; 세번째 볼 체크를 위한 초기화 탭
        XOR     SI,SI
        MOV     AL,INPUT_[SI+2]
        MOV     CX,2
@BALL_CHK3:                     ; 세번째 볼체크를 위한 탭
        CMP     RAND_[SI],AL
        JE      @BCOUNT_3
@BALL_3:
        INC     SI
        LOOP    @BALL_CHK3
```

```
        JMP     @OUT_CHK
@GOGO_2:
        JMP     @GOGO_1
@GOTOP_2:
        JMP     @GOTOP_1
@ENDJUMP_2:
        JMP     @BYE_
@BCOUNT_1:                      ; 첫번째 볼 카운트를 세는 탭
        INC     BCOUNT
        JMP     @BALL_1
@BCOUNT_2:                      ; 두번째 볼 카운트를 세는 탭
        INC     BCOUNT
        JMP     @BALL_2
@BCOUNT_3:                      ; 세번째 볼 카운트를 세는 탭
        INC     BCOUNT
        JMP     @BALL_3
@OUT_CHK:                       ; 아웃 카운트를 세는 탭
        MOV     DL,'3'
        SUB     DL,SCOUNT
        ADD     DL,30H
        SUB     DL,BCOUNT
        ADD     DL,30H
; 3에서 스트라이크 카운트와 볼카운트를 뺀 값을 아웃 카운트에 저장한다.
        MOV     OCOUNT,DL
@END_:
        POP     CX              ; 전체 카운터를 불러온다.
        MOV     AH,2
        MOV     DL,0DH
        INT     21H
```

```
        MOV     DL,0AH
        INT     21H
        MOV     AH,9
        LEA     DX,MSG5
        INT     21H             ; 볼 카운터를 출력한다.
        XOR     SI,SI
        LOOP    @GOGO_2
@FIN_:
;마지막까지 성공하지 못한 경우 패배했다는 메시지를 출력한다.
        MOV     AH,9
        LEA     DX,FAIL_
        INT     21H
        MOV     CX,3            ; 정답 공개를 위한 카운터를 설정한다.
@ANSWER:
        MOV     AH,2
        MOV     DL,RAND_[SI]
        ADD     DL,30H
        MOV     AH,2
        INT     21H             ; 정답을 공개한다.
        INC     SI
        LOOP    @ANSWER
@FINQ:
        MOV     AH,9
        LEA     DX,RETRY        ; 재시도 하겠냐는 메시지를 출력한다.
        INT     21H
        MOV     AH,1
        INT     21H
; 재도전 하겠냐는 메시지에 대해 y 또는 Y가 입력되면 TOP_으로 이동한다.
        CMP     AL,'Y'
```

```
        JE      @GOTOP_2
        CMP     AL,'y'
        JE      @GOTOP_2
        CMP     AL,'N'
        JE      @BYE_
        CMP     AL,'n'
        JE      @BYE_           ; N 또는 n일 때 종료한다.
        MOV     AH,9
        LEA     DX,ERROR_       ; 그 외의 값은 에러로 처리한다.
        INT     21H
        JMP     @FINQ
@BYE_:
        MOV     AH,9
        LEA     DX,BYE_
        INT     21H
        MOV     AH,4CH
        INT     21H
MAIN    ENDP
INCLUDE RANDOM.ASM
        END MAIN

--------------- 난수 발생 프로시져 RANDOM.ASM -----------------
MAKESEED PROC
        PUSH    DS
        MOV     AX,0
        MOV     DS,AX
; BIOS 데이터 영역의 40:6CH에 있는 타이머 값을 SI에 넣는다.
        MOV     SI,46CH
        MOV     AX,[SI]
```

```
        POP     DS
        MOV     BX,AX           ; 난수 발생을 위한 씨앗을 BX에 저장한다.
        RET
MAKESEED ENDP

RAND    PROC
        PUSH    CX
        MOV     AX,BX
@R_LP:
        MUL     BX
        MOV     CL,4
        SHR     AX,CL
        MOV     BX,AX
        MOV     DX,BX
        MOV     CL,4
        SHR     DX,CL
        ADD     BX,DX
        AND     AX,000FH        ; 난수를 생성한다.
        CMP     AL,8            ; 0~8 사이까지만 구한다.
        JA      @R_LP           ; 8보다 크면 재생성한다.
        POP     CX
; 구한 값을 1 증가시킨다. (0~8의 수가 생성되었으므로 야구게임에서의
; 사용을 위해 1~9가 되게 만들어준다.)
        INC     AL
        MOV     RAND_[SI],AL    ; 랜덤의 배열주소에 값을 저장한다.
        RET
RAND    ENDP
```

11.4 은행 계좌 관리

은행 계좌 시스템은 어셈블리언어로 데이터 관리와 다양한 예외 처리에 대해 학습할 수 있도록 한다. 사용자는 5개의 계좌를 개설할 수 있고 각각의 계좌는 조회 및 입출금이 가능하고 계좌 이체를 통해 다른 계좌에 돈을 송금할 수 있다. 이자 계산 기능으로 4.13%의 이자를 출력할 수 있고 잔액에 대해 30000(단위: 천원)의 제한을 두어 오버플로우를 방지하였으며 계좌를 입력받을 때에 번호와 계좌번호 뒷자리가 중복이 안 되도록 하였다.

```
메뉴를 출력한다.
한 문자를 입력 받는다.
WHILE문
   IF 입력 문자가 1이면
        THEN 계좌개설 프로시져를 호출한다.
          IF 계정수가 5보다 크지 않으면
            THEN 계정을 생성한다.
                  4자리 이하의 번호 입력
                  4자리 이하의 계좌번호 입력
                  잔액 입력, 4자리 이하의 비밀번호 입력
         END_IF
       ELSE IF 입력 문자가 2이면
          THEN 계좌조회 프로시져를 호출한다.
                 5*7의 계정 배열을 라인피드 하면서 출력
       ELSE IF 입력 문자가 3이면
          THEN 입금 프로시져를 호출한다.
                 입금할 계좌 번호 입력
            IF 해당 번호에 계좌가 없으면 에러 메시지 출력
```

```
            ELSE 금액을 입력 받고 입금함, 거래횟수 1증가
      ELSE IF 입력 문자가 4이면
         THEN 출금 프로시져를 호출한다.
               출금할 계좌번호 입력
           IF 계좌번호가 없으면 에러 메시지 출력
              비밀번호를 입력 받음
              IF 틀리면 오류메시지 출력
              ELSE 금액을 입력 받음
                   입력받은 금액과 잔액을 비교하여 처리
                   거래횟수 1증가
      ELSE IF 입력 문자가 5이면
         THEN 계좌이체 프로시져를 호출한다.
               출금할 계좌 N에 입력 받음
           IF 계좌번호가 없으면 에러 메시지 출력
              비밀번호를 입력 받음
              IF 틀리면 오류메시지 출력 및
                        횟수 초과 시 계정배열 초기화
              ELSE 금액을 입력 받음
                   입력받은 금액과 잔액을 비교 후 송금계좌 입력
                   IF 송금계좌에 해당계좌가 존재하지 않을 시
                      THEN 에러 메시지 출력
                      ELSE 송금완료 되며 처리가 이루어짐
                  END_IF
               거래횟수 1증가
       ELSE IF 입력 문자가 6이면
          THEN 프로그램 종료
   END_IF
   새로운 문자를 입력 받고 WHILE문을 반복한다.
```

```
END_WHILE
```

```
.MODEL SMALL
.STACK
IF1
INCLUDE MACRO.ASM
ENDIF

.DATA
ACC_OVER      DW  0          ; 계정한계치 검사용 변수
ARRAY_LF      DW  0          ; 배열 행바꿈용 변수
ACC_UMOO      DW  0          ; 계좌유무 검사용 변수
LOT           DW  0          ; 복권검사용
PASS          DB   0         ; 비밀번호 오류검사용 변수
NUM           DW  1          ; 계좌번호 출력
BXTEMP        DW  0
DHTEMP        DB   0
ACCOUNT       DW  7 DUP(0)          ; 계정개설 5x7 배열
              DW  5 DUP(0)

.CODE
MAIN    PROC
        MOV     AX,@DATA
        MOV     DS,AX
        CALL    CHOGI         ; 계정배열을 초기화한다.
@CLS_START:
        CLS
```

```
@MAIN_START:                    ; 메인 메뉴를 출력한다.
        DISP_STR '==BANK(Unit: 1000 Won) ==(Interest: 4.13%)=='
        NEW_LINE
        DISP_STR '=1.Create 2.Inquiry 3.Deposit 4.Withdraw 5.Transfer 6.Exit='
        NEW_LINE
        DISP_STR '=============================='
        NEW_LINE
        JMP     @MENU
@MID_JMP1:
        JMP     @CLS_START
@PRINT_START:
        JMP     @MAIN_START
@MENU:
      MOV AH,1
@WHILE:                         ; 메뉴선택 부분
        INT     21H
        CMP     AL,'1'
        JE      @CREAT_
        CMP     AL,'2'
        JE      @ACC_
        CMP     AL,'3'
        JE      @ADD_
        CMP     AL,'4'
        JE      @SUB_
        CMP     AL,'5'
        JE      @ECHE_
        CMP     AL,'6'
        JE      @_END_IF
        JMP     @WHILE
```

```
@MID_JMP2:
        JMP     @MID_JMP1
@PRINT_START2:
        JMP     @PRINT_START
@CREAT_:
        CALL    CREAT_          ; 계좌생성 프로시저를 호출한다.
@ACC_:
        CALL    ACC_            ; 조회 프로시저를 호출한다.
@ADD_:
        CALL    ADD_            ; 입금 프로시저를 호출한다.
@SUB_:
        CALL    SUB_            ; 출금 프로시저를 호출한다.
@ECHE_:
        CALL    ECHE_
@MID_JMP3:
        JMP     @MID_JMP2
@PRINT_START3:
        JMP     @PRINT_START2
@_END_IF:
        DOS_EXIT
MAIN    ENDP
        INCLUDE         CHOGI.ASM
        INCLUDE         EJA.ASM
        INCLUDE         CREAT.ASM
        INCLUDE         ACC.ASM
        INCLUDE         ADD.ASM
        INCLUDE         SUB.ASM
        INCLUDE         ECHE.ASM
        INCLUDE         OUTDECM.ASM
```

```
        INCLUDE         INDECM.ASM
        INCLUDE         OUTDOT.ASM
        END     MAIN

------------------- 계좌개설 프로시저 CREAT.ASM -------------------
CREAT_  PROC
        CLS
        CMP     ACC_OVER,5
        JGE     @OVER_
        JMP     @CREAT_CHOGI
@OVER_:
        CLS
        DISP_STR 'Too many account!'
        NEW_LINE
        JMP     @PRINT_START3
        XOR     BX,BX
@CREAT_CHOGI:
        MOV     AX,1
        XOR     DH,DH
        XOR     SI,SI
        MOV     BX,ARRAY_LF
        MOV     CX,5
@CREAT_WHILE:
        CMP     DH,0
        JE      @PR_NUMBER
        JMP     @IN_ARRAY
@PR_NUMBER:
        ADD     AX,ACC_OVER
        CALL    OUTDECM
```

```
        DISP_STR ' of account'
        NEW_LINE
        JMP     @IN_NUMBER
@IN_NUMBER:
        DISP_STR 'Input unique number->'
        JMP     @IN_ARRAY
@IN_ARRAY:                      ; 계정 배열에 데이터를 저장한다.
        CALL    INDECM
        PUSH    AX
        NEW_LINE
        POP     AX
        CMP     DH,1
        JE      @RRA
        CMP     DH,2
        JG      @RRA
        CMP     ACC_OVER,0
        JG      @ERROR_CHECK
@RRA:   CMP     DH,2
        JLE     @LINE_CHECK
        CMP     DH,4
        JE      @LINE_CHECK
@RETURN_:
        MOV     ACCOUNT[BX][SI],AX
        INC     DH
        ADD     SI,2
        CMP     DH,1
        JE      @IN_ACC0
        JMP     @R1
@ERROR_CHECK:
```

```
        PUSH    BX
        PUSH    CX
        MOV     BXTEMP,BX
        MOV     DI,SI
        MOV     BX,0
        MOV     SI,0
        MOV     DHTEMP,DH
        ADD     DHTEMP,DH
        MOV     CL,DHTEMP
        MOV     SI,CX
@ER_WHILE:
        CMP     AX,ACCOUNT[BX][SI]
        JE      @JB_ERR
        LOOP    @ER_WHILE
        MOV     SI,DI
        POP     CX
        POP     BX
        JMP     @RRA
@LINE_CHECK:
        CMP     AX,9999D
        JG      @LINE_OVER
        CMP     AX,1000
        JL      @LINE_OVER
        JMP     @RETURN_
@JB_ERR:
        DISP_STR 'The account already exists!'
        PUSH    AX
        NEW_LINE
        POP     AX
```

```
        PUSH    CX
        MOV     CX,5
        MOV     BX,BXTEMP
        XOR     SI,SI
@CHO_:
        MOV     ACCOUNT[BX][SI],0
        ADD     SI,2
        LOOP    @CHO_
        POP     CX
        JMP     @PRINT_START3
@CREAT_WHILE2:
        JMP     @CREAT_WHILE
@IN_ACC0:
        JMP     @IN_ACC1
@LINE_OVER:
        DISP_STR 'Please type four Characters.'
        NEW_LINE
        MOV     CX,5
        XOR     SI,SI
@OVER_WHILE:
        MOV     ACCOUNT[BX][SI],0
        ADD     SI,2
        LOOP    @OVER_WHILE
        JMP     @PRINT_START3
@R1:    CMP     DH,2
        JE      @IN_ACC2
@R2:    CMP     DH,3
        JE      @IN_BALANCE
@R3:    CMP     DH,4
```

```
        JE      @IN_PASS
@R4:    DEC     CX
        JNE     @CREAT_WHILE2
        JMP     @END_ARRAY
@IN_ACC1:
        DISP_STR 'Front account number?'
        JMP     @R1
@IN_ACC2:
        DISP_STR 'Back account number?'
        JMP     @R2
@IN_BALANCE:
        DISP_STR 'Balance(>30000)->?'
        JMP     @R3
@IN_PASS:
        DISP_STR 'Account password?'
        JMP     @R4
@END_ARRAY:
        NEW_LINE
        ADD     ARRAY_LF,14
        INC     ACC_OVER
@CREAT_JMP:
        JMP     @MID_JMP3
        RET
CREAT_ ENDP

------------------ 계좌조회 프로시저 ACC.ASM ------------------
ACC_    PROC
        CALL    EJA_
        CLS
```

```
        DISP_STR '================================'
        NEW_LINE
        DISP_STR '= Num | ACC Num | Balance | Password | Deal | Interest
='
        NEW_LINE
DISP_STR '================================'
        NEW_LINE
        XOR     BX,BX
        MOV     NUM,1
@ACC_WHILE:
        XOR     SI,SI
        XOR     DH,DH
        MOV     CX,7
        PUSH    AX
        MOV     AX,NUM
        CALL    OUTDECM
        POP AX
        DISP_STR '. '
@OUT_ACC:                       ; 계정 배열의 데이터를 출력한다.
        MOV     AX,ACCOUNT[BX][SI]
        CMP     DH,6
        JE      @FLOAT_ACC
        CALL    OUTDECM
@RE_FLOAT:
       CMP      DH,1
        JE      @HIP_ACC
        DISP_STR '    '
@RE_ACC:
        ADD     SI,2
```

```
        ADD     DH,1
        LOOP    @OUT_ACC
        JMP     @ACC_END
@ACC_WHILE2:
        JMP     @ACC_WHILE
@HIP_ACC:                         ; 계좌번호 구분표시 출력
        DISP_STR ' - '
        JMP     @RE_ACC
@FLOAT_ACC:
        CALL    OUTDECM_DOT
        JMP     @RE_FLOAT
@ACC_END:
        NEW_LINE
        INC     NUM
        ADD     BX,14
        CMP     BX,58
        JLE     @ACC_WHILE2
        JMP     @PRINT_START3
        RET
ACC_    ENDP

------------------- 입금 프로시저 ADD.ASM -------------------
ADD_    PROC
        CLS
        DISP_STR 'What account do you want to deposit?(1~5)'
        IN_DATA
        CMP     AX,0
        JLE     @NO_ACC
        PUSH    AX
```

```
        CHECK_ACC
        POP     AX
        CMP     AX,ACC_OVER
        JLE     @IN_ADD
@NO_ACC:
        DISP_STR 'Cannot find the Account!'
        NEW_LINE
        JMP     @PRINT_START3
@IN_ADD:
        DISP_STR 'How do you want to deposit?'
        IN_DATA
        CMP     AX,0
        JG      @OK_DON
        DISP_STR 'The balance is very small!'
        NEW_LINE
        XOR     AX,AX
        JMP     @IN_ADD
@OK_DON:
        MOV     BX,CX
        MOV     SI,6
        ADD     AX,ACCOUNT[BX][SI]
        CMP     AX,30000D
        JA      @CHOGWA_
        CMP     AX,0
        JB      @CHOGWA_
        JMP     @OK_ADD
@CHOGWA_:
        DISP_STR 'Bailout!'
        NEW_LINE
```

```
        JMP     @PRINT_START3
@OK_ADD:
        SUB     AX,ACCOUNT[BX][SI]
        MOV     BX,CX
        MOV     SI,6
        ADD     ACCOUNT[BX][SI],AX      ; 계좌잔액 증가
        MOV     SI,10
        ADD     ACCOUNT[BX][SI],1       ; 거래횟수 증가
        NEW_LINE
        JMP     @MID_JMP3
        RET
ADD_    ENDP

------------------ 출금 프로시저 SUB.ASM ------------------
SUB_    PROC
        CLS
        DISP_STR 'Where do you want to withdraw?(1~5)'
        IN_DATA
        CMP     AX,0
        JLE     @NO_ACC2
        PUSH    AX
        CHECK_ACC
        POP     AX
        CMP     AX,ACC_OVER
        JLE     @SUB_CHECK_PASS
@NO_ACC2:
        DISP_STR 'The account is not exist!'
        NEW_LINE
        JMP     @PRINT_START3
```

```
@SUB_CHECK_PASS:
        DISP_STR 'Password?'
        IN_DATA
        MOV     SI,8
        MOV     BX,CX
        CMP     AX,ACCOUNT[BX][SI]      ; PASSWORD 오류를 검사한다.
        JE      @IN_SUB
        INC     PASS
        CMP     PASS,3
        JE      @SUB_PASS_OVER
        JMP     @SUB_CHECK_PASS
@IN_SUB:
        DISP_STR 'Amount?'
        MOV     PASS,0
        IN_DATA
        CMP     AX,0
        JG      @OK_DON2
        DISP_STR 'The amount must be greater than zero.'
        NEW_LINE
        XOR     AX,AX
        JMP     @IN_SUB
@SUB_PASS_OVER:
        JMP     @SUB_PASS_OUT
@OK_DON2:
        MOV     BX,CX
        MOV     SI,6
        CMP     AX,ACCOUNT[BX][SI]
        JLE     @OK_SUB
        DISP_STR 'The balance is small!'
```

```
        NEW_LINE
        JMP     @PRINT_START3
@OK_SUB:
        SUB     ACCOUNT[BX][SI],AX      ; 계좌잔액 감소
        MOV     SI,10
        ADD     ACCOUNT[BX][SI],1       ; 거래횟수 증가
        NEW_LINE
        JMP     @MID_JMP3
@SUB_PASS_OUT:
        DISP_STR 'Password error three times. Please restart!'
        NEW_LINE
        CALL    CHOGI
        JMP     @PRINT_START3
        RET
SUB_    ENDP

------------------ 계좌이체 프로시저 ECHE.ASM ------------------
ECHE_   PROC
        CLS
        DISP_STR 'What account do you want to transfer?(1~5)'
        IN_DATA
        CMP     AX,0
        JLE     @NO_ACC3
        PUSH    AX
        CHECK_ACC
        MOV     ACC_UMOO,CX
        POP     AX
        CMP     AX,ACC_OVER
        JLE     @ECHE_CHECK_PASS
```

```
@NO_ACC3:
        DISP_STR 'The account is not exist!'
        NEW_LINE
        JMP     @PRINT_START3
@ECHE_CHECK_PASS:
        DISP_STR 'Password?'
        IN_DATA
        MOV     SI,8
        MOV     BX,CX
        CMP     AX,ACCOUNT[BX][SI]        ; PASSWORD 오류를 검사한다.
        JE      @IN_ECHE
        INC     PASS
        CMP     PASS,3
        JE      @ECHE_PASS_OVER
        JMP     @ECHE_CHECK_PASS
@IN_ECHE:
        DISP_STR 'Amount?'
        IN_DATA
        PUSH    AX
        CMP     AX,0
        JG      @OK_DON3
        DISP_STR 'The amount must be greater than zero.'
        NEW_LINE
        XOR     AX,AX
        JMP     @IN_ECHE
@ECHE_PASS_OVER:
        JMP     @ECHE_PASS_OUT
@OK_DON3:
        MOV     BX,CX
```

```
        MOV     SI,6
        CMP     AX,ACCOUNT[BX][SI]
        JLE     @OK_ECHE
        DISP_STR 'The balance is small!'
        NEW_LINE
        JMP     @PRINT_START3
@OK_ECHE:
        DISP_STR 'What account do you want to transfer?(1~5)'
        IN_DATA
        CMP     AX,0
        JLE     @NO_ACC4
        PUSH    AX
        CHECK_ACC
        POP     AX
        CMP     AX,ACC_OVER
        JLE     @OK_ECHE2
@NO_ACC4:
        DISP_STR 'There is no need to transfer your account.'
        NEW_LINE
        JMP     @PRINT_START3
@OK_ECHE2:
        MOV     BX,CX
        POP     AX
        MOV     SI,6
        ADD     AX,ACCOUNT[BX][SI]
        CMP     AX,30000D
        JLE     @OK_ECHE3
        DISP_STR 'Bailout!'
        NEW_LINE
```

```
        JMP     @PRINT_START3
@OK_ECHE3:
        SUB     AX,ACCOUNT[BX][SI]
        MOV     SI,6
        ADD     ACCOUNT[BX][SI],AX      ; 계좌잔액 증가
        MOV     SI,10
        ADD     ACCOUNT[BX][SI],1       ; 거래횟수 증가
        MOV     BX,ACC_UMOO
        MOV     SI,6
        SUB     ACCOUNT[BX][SI],AX      ; 계좌잔액 감소
        MOV     SI,10
        ADD     ACCOUNT[BX][SI],1       ; 거래횟수 증가
        JMP     @MID_JMP3
        NEW_LINE
@ECHE_PASS_OUT:
        NEW_LINE
        DISP_STR 'Password error three times. Please restart!'
        NEW_LINE
        CALL    CHOGI
        JMP     @PRINT_START3
        RET
ECHE_   ENDP

------------------- 초기화 프로시저 CHOGI.ASM -------------------
CHOGI   PROC
        XOR     BX,BX
        XOR     SI,SI
        MOV     CX,34
        MOV     PASS,0
```

```
        MOV     ARRAY_LF,0
        MOV     ACC_OVER,0
@CHO_WHILE:                         ; 계정배열의 초기화
        MOV     ACCOUNT[BX][SI],0
        ADD     SI,2
        LOOP    @CHO_WHILE
        RET
CHOGI   ENDP

----------------- 이자계산 프로시져 EJA.ASM -----------------
EJA_    PROC
        MOV     CX,5
        XOR     BX,BX
        XOR     AX,AX
        CWD
EJA_WHILE:
        MOV     SI,6
        MOV     AX,ACCOUNT[BX][SI]
        PUSH    BX
        MOV     BX,100
        IDIV    BX
        MOV     BX,4
        IMUL    BX
        POP     BX
        MOV     SI,12
        MOV     ACCOUNT[BX][SI],AX
        ADD     BX,14
        LOOP    EJA_WHILE
        RET
```

```
EJA_    ENDP

----------- OUTDECM_DOT 프로시져 OUTDOT.ASM -----------
OUTDECM_DOT   PROC
        PUSH    AX
        PUSH    BX
        PUSH    CX
        PUSH    DX
        XOR     DI,DI
        OR      AX,AX
        JGE     @@END_IF1
        PUSH    AX
        MOV     DL,'-'
        MOV     AH,2
        INT     21H
        POP     AX
        NEG     AX
@@END_IF1:
        XOR     CX,CX
        MOV     BX,10
        PUSH    AX
@@REPEAT1:
       XOR      DX,DX
        DIV     BX
        PUSH    DX
        INC     CX
        OR      AX,AX
        JNE     @@REPEAT1
        MOV     AH,2
```

```
@@PRINT_LOOP:
        POP     DX
        OR      DL,30H
        INT     21H
        LOOP    @@PRINT_LOOP
DOT2:
        CMP     DI,1
        JE      @@EXIT
        MOV     DL,'.'
        INT     21H
        POP     AX
        PUSH    BX
        CWD
        MOV     BX,3
        DIV     BX
        XOR     CX,CX
        POP     BX
        INC     DI
        JMP     @@REPEAT1
@@EXIT:
        POP     DX
        POP     CX
        POP     BX
        POP     AX
        RET
OUTDECM_DOT   ENDP

------------------- 매크로 프로시져 MACRO.ASM -------------------
SAVE_REGS   MACRO       R1,R2,R3
```

```
        PUSH    R1
        PUSH    R2
        PUSH    R3
        ENDM
RESTORE_REGS  MACRO   S1,S2,S3
        POP     S1
        POP     S2
        POP     S3
        ENDM
DISP_STR  MACRO       STRING
        LOCAL   START,MSG
        SAVE_REGS       AX,DX,DS
        JMP     START
MSG     DB      STRING,'$'
START:  MOV     AX,CS
        MOV     DS,AX           ; DS = CS
        MOV     AH,9
        LEA     DX,MSG
        INT     21H
        RESTORE_REGS  DS,DX,AX
        ENDM
DOS_EXIT  MACRO
        MOV     AH,4CH
        INT     21H
        ENDM
NEW_LINE  MACRO
        MOV     AH,2
        MOV     DL,0DH
        INT     21H
        MOV     DL,0AH
```

```
        INT     21H
        ENDM
IN_DATA  MACRO                   ; 데이터 입력
        MOV     SI,0
        MOV     BX,0
        CALL    INDECM
        PUSH    AX
        NEW_LINE
        POP     AX
        ENDM
CHECK_ACC  MACRO
        SUB     AX,1
        MOV     CX,14
        MUL     CX
        MOV     CX,AX
        ENDM
CLS     MACRO
        MOV     AH,6
        XOR     AL,AL
        XOR     CX,CX
        MOV     DX,184FH
        MOV     BH,7
        INT     10H
        XOR     DX,DX
        MOV     AH,2
        XOR     BH,BH
        INT     10H
        ENDM
```

찾아보기

E

F

I

J

L

M

N

O

P

R

S

T

ㅂ

ㅅ

ㅇ

ㅈ

ㅋ

ㅌ

ㅍ

ㅎ

X86 어셈블리 프로그래밍 실습 및 설계

2022년 8월 1일 6쇄 발행

저　　자 이문노
발 행 인 송기수
발 행 처 도서출판 GS인터비전
편 집 처 도서출판 GS인터비전
인　　쇄 트윈벨미디어
등록번호 제 25100-2016-000050 호
I S B N 978-89-97231-16-4(92560)

주　　소 서울 은평구 증산로15길 69, 2층
전　　화 02-976-7898
팩　　스 02-6468-7898
홈페이지 gsintervision.co.kr
E-Mail gsinter7@gmail.com

정가 28,000원